Duden

Lexi-Wörterschatz

Herausgegeben von
Professor Dr. Hartmut Günther

Erarbeitet von
Jutta Fiedler, Dr. Andrea Klein
und Kristina Spall

Duden Schulbuchverlag
Berlin, Mannheim

Illustratorin
Anja Rieger

1. Auflage
1 8 7 6 | 2013 2012 2011
Alle Drucke dieser Auflage können im Unterricht nebeneinander benutzt werden.
Die letzte Zahl bezeichnet das Jahr dieses Druckes.

www.duden.de

Redaktion: Dr. Andrea Klein
Herstellung: Jutta Herboth
Satz und Reproduktion: Petra Sarow, München/Longo AG, Bozen
Layout und Umschlaggestaltung: tiff.any GmbH, Berlin
unter Verwendung einer Illustration von Julia Ginsbach
Druck- und Bindearbeiten: Himmer AG, Augsburg

ISBN 978-3-89818-839-5

Hallo,

willkommen im Lexi-Wörterschatz!
In diesem Wörterbuch kannst du nachschlagen, wenn du dir nicht sicher bist, wie ein Wort geschrieben wird. Der Lexi-Wörterschatz hilft dir auch, wenn du nicht genau weißt, was ein Wort bedeutet.

Damit du dein gesuchtes Wort schnell findest, sind alle Wörter im Wörterbuch nach dem Abc geordnet.

Ganz hinten im Wörterbuch liegt eine Abschreibschablone. Sie hilft dir, das gesuchte Wort richtig abzuschreiben. Am besten knotest du die Schablone gleich an das Lesebändchen. Dann geht sie nicht verloren.

Dein Lexi

Das Wörterbuch kennenlernen

Die Wörter ganz oben helfen dir, dein gesuchtes Wort schnell zu finden. Auf einer linken Seite steht das erste Wort, auf einer rechten Seite steht das letzte Wort.

Manche Wörter kannst du unterschiedlich schreiben. In Klammern steht dann, wie man noch schreiben könnte.

Am Seitenrand ist eine Griffleiste mit allen Buchstaben des Abcs. Damit kannst du schnell dein gesuchtes Wort finden.

Die fett gedruckten Wörter heißen Stichwörter. Sie sind nach dem Abc geordnet.

Hinter dem Stichwort findest du oft ein farbiges Zeichen. Es erinnert dich an die passende Rechtschreibstrategie für dieses Wort.

Ist das Stichwort ein Nomen, dann steht danach der passende Artikel.

Zu jedem Stichwort kannst du die richtige Silbentrennung nachschlagen. Der kleine | zeigt dir an, wo du das Wort trennen kannst.

In Merkkästen findest du viele hilfreiche Tipps zur Rechtschreibung und zum Nachschlagen.

---

auftreten

A B C D E F G H I J K L M N O P Q R S T U V W X Y Z

auf|tre|ten (er trat auf, sie ist aufgetreten): **1.** die Füße aufsetzen. **2.** benehmen; verhalten. **3.** darstellen; spielen: *Er tritt als Zauberer auf.*

Auf|tritt, der (die Auftritte): Darstellung; Vorführung: *Für seinen Auftritt erhielt er viel Applaus.*

auf|wärts: bergauf; nach oben: *Mit der Seilbahn sind wir aufwärtsgefahren.*

auf|zäh|len: auflisten; der Reihe nach nennen: *Jakob zählt alle Kinder seiner Klasse auf.*

Auf|zug, der (die Aufzüge): **1.** Fahrstuhl. **2.** Aufmachung; Erscheinung. **3.** Akt; Auftritt

Aug|ap|fel, der (die Augäpfel): teilweise sichtbarer Teil des Auges, der in der Augenhöhle liegt

Au|ge, das (die Augen): **1.** Sehorgan. **2.** (nur Mehrzahl): Punkte auf Würfeln oder Wert einer Karte beim Kartenspiel

Au|gen|blick, der (die Augenblicke): sehr kurze Zeit; Moment: *Warte noch einen Augenblick, dann komme ich mit.*

Au|gen|braue, die (die Augenbrauen): im Halbbogen stehende Haare am oberen Rand der Augenhöhle

Au|gen|lid, das (die Augenlider): Augendeckel

Au|gust, der: **1.** achter Monat im Jahr. **2.** männlicher Vorname

Au|la, die (die Aulen): großer Raum für Veranstaltungen in Schulen und Universitäten

aus: 1. *Sven stammt aus Hamburg.* **2.** *Aus Dankbarkeit schenkte sie ihm Blumen.* **3.** *Die Limonade ist aus.* **4.** *Das Licht ist aus.* **5.** *Marion ist darauf aus, Karussell zu fahren.*

aus-

Der Wortbaustein *aus-* kommt in vielen Wörtern vor, z. B. in *ausfallen, aussterben, Ausgabe.*

Aus|blick, der (die Ausblicke): **1.** Aussicht von einer Erhöhung. **2.** Vorausschau: *einen Ausblick auf die nächste Woche geben*

aus|brü|ten: **1.** Vögel sitzen auf ihren Eiern und wärmen diese, bis die Jungvögel

26

Nach dem Doppelpunkt steht, was das Wort bedeutet oder wie man es verwendet. Manche Wörter haben mehr als eine Bedeutung.

Ist ein Stichwort ein Nomen, dann steht es meist in der Einzahl, danach folgt in Klammern die Mehrzahl.

fix

fest: 1. *Das Wachs ist fest geworden.* **2.** *Beim Wandern trägt sie feste Schuhe.* **3.** *Der Verband muss fest sitzen.* **4.** *Er ist fest davon überzeugt.*

Fest, das (die Feste): größere Veranstaltung; Party

Fes|ti|val, das (die Festivals): Veranstaltung mit vielen Teilnehmern, die oft mehrere Tage dauert

fest|lich: feierlich; glanzvoll: *Der Weihnachtsbaum war festlich geschmückt.*

Fest|plat|te, die (die Festplatten): Teil des Computers

fett: 1. gut genährt; dick. **2.** viel Fett enthaltend: *Sie haben viel und fett gegessen.*

fett ge|druckt (*auch* fettgedruckt): *Die wichtigen Wörter im Text sind fett gedruckt.*

feucht: 1. nicht sehr nass; noch nicht ganz trocken. **2.** regnerisch

Feu|er, das (die Feuer): **1.** Flammen. **2.** Glanz; Schimmer. **3.** Begeisterung

Fie|ber, das (die Fieber): erhöhte Körpertemperatur

fiel: ⇨ fallen

Fi|gur, die (die Figuren): **1.** Körperform. **2.** *Der Kreis ist eine geometrische Figur.* **3.** Standbild; Statue. **4.** Person in einem literarischen Text

Film, der (die Filme): **1.** *Im Kino habe ich einen spannenden Film gesehen.* **2.** *Auf der Pfütze lag ein Ölfilm.*

Fi|na|le, das (die Finale, *auch* die Finals): Abschluss; Ende

fin|den (er fand, sie hat gefunden): **1.** *Die Polizei hat den Täter gefunden.* **2.** *Ich finde dich nett.*

Find|ling, der (die Findlinge): **1.** ausgesetztes kleines Kind. **2.** Felsblock, der in früherer Zeit durch Gletscher und Eismassen an seinen heutigen Ort gebracht wurde

fing: ⇨ fangen

Fin|ger, der (die Finger): Teil der Hand

Fin|ger|ab|druck, der (die Fingerabdrücke): Abdruck der unteren Seite der Fingerkuppe

fins|ter: 1. dunkel; völlig ohne Licht. **2.** unfreundlich: *Ich fürchtete mich vor seinem finsteren Blick.* **3.** unheimlich

fit (fitter, am fittesten): durchtrainiert; leistungsfähig

fix: 1. schnell; im Nu: *Das geht ganz fix.* **2.** feststehend; nicht veränderlich

A B C D E F G H I J K L M N O P Q R S T U V W X Y Z

73

Ein Verb steht in der Grundform. Werden die Vergangenheitsformen unregelmäßig gebildet, stehen sie in Klammern hinter dem Stichwort.

Du findest auch die unregelmäßigen Vergangenheitsformen der Verben. Ein Pfeil verweist auf die Grundform.

Manchmal kannst du ein Wort unterschiedlich schreiben. Der Pfeil verweist dann auf die Schreibweise, bei der du alle anderen Informationen findest.

Manche Wörter kannst du unterschiedlich schreiben. Die Schreibweise, die Duden empfiehlt, ist gelb markiert.

Manche Adjektive werden unregelmäßig gesteigert. Dann stehen die 1. und die 2. Vergleichsform in Klammern hinter dem Stichwort.

Wie werde ich ein Rechtschreibprofi?

Diese Tipps helfen dir, Wörter und Sätze richtig zu schreiben. Die wichtigsten Tipps findest du noch einmal auf der Abschreibschablone.

Meine Rechtschreibtipps

Tipp 1 Viele Wörter schreibst du genauso, wie du sie sprichst.

das Tohuwabohu

Tipp 2 Bei vielen Wörtern findest du durch Verlängern heraus, wie sie geschrieben werden.

- Bei Nomen bildest du zum Verlängern die Mehrzahl.

  der Hund – die Hunde

- Adjektive setzt du zum Verlängern vor ein Nomen.

  gelb – eine gelbe Blume

- Bei Verben bildest du die Grundform.

  er fliegt – wir fliegen

Tipp 3 Nach kurzem Selbstlaut in der ersten Silbe musst du einen einzelnen Mitlaut verdoppeln.

Spinne; Klasse; fallen

Tipp 4

Wörter einer Wortfamilie haben denselben Wortstamm. Du schreibst ihn immer gleich. Der Selbstlaut im Stamm kann sich ändern.

die Gefahr – gefährlich; sitzen – der Sitzplatz;
wohnen – die Wohnung – das Wohnzimmer

Tipp 5

Aus Wortbausteinen können Wörter gebildet werden. Es gibt vier Arten von Wortbausteinen: Vorsilben, Wortstämme, Nachsilben und Endungen. Wenn du weißt, wie die Bausteine geschrieben werden, kannst du das ganze Wort richtig schreiben.

ab fahren; um gehen; Vor stell ung en

Die wichtigsten Nachsilben sind:

-lich	*-bar*	*-heit*	*-keit*	*-nis*	*-ung*
-er	*-ig*	*-chen*	*-lein*	*-schaft*	

Tipp 6

M

Bei manchen Wörtern musst du auswendig wissen, wie du sie schreibst. Es sind Merkwörter.

der Marathon; der Fuchs; das Handy; abwärts

Tipp 7

Nomen schreibst du groß.
Nomen sind Wörter, für die es eine Einzahl und eine Mehrzahl gibt. Zu jedem Nomen gibt es einen Artikel.

der Ball – die Bälle; das Haus – die Häuser

Manchmal werden auch andere Wörter als Nomen großgeschrieben. Kannst du in einem Satz vor ein Wort ein Adjektiv setzen, dann schreibst du das Wort groß. Das Adjektiv muss eine Endung haben.

das laute Klingeln

Meine Nachschlagetipps

Tipp 1 Im Wörterbuch sind die Wörter zuerst nach dem Anfangsbuchstaben geordnet, dann nach dem zweiten, dann nach dem dritten, dann nach dem ... Buchstaben.

Kraft
Kran
Kraut

Tipp 2 In keinem Wörterbuch sind alle Wörter verzeichnet. Es gibt aber trotzdem die Möglichkeit, herauszufinden, wie du richtig schreibst:

- Wenn du weißt, welches die einzelnen Bausteine eines Wortes sind, kannst du sie oder ein verwandtes Wort nachschlagen.

  abziehen = ab + ziehen; Heiterkeit = heiter + keit

- Wenn ein Wort aus zwei zusammengesetzten Nomen besteht, kannst du es in seine Bestandteile zerlegen und jeden Teil einzeln nachschlagen.

  Baumhaus = Baum + Haus; Spielplatz = Spiel + Platz

- Wenn du ein Wort in einer gebeugten Form suchst, dann bildest du die Grundform.

  die Häuser – das Haus; größer – groß; blies – blasen

Tipp 3 Du bist unsicher, mit welchem Buchstaben ein Wort beginnt. Oder du suchst ein Wort, das anders geschrieben wird, als es gesprochen wird. Dann musst du unter verschiedenen Buchstaben nachschlagen, zum Beispiel:

Tipp 3
Beispiele

- Hörst du am Wortanfang *ä,* kann auch sein, dass du unter *e* nachschlagen musst.
- Hörst du am Wortanfang *eu,* kann auch sein, dass du unter *äu* nachschlagen musst.
- Hörst du am Wortanfang *f,* kann auch sein, dass du unter *v, pf* oder *ph* nachschlagen musst.
- Hörst du am Wortanfang *k,* kann auch sein, dass du unter *c* oder *ch* nachschlagen musst.
- Hörst du am Wortanfang *kw,* kann auch sein, dass du unter *qu* nachschlagen musst.
- Hörst du am Wortanfang *sch,* kann auch sein, dass du unter *ch* oder *sh* nachschlagen musst.
- Hörst du am Wortanfang *scht* oder *schp,* musst du unter *st* oder *sp* nachschlagen.
- Hörst du am Wortanfang *t,* kann auch sein, dass du unter *th* nachschlagen musst.
- Hörst du am Wortanfang *tsch,* kann auch sein, dass du unter *c* oder *ch* nachschlagen musst.
- Hörst du am Wortanfang *w,* kann auch sein, dass du unter *v* nachschlagen musst.

A

ä

Du sprichst ein Wort am Anfang wie *ä* aus, kannst es aber unter *ä* nicht finden. Dann suche auch unter *e*. Beispiel: *die Ecke*

Aal Ⓜ, der (die Aale): schlangenförmiger Fisch

ab Ⓜ: **1.** *Der Knopf ist ab.* **2.** *Die neuen Preise gelten ab März.*

ab-

Der Wortbaustein *ab-* kommt in vielen Wörtern vor, z. B. in *abfahren, abnehmen, Abkürzung.*

Beim Wortbaustein *ab-* sprichst du *ap,* schreibst aber *ab.*

Ab|bil|dung, die (die Abbildungen): Darstellung; Bild oder Foto einer Person oder eines Gegenstands

Abend, der (die Abende): Zeit zwischen etwa 18.00 und 21.00 Uhr: *Am Abend sitzen wir zusammen. Heute Abend gehen wir ins Kino.*

abends Ⓜ: regelmäßig, immer am Abend

Aben|teu|er, das (die Abenteuer): gefährliches, spannendes Unternehmen

aber: *Das Telefon klingelte, aber sie hörte es nicht.*

ab|fah|ren (er fuhr ab, sie hat/ist abgefahren): **1.** losfahren: *Der Zug fährt um 8 Uhr ab.* **2.** einen Hang mit Skiern hinunterfahren. **3.** durch vieles Fahren abnutzen: *Die Reifen sind abgefahren.* **4.** mit einem Fahrzeug etwas wegbringen: *Sie haben den Müll abgefahren.* **5.** eine Strecke, einen Weg zur Besichtigung entlangfahren. **6.** von jemandem, von etwas sehr beeindruckt sein: *Auf das Spiel fahr ich voll ab.*

Ab|fall, der (die Abfälle): **1.** Müll; Reste; Ausschuss. **2.** Rückgang; Verminderung: *Temperaturabfall*

ab|flie|gen (er flog ab, sie ist abgeflogen): *Unser Flugzeug fliegt heute um 12.00 Uhr ab.*

Ab|flug, der (die Abflüge): Start eines Flugzeugs

ab|ge|flo|gen: ⇨ abfliegen

ab|ge|ho|ben: ⇨ abheben

ab|ge|nom|men: ⇨ abnehmen

ab|ge|schlos|sen: ⇨ abschließen

ab|ge|schrie|ben: ⇨ abschreiben

ab|göt|tisch: leidenschaftlich

ab|he|ben (er hob ab, sie hat abgehoben): **1.** sich in die Luft erheben: *Die Rakete hob ab.* **2.** Telefonhörer, Deckel, Spielkarten hochnehmen. **3.** sich Geld von einem Konto (bei der Bank) auszahlen lassen. **4.** (sich): sich von anderen, anderem unterscheiden

ab|ho|len: mitnehmen: *Die Mutter holt Marie von der Schule ab.*

Ab|kür|zung, die (die Abkürzungen): **1.** kürzerer, nicht so langer Weg. **2.** *z. B.* für: zum Beispiel; *Kripo* für: Kriminalpolizei

ab|lau|fen (er lief ab, sie hat/ist abgelaufen): **1.** *Er hat die Rennstrecke abgelaufen.* **2.** *Die Zeit ist schon abgelaufen.* **3.** *Alles ist gut abgelaufen.* **4.** *Die Absätze sind schief abgelaufen.* **5.** abfließen

ab|len|ken: 1. etwas in eine andere Richtung leiten, lenken. **2.** abbringen; abhalten; stören. **3.** auf andere Gedanken bringen; aufheitern

ab|le|sen (er las ab, sie hat abgelesen): **1.** *Der Sprecher im Fernsehen liest die Nachrichten vom Blatt ab.* **2.** *Der Mann von den Stadtwerken hat den Wasserverbrauch am Zähler abgelesen.*

ab|neh|men (er nahm ab, sie hat abgenommen): **1.** wegnehmen; entfernen: *Die Mutter nahm den Deckel vom Topf ab.* **2.** entgegennehmen; geben lassen: *Ich nehme dir die schwere Tasche ab!* **3.** wegnehmen: *Die Lehrerin nahm Susi das Spielzeug ab.* **4.** helfen: *im Haushalt Arbeit abnehmen.* **5.** *Meine Schwester möchte 5 Pfund abnehmen.* **6.** *Am Montag wird die Fahrradprüfung abgenommen.* **7.** etwas glauben: *Diese Geschichte nimmt dir keiner* *ab!* **8.** sich verkleinern; sich verschlechtern: *Die Anzahl der Vögel nimmt ab.*

abon|nie|ren Ⓜ: eine Zeitung oder Zeitschrift regelmäßig schicken lassen

Ab|satz ⊜, der (die Absätze): **1.** erhöhter Teil der Schuhsohle unter der Ferse. **2.** Unterbrechung in einem Text. **3.** Verkauf: *Der Absatz von Büchern steigt vor Weihnachten an.* **4.** *Treppenabsatz*

Ab|schied ⊖, der (die Abschiede): Trennung; Weggang: *Der Abschied fiel ihnen schwer.*

ab|schlie|ßen ⊜ (er schloss ab, sie hat abgeschlossen): **1.** *die Tür abschließen.* **2.** etwas zu Ende bringen; fertig machen. **3.** *einen Vertrag abschließen*

Ab|schnitt ⊜, der (die Abschnitte): Teilstück eines Textes, eines Weges, einer bestimmten Zeit

ab|schrei|ben ⊜ (er schrieb ab, sie hat abgeschrieben): den gleichen Text noch einmal schreiben

Ab|sen|der ⊜, der (die Absender): **1.** jemand, der einen Brief oder ein Paket wegschickt. **2.** die Adresse von jemandem, der etwas abschickt

Ab|sicht ⊜, die (die Absichten): Ziel; Wille: *Das war keine böse Absicht.*

ab|sicht|lich ⊜: mit Absicht; gewollt

ab|so|lut Ⓜ: **1.** unbedingt; auf jeden Fall: *Sarah will absolut recht behalten.* **2.** überhaupt: *Das sehe ich absolut nicht ein.* **3.** uneingeschränkt; vollkommen: *Bei der Klassensprecherwahl hat Tim die absolute Mehrheit* (mehr als die Hälfte) *der Stimmen erhalten.*

ab|stel|len ⊜: **1.** absetzen; hinstellen: *Er stellte den Koffer auf dem Boden ab.* **2.** parken: *sein Auto abstellen.* **3.** ausdrehen; abschalten: *die Heizung abstellen*

ab|stür|zen ⊜: **1.** in die Tiefe fallen; herunterfallen: *Das Flugzeug stürzte kurz vor der Landung ab.* **2.** *Das Computerprogramm ist abgestürzt.*

Abt Ⓜ, der (die Äbte): Leiter, Vorsteher eines Klosters

Äb|tis|sin Ⓜ, die (die Äbtissinnen): weibliche Form zu ➪ Abt

ab|trock|nen ⊜: **1.** trocken machen: *Die Mutter hat sich die Hände abgetrocknet. Der*

A B C D E F G H I J K L M N O P Q R S T U V W X Y Z

A B C D E F G H I J K L M N O P Q R S T U V W X Y Z

Vater hat das Geschirr abgetrocknet. **2.** trocken werden; Nässe verlieren: *Der Rasen trocknet ab.*

ab|wärts Ⓜ**:** hinunter; nach unten: *Abwärts ging es schneller. Sie ist den Weg abwärtsgelaufen.*

ab|wa|schen (er wusch ab, sie hat abgewaschen): reinigen; sauber machen; mit Wasser entfernen: *Oma wusch nach dem Essen die Teller ab.*

ab|wech|seln **: 1.** wechseln; tauschen: *Bei den Eissorten wechselt er gern ab.* **2.** (sich): sich ablösen; untereinander wechseln: *Die Kinder wechselten sich beim Werfen ab.*

ab|wech|selnd **:** im Wechsel

Ach|se Ⓜ**,** die (die Achsen): **1.** Teil einer Maschine, eines Wagens, an dessen Enden Räder sitzen. **2.** (gedachte) Linie in der Mitte von etwas: *Die Erde dreht sich um ihre Achse.*

acht: Zahlwort; ⇨ Merkkasten acht/Acht

Acht, die (die Achten): Ziffer; Zahl; ⇨ Merkkasten acht/Acht

Ac|tion|film Ⓜ**,** der (die Actionfilme): Spielfilm mit spannender Handlung

acht/Acht

Kleinschreibung
Wenn du das Zahlwort gebrauchst, schreibst du es klein, z. B. *die Zahlen von acht bis zwölf; acht Äpfel; er ist acht [Jahre alt].*

Großschreibung
Wenn du die Zahl oder Ziffer als Nomen gebrauchst, schreibst du sie groß, z. B. *die Zahl Acht; die Ziffer Acht; mit Schlittschuhen eine Acht fahren.*

Zusammensetzungen
Mit dem Zahlwort kannst du Zusammensetzungen bilden, z. B. *achtzehn; achthundert; achttausend; hundertacht; achtjährig; achtmal.*

Schreibung mit Ziffern
Du kannst das Zahlwort auch als Ziffer schreiben und damit Zusammensetzungen bilden, z. B. *8-fach,* auch *8fach; 8-jährig; 8-mal.*

Adel, der (ohne Mehrzahl): Gesellschaftsschicht, die früher besondere Rechte hatte (z. B. Grafen, Fürsten)

ade|lig ⊜ (*auch* adlig): dem Adel zugehörig: *Sie ist adelig.*

Ader, die (die Adern): **1.** Blutbahn. **2.** Begabung; Talent: *Ole hat eine Ader für Musik.*

Ad|ler ⓜ**,** der (die Adler): **1.** großer Greifvogel. **2.** Wappentier

ad|lig: ⇨ adelig

ad|op|tie|ren ⓜ**:** als eigenes Kind annehmen: *Familie Friedrich hat Tommy schon als Baby adoptiert.*

Ad|res|se ☺**,** die (die Adressen): Anschrift; Name, Straße und Wohnort

ad|res|sie|ren ☺**: 1.** Post mit der Adresse beschriften. **2.** an jemanden richten: *Der Brief ist an dich adressiert.*

Ad|vent ⓜ**,** der (die Advente): Zeit vor Weihnachten

Af|fe ☺**,** der (die Affen): Säugetier, das meist auf Bäumen lebt

Af|fen|haus ⊜**,** das (die Affenhäuser): Gebäude im Zoo, in dem die verschiedenen Affenarten untergebracht sind

Af|ri|ka: drittgrößter Erdteil; Kontinent

af|ri|ka|nisch: alles, was sich auf Afrika bezieht oder von dort kommt

Ägyp|ten ⓜ**:** Land in Afrika

ägyp|tisch ⓜ**:** alles, was sich auf Ägypten bezieht oder von dort kommt; ⇨ Merkkasten deutsch/Deutsch auf Seite 52

Ahn ⓜ**,** der (*auch* der Ahne; die Ahnen): Vorfahr; Familienmitglied, das schon sehr lange tot ist

Ah|ne ⓜ**,** der (die Ahnen): ⇨ Ahn

Ah|ne ⓜ**,** die (die Ahnen): weibliche Form zu ⇨ Ahn

ah|nen ⓜ**:** annehmen; vermuten

ähn|lich ⓜ**:** fast gleich; gleichartig; in etwa wie: *sieht so ähnlich aus wie*

ah|nungs|los ⓜ**:** nichts (Böses) vermutend; unwissend

Ahorn, der (die Ahorne): Laubbaum

Äh|re ⓜ**,** die (die Ähren): Teil des Getreidehalms

Ak|kord ⓜ**,** der (die Akkorde): **1.** *Sie schlägt einen Akkord auf dem Klavier an.* **2.** Bezahlung nach hergestellten Stücken in einer bestimmten Zeit

ak|ro|ba|tisch ⓜ**:** körperlich besonders geschickt

Akt, der (die Akte): **1.** feierliche Handlung: *Festakt.* **2.** Ab-

A
B
C
D
E
F
G
H
I
J
K
L
M
N
O
P
Q
R
S
T
U
V
W
X
Y
Z

schnitt eines Theaterstückes. **3.** künstlerische Darstellung des nackten menschlichen Körpers

Ak|te, die (die Akten): Sammlung zusammengehöriger wichtiger Schriftstücke

ak|tiv ⊖: **1.** tätig; lebhaft; mit Energie und Einsatz. **2.** selbst ausführend

Alarm, der (die Alarme): Warnung bei Gefahr

al|bern: unernst; kindisch

Al|bi|no Ⓜ, der (die Albinos): Tier oder Mensch mit sehr heller Haut, weißen Haaren und rötlichen Augen

Alb|traum Ⓜ, der (die Albträume; *auch* der Alptraum, die Alpträume): böser, schlechter Traum; Angsttraum

Al|bum, das (die Alben): Sammelbuch für Fotos und Briefmarken

Ali|bi Ⓜ, das (die Alibis): Nachweis der Abwesenheit vom Tatort zur Tatzeit eines Verbrechens

All Ⓜ, das (ohne Mehrzahl): Weltall

al|le, al|les ⊖: *Alle waren da, bloß du nicht.*

Al|lee Ⓜ, die (die Alleen): lange, gerade Straße, die auf beiden Seiten von Bäumen begrenzt wird

al|lein Ⓜ: **1.** für sich; ohne andere. **2.** einsam; verlassen. **3.** ohne fremde Hilfe

al|ler|gisch Ⓜ: überempfindlich z. B. gegen Tierhaare, Staub oder Pollen

all|ge|mein Ⓜ: **1.** alle betreffend; für alle geltend. **2.** unklar; schwammig: *Die Antwort ist zu allgemein.*

all|zeit Ⓜ: immer; zu jeder Zeit

Alm, die (die Almen): Bergweide; Bergwiese: *Unsere Kühe werden im Sommer auf die Alm getrieben.*

Al|pen, die: höchstes Gebirge in Europa

Al|pha Ⓜ, das (die Alphas): **1.** erster Buchstabe des griechischen Alphabets. **2.** Erste; Stärkste: *Alphatier*

Al|pha|bet Ⓜ, das (die Alphabete): Abc; Reihenfolge der Buchstaben

Alp|traum Ⓜ, der (die Alpträume): ⇨ Albtraum

als: 1. *Als wir zur Schule liefen, regnete es.* **2.** *Sie ist größer als Peter.* **3.** *Marion gilt als fleißig.*

al|so: demnach

alt (älter, am ältesten): **1.** jemand ist nicht mehr jung. **2.** etwas ist nicht mehr neu oder frisch

Al|ter, das (ohne Mehrzahl): **1.** Angabe, wie viele Jahre jemand bereits lebt; Lebenszeit. **2.** lange Zeit des Bestehens, Vorhandenseins

Al|ter|tum, das (ohne Mehrzahl): Zeit, die weit in der Vergangenheit zurückliegt

am: 1. (an dem): *Frankfurt liegt am Main.* **2.** *Am Samstag gehe ich mit meinen Freunden zum Schwimmen.*

Ama|teur Ⓜ**,** der (die Amateure): **1.** kein Fachmann. **2.** Sportler, der seine Sportart ohne Bezahlung ausübt

Am|bi|ti|on Ⓜ**,** die (die Ambitionen): Ehrgeiz; Streben

Amei|se, die (die Ameisen): Insekt, das mit vielen anderen zusammenlebt

Ame|ri|ka: zweitgrößter Erdteil; Kontinent; unterteilt in Nordamerika, Mittelamerika und Südamerika

ame|ri|ka|nisch: alles, was sich auf Amerika bezieht oder von dort kommt

Am|pel, die (die Ampeln): Verkehrssignal

Am|sel, die (die Amseln): Singvogel

Amt, das (die Ämter): **1.** *Klassenamt; Amt des Bürgermeisters.* **2.** *Finanzamt.* **3.** Gottesdienst: *Hochamt*

an: 1. in die Nähe von: *Ich stelle die Blumen an das Fenster.* **2.** Zeitpunkt: *an Weihnachten.* **3.** *Das Licht ist noch an.*

an-

Der Wortbaustein *an-* kommt in vielen Wörtern vor, z. B. in *anbauen, anfangen, anmelden, Anfahrt.*

Ana|nas, die (die Ananas, *auch* die Ananasse): exotische Frucht

an|bau|en: **1.** ein Haus erweitern, vergrößern. **2.** anpflan-

A B C D E F G H I J K L M N O P Q R S T U V W X Y Z

zen: *Oma baut im Garten Kartoffeln an.*

An|blick ⊜, der (die Anblicke): *Der Anblick der Berge war wunderschön.*

an|de|re, an|de|rer, an|de|res (*auch* andre, andrer, andres): **1.** weitere: *Jetzt war das andere Kind an der Reihe.* **2.** andersartige: *Tobias wünschte sich andere Turnschuhe.*

an|ders: verschieden; abweichend

Än|de|rung ⊜, die (die Änderungen): Abwandlung; Umarbeitung

an|dre, an|drer, an|dres: ➪ andere, anderer, anderes

an|ei|nan|der: eng beisammen; sich berührend; einer nach dem anderen: *Puzzleteile aneinanderlegen*

an|fah|ren ⊜ (er fuhr an, sie hat/ist angefahren): **1.** zu fahren beginnen: *Er fuhr mit dem neuen Auto vorsichtig an.* **2.** näher kommen: *Er kam gerade angefahren.* **3.** ansteuern: *Wir fuhren den nächsten Parkplatz an.* **4.** anliefern: *Holz anfahren.* **5.** mit einem Fahrzeug an eine Person oder an einen Gegenstand stoßen: *Ein Lkw hat Lisa angefahren.* **6.** zurechtweisen; anschreien

An|fahrt ⊜, die (die Anfahrten): Hinfahrt; Anreise

An|fall ⊜, der (die Anfälle): plötzlicher heftiger Ausbruch (einer Krankheit): *Schlaganfall; Wutanfall*

an|fäl|lig ⊜**:** empfindlich; schwach

An|fang ⊜, der (die Anfänge): Beginn; Ursprung

an|fan|gen ⊜ (er fing an, sie hat angefangen): beginnen

an|freun|den ⊜ (sich): eine Freundschaft beginnen; vertraut werden

An|füh|rer ⊜, der (die Anführer): Leiter einer Gruppe, Bande

an|ge|ben ⊜ (er gab an, sie hat angegeben): **1.** mitteilen: *Sie gab bei der Polizei an, was sie beobachtet hatte.* **2.** bestimmen: *das Tempo angeben.* **3.** sich wichtig machen

An|ge|ber ⊜, der (die Angeber): Wichtigtuer

An|ge|bot ⊜, das (die Angebote): **1.** Ware wird (besonders günstig) zum Verkauf angeboten. **2.** *Friedensangebot*

an|ge|grif|fen: ➪ angreifen

An|gel, die (die Angeln): Werkzeug zum Fischfang; Schnur mit Haken, an dem der Fisch anbeißen soll

an|geln: Fische mit einer Angel fangen

an|ge|nehm: erfreulich

an|ge|nom|men: ⇨ annehmen

an|ge|wandt: ⇨ anwenden

an|ge|wöh|nen (sich): sich zur Gewohnheit machen; mit der Zeit etwas regelmäßig tun

an|ge|zo|gen: ⇨ anziehen

an|grei|fen (er griff an, sie hat angegriffen): **1.** anfallen; einen Kampf beginnen. **2.** beanspruchen; schwächen: *die Gesundheit angreifen*

Angst, die (die Ängste): Furcht; Scheu; Grausen

ängst|lich: furchtsam; besorgt

an|hal|ten (er hielt an, sie hat angehalten): **1.** stoppen; zum Stehen bringen: *Das Auto hielt rechtzeitig an.* **2.** anleiten: *Die Eltern hielten die Kinder an, mit Messer und Gabel zu essen.* **3.** andauern: *Das Glockenläuten hielt zehn Minuten lang an.*

An|hän|ger, der (die Anhänger): **1.** Wagen, der von einem Fahrzeug gezogen wird. **2.** Schmuckstück, das an einer Halskette hängt. **3.** jemand, der eine bestimmte Sache gut findet und unterstützt; Fan

an|häng|lich: treu; an jemandem sehr hängend

An|ker, der (die Anker): *Sie gingen mit ihrem Schiff im nächsten Hafen vor Anker.*

an|kli|cken: auf dem Computerbildschirm mit einer Maus anwählen

an|kom|men (er kam an, sie ist angekommen): **1.** einen Ort erreichen. **2.** von etwas abhängen: *Das kommt auf das Wetter an.*

an|kreu|zen: mit einem Kreuz hervorheben; markieren

an|las|sen (er ließ an, sie hat angelassen): **1.** anschalten: *Er ließ den Motor an.* **2.** nicht ausziehen: *die Badehose anlassen.* **3.** nicht abschalten: *das Licht anlassen*

an|mel|den: **1.** ankündigen; bekannt geben: *Mein Onkel meldete seinen baldigen Besuch an.* **2.** (sich): sich vormerken lassen: *Sarah meldet sich für den Klavierunterricht*

A B C D E F G H I J K L M N O P Q R S T U V W X Y Z

an. **3.** registrieren lassen: *das neue Auto anmelden*

an|neh|men ⊜ (er nahm an, sie hat angenommen): **1.** entgegennehmen: *Er nimmt das Postpaket an der Haustür an.* **2.** beachten: *einen Ratschlag annehmen.* **3.** einverstanden sein: *eine Wahl annehmen.* **4.** vermuten

An|non|ce Ⓜ**,** die (die Annoncen): Anzeige in Zeitungen oder Zeitschriften

Ano|rak Ⓜ**,** der (die Anoraks): Jacke gegen Wind und Regen, meist mit Kapuze

An|re|de ⊜**,** die (die Anreden): Bezeichnung; Titel, z. B. Frau Jäger, Doktor Eisenbarth

an|ru|fen ⊜ (er rief an, sie hat angerufen): **1.** versuchen, jemanden telefonisch zu erreichen: *Heute Morgen hat Herr Paul angerufen.* **2.** z. B. ein Gericht um Hilfe bitten

ans (an das): *Ich stelle die Blumen ans Fenster.*

an|säs|sig Ⓜ**:** beheimatet; dort wohnend, lebend

an|schei|nend ⊝**:** wie es scheint; etwas ist gut möglich

an|schlie|ßend ⊝**:** danach; im Anschluss

An|schluss ⊜**,** der (die Anschlüsse): **1.** Verbindung ans Leitungsnetz (für Strom, Telefon). **2.** z. B. eine Reise mit dem Zug ohne längere Unterbrechung fortsetzen. **3.** Annäherung; Bekanntschaft: *Anschluss finden*

an|schnal|len ⊜**: 1.** den (Sicherheits-)Gurt anlegen; etwas festbinden. **2.** (sich): sich den (Sicherheits-)Gurt anlegen

An|schrift ⊜**,** die (die Anschriften): Adresse

an|statt Ⓜ**:** dafür; anstelle: *Anstatt dich zu ärgern, solltest du dich mit uns freuen.*

an|ste|cken ⊜**: 1.** *Oma steckte ihre Brosche an, Mutter ihren schönsten Ring.* **2.** anzünden; in Brand setzen. **3.** eine Krankheit übertragen. **4.** (sich): sich eine Krankheit einholen

an|stren|gen ⊜**: 1.** *Das Sprechen strengte ihn noch an.* **2.** (sich): *Lilo strengte sich beim Wettkampf sehr an.*

Ant|ark|tis, die: Land und Meeresgebiet um den Südpol

an|tik Ⓜ**:** aus alter Zeit, aus der Zeit der Antike stammend

An|ti|ke Ⓜ**,** die: Zeit der alten Griechen und Römer

Ant|wort, die (die Antworten): Gegenbemerkung; Äußerung auf eine Frage

ant|wor|ten: Antwort geben

an|wen|den (er wendete an, sie hat angewendet; *auch* er wandte an, sie hat angewandt): benutzen; zum Einsatz bringen: *Iris wendete/wandte gern einen einfachen Zaubertrick an.*

an|we|send: da

An|we|sen|heit, die (ohne Mehrzahl): Dasein; Vorhandensein

An|zahl, die (ohne Mehrzahl): Gesamtzahl; Menge

An|zei|chen, das (die Anzeichen): Ankündigung; Merkmal

An|zei|ge, die (die Anzeigen): **1.** Meldung, Bekanntmachung in einer Zeitung oder Zeitschrift. **2.** offizielle Meldung bei der Polizei

an|zie|hen (er zog an, sie hat angezogen): **1.** heranziehen; anwinkeln: *Beine anziehen.* **2.** anlocken: *Der Duft zieht die Biene an.* **3.** festziehen; festdrehen: *eine Schraube anziehen.* **4.** das Tempo steigern. **5.** *Der Mann zieht seine Hose an.* **6.** (sich): *Ich ziehe mich nur schnell an.*

An|zug, der (die Anzüge): Kleidung bestehend aus Hose und dazu passender Jacke

Ap|fel, der (die Äpfel): Kernobst: *saftige Äpfel*

Ap|fel|si|ne, die (die Apfelsinen): Orange; Zitrusfrucht

Apo|the|ke, die (die Apotheken): Geschäft, in dem Arzneimittel hergestellt und verkauft werden

Ap|pa|rat, der (die Apparate): *Fotoapparat; Rasierapparat*

Ap|pe|tit, der (ohne Mehrzahl): Esslust; Hunger

Ap|plaus, der (die Applause): Beifall; Händeklatschen

Ap|ril, der: vierter Monat im Jahr

Aqua|ri|um, das (die Aquarien): **1.** Behälter für Wassertiere und Wasserpflanzen. **2.** Ausstellungsgebäude für Wassertiere und Wasserpflanzen

Äqua|tor, der (ohne Mehrzahl): breiteste Stelle der Erdkugel, die die Erde in eine nördliche und eine südliche Hälfte teilt

A B C D E F G H I J K L M N O P Q R S T U V W X Y Z

Ar|beit, die: **1.** (die Arbeiten): Tätigkeit, die Mühe bereitet: *Gartenarbeit.* **2.** (die Arbeiten): *Klassenarbeit.* **3.** (die Arbeiten): Erzeugnis; Werk: *Bastelarbeit.* **4.** (ohne Mehrzahl): Verdienstmöglichkeit; Arbeitsstelle; Beruf

ar|bei|ten: **1.** Arbeit leisten; tätig sein: *Sie arbeiten fleißig.* **2.** einen Beruf ausüben. **3.** funktionieren: *Die Maschine arbeitet wieder.*

Ar|beits|schritt, der (die Arbeitsschritte): Schritt eines Arbeitsvorgangs: *Für unsere Bastelarbeit sind drei Arbeitsschritte nötig.*

Ar|chäo|lo|ge Ⓜ**,** der (die Archäologen): Wissenschaftler, der sich mit den Überresten (z. B. Häusern) aus alter Zeit beschäftigt

är|gern Ⓜ**:** **1.** jemand anderen wütend machen. **2.** (sich): sich aufregen; wütend werden

Ar|gu|ment, das (die Argumente): Begründung; Beweis

Ark|tis, die: Land und Meeresgebiet um den Nordpol

arm (ärmer, am ärmsten): **1.** ohne Geld; nicht reich. **2.** bedauernswert

Arm, der (die Arme): **1.** Teil des menschlichen Körpers. **2.** Abzweigung: *Seitenarm eines Flusses*

Är|mel, der (die Ärmel): Teil eines Kleidungsstückes, der den Arm bedeckt

Ar|mut, die (ohne Mehrzahl): Geldmangel; Bedürftigkeit; Not

Art, die: **1.** (ohne Mehrzahl): Natur; Wesensart: *Das ist halt seine Art.* **2.** (die Arten): Verhaltensweise. **3.** (die Arten): Klasse; Sorte: *eine ausgestorbene Tierart*

Ar|ti|kel Ⓜ**,** der (die Artikel): **1.** Begleiter des Nomens. **2.** Aufsatz, Beitrag in einer Zeitung oder Zeitschrift. **3.** Abschnitt (in Gesetzestexten). **4.** Gegenstand, der zum Verkauf steht

Ar|tist, der (die Artisten): Zirkuskünstler

Arzt, der (die Ärzte): jemand, der Kranke behandelt

Ärz|tin, die (die Ärztinnen): weibliche Form zu ⇨ Arzt

Asche, die (die Aschen): Reste nach einem Brand

asia|tisch: alles, was sich auf Asien bezieht oder von dort kommt

Asi|en: größter Erdteil; Kontinent

Ass ☺**,** das (die Asse): **1.** Bester; Erster: *Sie ist ein Ass in Mathe.* **2.** höchste Spielkarte

aß: ⇨ essen

Ast, der (die Äste): stärkerer Zweig eines Baumes

Asth|ma Ⓜ**,** das (ohne Mehrzahl): Atemnot; in Anfällen auftretende Kurzatmigkeit

As|tro|naut, der (die Astronauten): Weltraumfahrer

Ate|lier Ⓜ**,** das (die Ateliers): Arbeitsraum, Werkstatt eines Künstlers: *Er hat sich ein Atelier zum Malen eingerichtet.*

Atem, der (ohne Mehrzahl): **1.** das Atmen. **2.** Luft, die in den Körper eingesaugt und wieder ausgeblasen wird

At|las, der: **1.** (die Atlanten, *auch* die Atlasse): Buch mit Landkarten: *Wir schlugen im Atlas nach, wo Spanien liegt.* **2.** (ohne Mehrzahl): Gebirge in Afrika

at|men: Luft ein- und ausströmen lassen; Luft holen: *Wir wagten vor Angst kaum zu atmen.*

At|mo|sphä|re Ⓜ**,** die: **1.** (ohne Mehrzahl): Lufthülle der Erde. **2.** (die Atmosphären): Stimmung: *Im Wohnzimmer herrscht eine behagliche Atmosphäre.*

auch: 1. ebenfalls: *Ich bin auch nur ein Mensch.* **2.** außerdem: *Alex wollte nicht nur Milch, sondern auch Kekse.*

auf: 1. *Das Heft liegt auf dem Tisch. Ich lege das Heft auf den Tisch.* **2.** *Sabine war gestern Abend bis zehn Uhr auf.* **3.** *Die Tür ist noch auf.*

auf-

Der Wortbaustein *auf-* kommt in vielen Wörtern vor, z. B. in *aufbauen, aufhängen, Auflösung.*

auf|bau|en ⊜**: 1.** aufrichten; errichten: *Die Eltern bauen den neuen Schrank auf.* **2.** schaffen; organisieren: *einen Ju-*

A B C D E F G H I J K L M N O P Q R S T U V W X Y Z

gendtreff aufbauen. **3.** aufheitern; aufmuntern. **4.** gliedern: *Dein Referat ist gut aufgebaut.* **5.** (sich): sich aufstellen; seine Stärke zeigen: *Der Direktor baut sich vor den Kindern auf.*

auf|ei|nan|der: eines auf das andere, auf dem anderen; nacheinander: *aufeinander aufpassen; die Spielkarten aufeinanderlegen*

auf|fal|len (er fiel auf, sie ist aufgefallen): Aufmerksamkeit auf sich ziehen: *Mit den grünen Haaren fiel Lilo auf.*

auf|for|dern: bitten; einladen; verlangen, etwas zu tun: *Der Lehrer fordert die Schüler auf, ein Bild für den Wettbewerb zu malen.*

auf|füh|ren: **1.** ein Theaterstück auf die Bühne bringen, vorspielen: *Die Schüler führten die Weihnachtsgeschichte auf.* **2.** angeben; auflisten: *Sie führte Gründe für die Durchführung eines Sportfestes auf.* **3.** (sich): sich benehmen

Auf|füh|rung, die (die Aufführungen): Vorführung; Darbietung

Auf|ga|be, die (die Aufgaben): **1.** Auftrag; Pflicht: *Sie hatte die Aufgabe, die Blumen zu gießen.* **2.** Schließung: *Geschäftsaufgabe*

auf|ge|ben (er gab auf, sie hat aufgegeben): **1.** als Aufgabe stellen; anordnen; auftragen: *Ich gebe heute keine Hausaufgaben auf.* **2.** einen Brief oder ein Paket zur Post bringen. **3.** aufhören: *Matthias gab das Fußballspielen auf.* **4.** *Der Boxer gab in der dritten Runde des Kampfes auf.*

auf|ge|regt: ⇨ aufregen

auf|ge|schrie|ben: ⇨ aufschreiben

auf|hän|gen: **1.** anbringen; an der Decke oder einer Vorrichtung befestigen: *Oma hängt Wäsche auf.* **2.** durch einen Strick um den Hals töten; erhängen

auf|hö|ren: **1.** zu Ende gehen: *Der Regen hört auf.* **2.** etwas nicht mehr tun; etwas beenden

auf|klä|ren: **1.** auskundschaften; herausbekommen: *Die Polizei klärte den Diebstahl auf.* **2.** belehren; informieren

auf|kle|ben: mit Klebstoff befestigen; anleimen: *Marie klebt das Namensschild auf.*

Auf|la|ge, die (die Auflagen): **1.** alle Exemplare eines Buches, einer Zeitung oder

Zeitschrift, die auf einmal gedruckt werden. **2.** Verpflichtung. **3.** Belag; Beschichtung

auf|le|gen: **1.** auf etwas legen: *Sie legte eine Tischdecke zum Essen auf.* **2.** *Er hat den Hörer aufgelegt.* **3.** ein Buch drucken

auf|le|sen (er las auf, sie hat aufgelesen): **1.** einsammeln; aufheben: *Aschenputtel las alle Erbsen auf.* **2.** auffinden; entdecken: *Wo hast du denn die Sachen aufgelesen?*

Auf|lö|sung, die (die Auflösungen): **1.** in seine Bestandteile zerfallen. **2.** Abbau; Räumung: *Auflösung des Geschäftes.* **3.** Abkehr; Aufhebung: *Auflösung des Vertrags.* **4.** *Auflösung eines Rätsels*

auf|merk|sam: **1.** bei der Sache sein; gut aufpassen. **2.** höflich; zuvorkommend

Auf|nah|me, die (die Aufnahmen): **1.** Anfang: *Aufnahme der Arbeit.* **2.** Unterkunft: *Er hat bei Freunden Aufnahme gefunden.* **3.** Lernen; Auffassung. **4.** Eintragung: *Aufnahme ins Telefonbuch.* **5.** Aufzeichnung beim Fernsehen; Bild; Foto. **6.** Annahme: *Die Aufnahme des neuen Mitarbeiters war sehr gut.*

auf|pas|sen: **1.** aufmerksam sein: *Im Straßenverkehr muss man gut aufpassen.* **2.** betreuen: *Vera passt auf ihre kleine Schwester auf.*

auf|räu|men: jedes Ding an seinen Platz stellen: *Räume bitte dein Zimmer auf!*

auf|re|gen: **1.** nervös machen; beunruhigen: *Das Geräusch regt die Tiere auf.* **2.** (sich): sich ärgern; in Wut geraten

auf|re|gend: spannend; ein Kribbeln im Bauch verursachend

aufs (auf das): *Ich lege den Schlüssel aufs Fensterbrett.*

auf|schrei|ben (er schrieb auf, sie hat aufgeschrieben): schriftlich festhalten; notieren: *Hannah schreibt sich alle Geburtstage auf.*

Auf|se|hen, das (ohne Mehrzahl): Beachtung; Aufregung: *Die Zauberschau erregte großes Aufsehen.*

auf|tei|len: **1.** verteilen; zuweisen: *Anna teilt die Bonbons gerecht auf.* **2.** einteilen; untergliedern

Auf|trag, der (die Aufträge): **1.** Aufgabe; Verpflichtung. **2.** Bestellung: *Die Firma hat viele Aufträge zu erledigen.*

auf|tre|ten (er trat auf, sie ist aufgetreten): **1.** die Füße aufsetzen. **2.** benehmen; verhalten. **3.** darstellen; spielen: *Er tritt als Zauberer auf.*

Auf|tritt, der (die Auftritte): Darstellung; Vorführung: *Für seinen Auftritt erhielt er viel Applaus.*

auf|wärts Ⓜ: bergauf; nach oben: *Mit der Seilbahn sind wir aufwärtsgefahren.*

auf|zäh|len: auflisten; der Reihe nach nennen: *Jakob zählt alle Kinder seiner Klasse auf.*

Auf|zug, der (die Aufzüge): **1.** Fahrstuhl. **2.** Aufmachung; Erscheinung. **3.** Akt; Auftritt

Aug|ap|fel, der (die Augäpfel): teilweise sichtbarer Teil des Auges, der in der Augenhöhle liegt

Au|ge, das (die Augen): **1.** Sehorgan. **2.** (nur Mehrzahl): Punkte auf Würfeln oder Wert einer Karte beim Kartenspiel

Au|gen|blick, der (die Augenblicke): sehr kurze Zeit; Moment: *Warte noch einen Augenblick, dann komme ich mit.*

Au|gen|braue, die (die Augenbrauen): im Halbbogen stehende Haare am oberen Rand der Augenhöhle

Au|gen|lid, das (die Augenlider): Augendeckel

Au|gust, der: **1.** achter Monat im Jahr. **2.** männlicher Vorname

Au|la, die (die Aulen): großer Raum für Veranstaltungen in Schulen und Universitäten

aus: 1. *Sven stammt aus Hamburg.* **2.** *Aus Dankbarkeit schenkte sie ihm Blumen.* **3.** *Die Limonade ist aus.* **4.** *Das Licht ist aus.* **5.** *Marion ist darauf aus, Karussell zu fahren.*

aus-

Der Wortbaustein *aus-* kommt in vielen Wörtern vor, z.B. in *ausfallen, aussterben, Ausgabe.*

Aus|blick, der (die Ausblicke): **1.** Aussicht von einer Erhöhung. **2.** Vorausschau: *einen Ausblick auf die nächste Woche geben*

aus|brü|ten: 1. Vögel sitzen auf ihren Eiern und wärmen diese, bis die Jungvögel schlüpfen. **2.** sich etwas ausdenken

Aus|dau|er ⊜**,** die (ohne Mehrzahl): Beharrlichkeit; Durchhaltevermögen: *Wir trainieren heute unsere Ausdauer.*

aus|den|ken ⊜ (sich) (er dachte sich aus, sie hat sich ausgedacht): *Lara hat sich eine lustige Geschichte ausgedacht.*

Aus|druck ⊜**,** der: **1.** (die Ausdrücke): Wort; Wortgruppe. **2.** (ohne Mehrzahl): Redestil; Schreibstil. **3.** (die Ausdrücke): *Gesichtsausdruck.* **4.** (die Ausdrucke): mit dem Drucker ausgedruckter Text

aus|drü|cken ⊜**: 1.** auspressen. **2.** aussprechen; mitteilen. **3.** deutlich werden lassen; zu erkennen geben: *Ihre Haltung drückt eine tiefe Trauer aus.* **4.** (sich): sich äußern; die Gedanken in Worte fassen

aus|ei|nan|der ⊜**:** voneinander entfernt; getrennt: *Auseinander mit euch!*

aus|ei|nan|der|ge|gan|gen: ⇨ auseinandergehen

aus|ei|nan|der|ge|hen ⊜ (er ging auseinander, sie ist auseinandergegangen): **1.** voneinander weggehen; sich trennen: *Die beiden Mannschaften gingen in Freundschaft auseinander.* **2.** sich auflösen; kaputtgehen

aus|fal|len ⊜ (er fiel aus, sie ist ausgefallen): **1.** ausgehen; sich lösen: *Die Haare fallen aus.* **2.** nicht stattfinden: *Die Sportstunde ist ausgefallen.* **3.** gelingen: *Die Klassenarbeit fiel gut aus.*

Aus|flug ⊜**,** der (die Ausflüge): Spazierfahrt; Wanderung: *Schulausflug*

aus|führ|lich ⊜**:** gründlich

Aus|ga|be ⊜**,** die (die Ausgaben): **1.** Folge, Nummer einer Zeitung oder Zeitschrift. **2.** Austeilung: *Essensausgabe.* **3.** Kosten

Aus|gang ⊜**,** der (die Ausgänge): **1.** Tor; Tür; Ausstieg. **2.** Ende; Ergebnis. **3.** Spaziergang; freier Tag

aus|ge|dacht: ⇨ ausdenken

aus|ge|gan|gen: ⇨ ausgehen

aus|ge|hen ⊜ (er ging aus, sie ist ausgegangen): **1.** von zu Hause weggehen (um sich zu vergnügen). **2.** zu Ende gehen; nicht mehr vorhanden sein: *Am Wochenende ist uns die Milch ausgegangen.* **3.** entspringen; beruhen auf: *Die Schmerzen gehen vom Rücken aus.* **4.** ausfallen; sich lösen: *Unserem Hund gehen die Haare aus.*

aus|ge|ho|ben: ⇨ ausheben

aus|ge|las|sen: heiter; lebhaft

aus|ge|lie|hen: ⇨ ausleihen

aus|ge|rech|net: *Sie fiel ausgerechnet an ihrem Geburtstag die Treppe hinunter.*

aus|ge|stie|gen: ⇨ aussteigen

aus|ge|stor|ben: ⇨ aussterben

aus|ge|zeich|net: sehr gut

aus|ge|zo|gen: ⇨ ausziehen

Aus|gra|bung, die (die Ausgrabungen): das Graben in der Erde, um nach (alten) Gegenständen zu suchen und diese zu erforschen

aus|he|ben (er hob aus, sie hat ausgehoben): **1.** ein Loch graben: *Der Bagger hob die Erde aus.* **2.** aushängen: *eine Tür ausheben.* **3.** finden; aufspüren: *einen Schatz ausheben*

Aus|kunft, die (die Auskünfte): **1.** Mitteilung; Nachricht; Information. **2.** Auskunftsstelle; Informationsstand

Aus|land, das (ohne Mehrzahl): nicht das eigene Land; ein fremdes Land: *Sie lebten eine Zeit lang im Ausland.*

Aus|län|der, der (die Ausländer): jemand, der aus einem anderen Land stammt

aus|län|disch: alles, was sich auf das Ausland bezieht oder von dort kommt

aus|lee|ren: *Er leerte den Mülleimer aus.*

aus|lei|hen (er lieh aus, sie hat ausgeliehen): **1.** borgen; jemandem etwas geben, was dieser wieder zurückgeben muss. **2.** (sich): *Jana hat sich in der Bücherei ein Märchenbuch ausgeliehen.*

Aus|nah|me, die (die Ausnahmen): Abweichung von der Regel; Besonderheit

Aus|re|de, die (die Ausreden): Ausflucht; Entschuldigung

aus|rei|chen: genügen

aus|ru|hen (sich): eine Pause machen; sich entspannen: *Am Nachmittag ruht er sich von der Arbeit aus.*

Aus|rüs|tung, die (die Ausrüstungen): Ausstattung (Kleidung, Werkzeug, Geräte) für bestimmte Tätigkeiten: *Sportausrüstung*

aus|schla|fen (sich) (er schlief aus, sie hat ausgeschlafen): lange schlafen: *Sonntags schlafen wir aus.*

Aus|schlag, der (die Ausschläge): rote Flecken auf der Haut: *einen Ausschlag haben*

Aus|schnitt, der (die Ausschnitte): **1.** Abschnitt; Teilstück. **2.** Öffnung eines Kleidungsstückes im Halsbereich

aus|se|hen (er sah aus, sie hat ausgesehen): ähneln: *Charly sieht aus wie ein Superstar.*

au|ßen: auf der äußeren Seite; nicht innen

au|ßer: 1. es sei denn: *Morgen machen wir eine Radtour, außer wenn es regnet.* **2.** bis auf; ausgenommen: *Niemand kann diese Schrift lesen außer ihm.* **3.** *Nicole war außer sich vor Freude.*

au|ßer|dem: auch; darüber hinaus

au|ßer|ge|wöhn|lich: auffallend; bemerkenswert; ganz besonders

äu|ßer|lich: außen; dem Äußeren nach; oberflächlich

Aus|sicht, die (die Aussichten): **1.** Ausblick; Fernsicht. **2.** Chance; Hoffnung

Aus|spra|che, die (die Aussprachen): **1.** Redeweise; Art, wie jemand spricht. **2.** Gespräch; Meinungsaustausch

aus|stei|gen (er stieg aus, sie ist ausgestiegen): **1.** aus einem Fahrzeug steigen. **2.** abbrechen; aufhören: *Er stieg bei der Band als Sänger aus.*

Aus|stel|lung, die (die Ausstellungen): **1.** Veranstaltung, in der Kunstwerke, technische Erzeugnisse oder andere zu einem Thema gesammelte Gegenstände zur Schau gestellt werden. **2.** Erstellung: *Ausstellung eines Führerscheins*

aus|ster|ben (er starb aus, sie ist ausgestorben): aufhören zu bestehen: *Mammuts und Dinosaurier sind ausgestorben.*

A B C D E F G H I J K L M N O P Q R S T U V W X Y Z

Australien: kleinster Erdteil; Kontinent

australisch: alles, was sich auf Australien bezieht oder von dort kommt

Auswahl, die (ohne Mehrzahl): **1.** Auslese: *Eine Auswahl der besten Fußballspieler trat gegeneinander an.* **2.** großes Warenangebot: *Bei unserem Gemüsehändler findet man eine große Auswahl.*

auswählen: aussuchen: *Tim wählt die besten Spieler für seine Mannschaft aus.*

auswechseln: austauschen; ersetzen: *Mutter wechselte die Glühbirne aus. Der Spieler wurde ausgewechselt.*

auswendig: im Kopf wissen; aus dem Gedächtnis; ohne Vorlage: *etwas auswendig wissen; das auswendig gelernte Gedicht*

ausziehen (er zog aus, sie ist ausgezogen): **1.** ausreißen; auszupfen. **2.** Kleidung ablegen: *die schmutzige Hose ausziehen.* **3.** eine Wohnung verlassen; umziehen: *Im Januar zog die Familie über uns aus.* **4.** (sich): seine Kleider ablegen; sich auskleiden

Auto, das (die Autos): *Opa fährt gern Auto.*

Autogramm, das (die Autogramme): eigenhändige Unterschrift (einer bekannten Person)

automatisch: **1.** selbstständig; mit Selbststeuerung ausgestattet. **2.** von selbst; zwangsläufig

Autor, der (die Autoren): Schriftsteller; Verfasser eines Textes

Axt, die (die Äxte): Beil; Spaltwerkzeug

B

Baby, das (die Babys): kleines Kind, das nur wenige Wochen oder Monate alt ist; Säugling

Bach, der (die Bäche): schmales Gewässer, in dem meist nur wenig Wasser fließt

backen: Brot, Brötchen, Kuchen und vieles mehr im

Backofen zubereiten: *Die Mutter backt Kuchen.*

Bä|cker ⓘ, der (die Bäcker): jemand, der Brot, Brötchen und vieles mehr herstellt

Bad ⓘ, das (die Bäder): **1.** Badezimmer. **2.** Wanne mit Wasser: *Nimm ein heißes Bad, damit du keine Erkältung bekommst.*

ba|den: 1. reinigen: *das Baby baden; sich baden.* **2.** in einem Schwimmbad, in einem Gewässer schwimmen: *Wir gehen baden.*

Bag|ger ⓘ, der (die Bagger): meist große, fahrbare Maschine, mit der man (aus)graben kann

Ba|guette Ⓜ, das (die Baguettes): stangenförmiges Weißbrot: *Wir essen gern frisches Baguette mit Käse.*

Bahn Ⓜ, die (die Bahnen): **1.** Kurzform für Eisenbahn, U-Bahn, Straßenbahn. **2.** Strecke für sportliche Wettkämpfe: *Rodelbahn.* **3.** Weg; Lauf: *die Bahn der Sterne*

ba|lan|cie|ren Ⓜ**: 1.** sich im Gleichgewicht fortbewegen: *auf einem Balken balancieren.* **2.** etwas im Gleichgewicht halten: *ein Buch auf dem Kopf balancieren*

bald Ⓜ**:** nach kurzer Zeit; gleich

Bal|ken, der (die Balken): kräftiges langes Holzstück, das als Stütze dient

Ball ⓘ, der (die Bälle): kugelförmiges Spiel- und Sportzeug aus Leder oder Gummi: *Sie spielen Ball.*

Bal|lett Ⓜ, das: **1.** (ohne Mehrzahl): Tanz auf der Bühne. **2.** (die Ballette): Gruppe von Menschen, die den Tanz vorführt

Bal|lett|tän|zer ⓘ, der (die Balletttänzer; *auch* der Ballett-Tänzer, die Ballett-Tänzer): Junge, Mann, der Ballett tanzt

Bal|lon Ⓜ, der (die Ballons, *auch* die Ballone): **1.** Luftfahrzeug: *Heißluftballon; Fesselballon; mit einem Ballon aufsteigen.* **2.** *Luftballon*

A B C D E F G H I J K L M N O P Q R S T U V W X Y Z

Ba|na|ne, die (die Bananen): gelbe, leicht gebogene Frucht

band: ⇨ binden

Band ➔**,** das (die Bänder): Kordel; Schnur

Band ➔**,** der (die Bände): einzelnes Buch einer Buchreihe

Band Ⓜ**,** die (die Bands): englisches Wort für Musikgruppe

Ban|de, die (die Banden): **1.** (organisierte) Gruppe von Verbrechern. **2.** meist scherzhaft für eine Gruppe von Kindern oder Jugendlichen

Bank, die: **1.** (die Bänke): Sitzgelegenheit. **2.** (die Banken): Geldinstitut: *ein Konto bei der Bank haben*

Bär Ⓜ**,** der (die Bären): **1.** Raubtier mit dichtem, zottigem Pelz. **2.** Sternbild: *Großer Bär; Kleiner Bär*

bar|fuß Ⓜ**:** ohne Strümpfe und Schuhe

ba|sie|ren: in etwas seinen Grund, seine Ursache haben

Ba|sis|la|ger ⊜**,** das (die Basislager): Ort mit Zelten, von wo aus Bergsteiger und Forscher zu ihrem eigentlichen Ziel auf dem Berg aufbrechen; Ausgangspunkt für Expeditionen

Bas|tard ➔**,** der (die Bastarde): Mischling

bas|teln: etwas herstellen; fertigen: *Die Kinder basteln kleine Geschenke.*

bat: ⇨ bitten

Bau, der: **1.** (ohne Mehrzahl): das Bauen: *der Hausbau.* **2.** (die Bauten): Gebäude; Bauwerk. **3.** (die Baue): Höhle, Unterschlupf für Tiere

Bauch, der (die Bäuche): **1.** unterer Teil des Rumpfes: *den Bauch einziehen.* **2.** Wölbung am unteren Teil des Rumpfes: *Du hast einen ganz schönen Bauch.*

bau|en: entstehen lassen; errichten: *Wir bauen ein Haus. Hier werden Schiffe gebaut.*

Bau|er, der (die Bauern): **1.** jemand, der Landwirtschaft betreibt. **2.** Spielkarte

Bäue|rin, die (die Bäuerinnen): weibliche Form zu ⇨ Bauer

Bau|kas|ten, der (die Baukästen): Kasten mit Bauklötzen zum Spielen

Bau|klotz, der (die Bauklötze): Holzklötzchen, mit dem kleine Kinder spielen

Baum, der (die Bäume): Pflanze mit Wurzel, Stamm und Krone

Bäum|chen, das (die Bäumchen): Verkleinerungsform zu ⇨ Baum

Baum|haus, das (die Baumhäuser): Haus aus Holz in einem Baum, meist für Kinder

Bau|stel|le, die (die Baustellen): Platz, Stelle, wo gebaut wird

be-

Der Wortbaustein *be-* kommt in vielen Wörtern vor, z. B. in *bedeuten, benutzen, Berührung, Beschützer.*

be|ben: wackeln; zittern: *Das Haus bebte.*

be|deu|ten: **1.** einen bestimmten Sinn haben: *Ich weiß nicht, was das bedeutet.* **2.** wichtig sein: *Dein Geschenk bedeutet mir viel.*

be|en|den: abschließen; aufhören; enden lassen

Bee|re Ⓜ, die (die Beeren): kleine, meist rundliche Frucht: *Himbeere; Erdbeere*

Beet Ⓜ, das (die Beete): kleines Feld im Garten, auf dem Obst oder Gemüse angebaut wird oder Blumen wachsen

be|fahl: ⇨ befehlen

be|feh|len Ⓜ (er befahl, sie hat befohlen): einen Auftrag geben; anordnen

be|fes|ti|gen: **1.** festmachen. **2.** stärker, haltbarer machen: *eine Burg befestigen*

be|foh|len: ⇨ befehlen

be|fra|gen: Fragen an jemanden stellen; interviewen

be|frei|en: **1.** frei machen; die Freiheit geben. **2.** (sich): sich frei machen

be|gabt Ⓜ: talentiert; mit einem angeborenen besonderen Können, einer besonderen Fähigkeit ausgestattet

be|gann: ⇨ beginnen

be|geg|nen Ⓜ: zusammentreffen: *Ich bin ihm auf der Straße begegnet.*

be|geis|tert: **1.** in Hochstimmung: *Das Publikum ist be-*

A B C D E F G H I J K L M N O P Q R S T U V W X Y Z

geistert. **2.** leidenschaftlich: *Er ist ein begeisterter Sportler.*

Be|geis|te|rung ⊜, die (ohne Mehrzahl): große leidenschaftliche Freude; Hochstimmung: *etwas mit Begeisterung tun*

Be|ginn ☺, der (ohne Mehrzahl): Anfang; Start

be|gin|nen ☺ (er begann, sie hat begonnen): anfangen

be|glei|ten ⊜**: 1.** mitgehen. **2.** mit einem Instrument unterstützen: *Er begleitete die Sängerin am Klavier.*

be|gon|nen: ⇨ beginnen

be|grei|fen ⊜ (er begriff, sie hat begriffen): verstehen: *Das kleine Kind begreift schnell.*

be|griff: ⇨ begreifen

be|grif|fen: ⇨ begreifen

be|grün|den ⊜**: 1.** einen Grund angeben; sagen, warum: *eine Entscheidung begründen.* **2.** die Grundlage für etwas schaffen: *Der Sieg begründete seinen Ruhm.*

be|grü|ßen ⊜**: 1.** Guten Tag sagen. **2.** befürworten; gutheißen: *Die Eltern begrüßen den Vorschlag des Lehrers.*

be|hal|ten ⊜ (er behielt, sie hat behalten): **1.** in Besitz lassen; dort lassen: *Du kannst das Buch behalten.* **2.** nicht vergessen; merken: *Ich habe die Telefonnummer behalten.*

be|han|deln ⊜**: 1.** mit etwas umgehen; handhaben: *Die Eltern behandeln ihre Kinder gut.* **2.** *Der Arzt behandelt das Kind mit Medikamenten.*

be|haup|ten ⊜**: 1.** als sicher hinstellen; sagen, dass etwas so ist. **2.** behalten; bewahren: *Sie behauptet den ersten Platz.* **3.** (sich): sich durchsetzen

Be|haup|tung ⊜, die (die Behauptungen): etwas, das als Tatsache, als wirklich oder richtig hingestellt wird

be|herr|schen ⊜**: 1.** die Herrschaft ausüben; regieren. **2.** mit etwas umgehen können; sehr gut können: *ein Musikinstrument beherrschen.* **3.** (sich): sich zurückhalten

be|hielt: ⇨ behalten

be|hin|dert ⊜**:** geistig und/oder körperlich eingeschränkt sein; ein Gebrechen haben

Be|hör|de, die (die Behörden): **1.** Amt; staatliche oder kommunale Amtsstelle. **2.** Sitz einer Amtsstelle

bei: *Er steht bei seinen Freunden. Sie wohnt bei ihren Eltern.*

bei|de: alle zwei: *Wir essen beide Äpfel.*

bei|ei|nan|der ⊜**:** beisammen: *Die Freunde standen beieinander. An Weihnachten saßen wir gemütlich beieinander.*

Bei|fall ⊜**,** der (ohne Mehrzahl): Klatschen; Zustimmung

Beil, das (die Beile): Spaltwerkzeug; kleine Axt

beim (bei dem): *Andreas hat sich beim Sport verletzt.*

Bein, das (die Beine): **1.** Körperteil; untere Gliedmaße. **2.** Teil eines Möbelstückes: *Tischbein*

Bei|spiel ⊜**,** das (die Beispiele): Vorbild; Muster; etwas, das stellvertretend für andere steht: *ein Beispiel machen*

bei|ßen (er biss, sie hat gebissen): **1.** abbeißen; kauen. **2.** *Der Hund hat sie ins Bein gebissen.* **3.** (sich): nicht zueinanderpassen: *Die Farben beißen sich.*

be|kam: ⇨ bekommen

be|kannt ⊜**: 1.** die meisten wissen es: *Es ist bekannt, dass Hunde beißen können.* **2.** berühmt: *Viele Schauspieler sind bekannt.*

be|kom|men ⊜ (er bekam, sie hat bekommen): **1.** erhalten: *ein Geschenk bekommen.* **2.** *einen Schnupfen bekommen.* **3.** *ein Baby bekommen*

be|lei|di|gen ⊜**:** über jemanden etwas Schlechtes sagen; kränken

be|lei|digt ⊜**:** gekränkt; sauer

be|liebt ⊜**:** von vielen gemocht

bel|len ☺**:** kläffen; Laut geben: *Hunde bellen*

be|loh|nen ⊜**:** jemandem für eine gute Tat etwas schenken

Be|loh|nung ⊜**,** die (die Belohnungen): Geschenk, Aufmerksamkeit für eine gute Tat

Be|mer|kung ⊜**,** die (die Bemerkungen): Anmerkung, Äußerung zu einem bestimmten Thema

be|nei|den ⊜**:** neidisch sein; jemandem etwas nicht gönnen

be|nut|zen ⊜**:** verwenden; gebrauchen

be|nüt|zen: ⇨ benutzen

be|ob|ach|ten ⊜**:** über einen längeren Zeitraum betrachten; nicht aus den Augen lassen

Be|ob|ach|tung ⊜**,** die (die Beobachtungen): Betrachtung: *eine Beobachtung machen*

be|quem Ⓜ**: 1.** gemütlich. **2.** einfach; mühelos: *Das Ziel* *lässt sich bequem erreichen.* **3.** schwerfällig; träge: *Sie ist zu bequem, um aufzustehen.*

Be|reich, der (die Bereiche): **1.** Gebiet; Gegend; Zone: *Im Bereich der Stadt sind viele Parks.* **2.** *Das fällt in den Bereich des Deutschunterrichts.*

be|reit: fertig

be|reits: schon

be|reu|en: bedauern; leidtun

Berg, der (die Berge): **1.** Erhebung in der Natur: *Wir haben einen hohen Berg bestiegen.* **2.** Anhäufung; Stapel: *ein Berg Zeitungen*

Be|richt, der (die Berichte): Abhandlung; Darstellung

be|rich|ten: von einem Ereignis genau erzählen

bers|ten: mit großer Kraft zerspringen; zerplatzen

Be|ruf, der (die Berufe): erlernte Tätigkeit, die eine Person dauerhaft ausübt und mit der sie in der Regel Geld zum Leben verdient; z. B. Verkäufer

Be|rufs|be|klei|dung, die (die Berufsbekleidungen): Kleidung, die bei der Ausübung eines bestimmten Berufs getragen wird

be|ru|hi|gen: **1.** zur Ruhe bringen; besänftigen. **2.** (sich): ruhig werden; sich entspannen

be|rühmt: bei vielen Menschen bekannt: *der berühmte Schriftsteller*

Be|rüh|rung, die (die Berührungen): wenn man jemanden oder etwas anfasst

be|saß: ⇨ besitzen

be|schäf|ti|gen: **1.** *Der Gedanke beschäftigt mich.* **2.** jemandem Arbeit geben. **3.** (sich): sich mit etwas befassen; sich mit etwas auseinandersetzen

Be|sche|rung, die (die Bescherungen): **1.** Überreichung der Geschenke an Weihnachten. **2.** *Da haben wir die Bescherung!*

be|schleu|ni|gen: Gas geben; immer schneller werden

be|schlie|ßen (er beschloss, sie hat beschlossen): **1.** eine Entscheidung treffen. **2.** beenden

be|schloss: ⇨ beschließen

be|schlos|sen: ⇨ beschließen

be|schrei|ben (er beschrieb, sie hat beschrieben): **1.** auf etwas schreiben. **2.** schildern; in Worte fassen: *Sie beschrieb das Bild genau.*

be|schrieb: ⇨ beschreiben

be|schrie|ben: ⇨ beschreiben

A B C D E F G H I J K L M N O P Q R S T U V W X Y Z

Be|schüt|zer, der (die Beschützer): jemand, der auf jemanden oder etwas aufpasst und es beschützt

Be|sen, der (die Besen): Gerät zum Kehren

be|ses|sen: ⇨ besitzen

be|setzt: nicht frei; es ist oder sitzt schon jemand da

be|sit|zen (er besaß, sie hat besessen): haben; gehören

be|son|ders: sehr

be|sor|gen: **1.** kaufen; beschaffen. **2.** erledigen

be|sorgt: unruhig; voll Sorge

bes|ser: ⇨ gut

be|stand: ⇨ bestehen

be|stan|den: ⇨ bestehen

be|ste|hen (er bestand, sie hat bestanden): **1.** da sein; geben: *Ihre Firma besteht seit 20 Jahren.* **2.** beinhalten; gemacht sein aus. **3.** eine Prüfung erfolgreich abschließen. **4.** bei seiner Meinung, Forderung bleiben

be|stel|len: **1.** etwas anfordern, was nach Hause gebracht wird; im Restaurant etwas kommen lassen. **2.** ausrichten; mitteilen: *schöne Grüße bestellen.* **3.** bebauen: *das Feld bestellen*

bes|ten (am): ⇨ gut

be|stimmt Ⓜ: **1.** entschieden; streng. **2.** sicher; auf alle Fälle

be|stra|fen: eine Strafe auferlegen

be|su|chen: **1.** zu jemandem hingehen; besichtigen. **2.** teilnehmen; mitmachen: *einen Kurs besuchen*

be|to|nen: **1.** besonders hervorheben. **2.** beim Aussprechen einen stärkeren Ton darauf legen

Be|to|nung, die (die Betonungen): **1.** Hervorhebung. **2.** Ton; Aussprache: *ein Gedicht mit Betonung vortragen*

be|trach|ten: genau ansehen

Bett, das (die Betten): Möbelstück; Schlafstätte

bet|teln: um etwas bitten; flehen

bet|ten: **1.** hinlegen. **2.** hineinlegen: *Die Steine in den Weg betten.*

Beu|le, die (die Beulen): **1.** Schwellung. **2.** Delle; Einbuchtung

Beu|te, die (ohne Mehrzahl): **1.** Diebesgut. **2.** Fang; Opfer

Beu|tel, der (die Beutel): Tasche aus Stoff oder Plastik

be|vor Ⓜ**:** ehe; zuerst

be|we|gen: 1. rühren; regen: *die Arme bewegen.* **2.** (sich): sich rühren; sich regen: *Sie bewegt sich gern an der frischen Luft.* **3.** nahegehen

Be|weis, der (die Beweise): Nachweis; Beleg: *ein Beweis für seine Unschuld*

be|wei|sen (er bewies, sie hat bewiesen): belegen, dass etwas so ist, wie vermutet

be|wies: ⇨ beweisen

be|wie|sen: ⇨ beweisen

be|woh|nen: leben; wohnen

be|wöl|ken: sich mit Wolken bedecken

Be|wöl|kung, die (ohne Mehrzahl): Wolken am Himmel

be|zah|len: Geld für etwas geben: *5 Euro für das Buch bezahlen; Herr Ober, bitte bezahlen!*

be|zeich|nen: benennen

Be|zeich|nung, die (die Bezeichnungen): Benennung; Name

Bib|lio|thek Ⓜ**,** die (die Bibliotheken): Bücherei: *Sie leiht sich oft in der Bibliothek Bücher aus.*

bie|gen (er bog, sie hat gebogen): etwas in eine andere Richtung bringen

Bie|ne, die (die Bienen): gelblich braunes Insekt, das fliegen und stechen kann

bie|ten (er bot, sie hat geboten): **1.** ein Angebot machen; in Aussicht stellen. **2.** (sich): zeigen; sichtbar werden

Bild, das (die Bilder): **1.** gemaltes Kunstwerk. **2.** Foto. **3.** was man auf dem Bildschirm sieht

Bild|schirm ⊜**,** der (die Bildschirme): Monitor; Bildfläche eines Fernsehers oder Computers

bil|lig ⊜**:** wenig Geld kostend; preiswert

Bims|stein Ⓜ**,** der (die Bimssteine): heller Stein; helles Gestein

bin: ⇨ sein

bin|den (er band, sie hat gebunden): **1.** schnüren: *eine Schleife binden.* **2.** (sich): sich festlegen; sich abhängig machen: *Luis fühlt sich an sein Versprechen gebunden.*

Bir|ne, die (die Birnen): **1.** Frucht, die an Bäumen wächst. **2.** Kurzform für Glühbirne

bis: 1. *bis heute.* **2.** *von Frankfurt bis München.* **3.** *Die Schüler warten, bis es zur Pause klingelt.*

Bi|schof, der (die Bischöfe): jemand, der besondere Aufgaben in der Kirche hat

Bi|schö|fin ♀**,** die (die Bischöfinnen): weibliche Form zu ⇨ Bischof

biss: ⇨ beißen

Biss ⊜**,** der (die Bisse): *Hundebiss*

biss|chen Ⓜ**:** etwas; nur wenig

bis|sig ⊜**:** gefährlich; beißend: *Vorsicht, bissiger Hund!*

Biss|wun|de ⊜**,** die (die Bisswunden): Wunde, die durch einen Biss verursacht wurde

bist: ⇨ sein

Bit Ⓜ**,** das (die Bits): kleinste Informationseinheit bei der elektronischen Datenverarbeitung (Computer)

bit|ten ⊜ (er bat, sie hat gebeten): höfliche Form, nachzufragen, wenn man etwas möchte

bit|ter ⊜**:** meist als unangenehm empfundener Geschmack

blank: 1. sauber; glänzend. **2.** *auf die blanke Haut*

bla|sen (er blies, sie hat geblasen): **1.** kräftig ausatmen; pusten. **2.** wehen

blass ⊜**:** sehr hell; ohne die natürliche Farbe

Blatt ⊜**,** das (die Blätter): **1.** *ein Blatt Papier.* **2.** Pflanzenteil: *Im Herbst fallen die Blätter von den Bäumen.*

blät|tern ♀**:** die Seiten eines Buches oder einer Zeitschrift umblättern, umdrehen

A B C D E F G H I J K L M N O P Q R S T U V W X Y Z

A B C D E F G H I J K L M N O P Q R S T U V W X Y Z

blau: Farbadjektiv; ➪ Merkkasten blau/Blau

Blau, das (ohne Mehrzahl): Farbe; ➪ Merkkasten blau/Blau

blau/Blau

Kleinschreibung
Wenn du *blau* als Adjektiv benutzt, schreibst du klein, z. B. *das blaue Auto.*

Großschreibung
Wenn du *blau* als Nomen gebrauchst, schreibst du groß, z. B. *die Farbe Blau; eine Fahrt ins Blaue.*

Zusammensetzungen
Mit *blau* kannst du viele Zusammensetzungen bilden, z. B. *hellblau; blaugrün; bläulich.*

blei|ben (er blieb, sie ist geblieben): **1.** eine Stelle nicht verlassen; nicht weggehen. **2.** seinen Zustand nicht verändern: *auf der Bank sitzen bleiben.* **3.** etwas nicht aufgeben, ändern: *Sie bleibt bei ihrem Entschluss.*

bleich: blass; weiß im Gesicht

Blei|stift, der (die Bleistifte): *Was ich mit Bleistift schreibe, kann ich ausradieren.*

Blick, der (die Blicke): **1.** das Schauen. **2.** Augenausdruck: *Unschuldsblick.* **3.** Aussicht

blieb: ➪ bleiben

blies: ➪ blasen

blind: unfähig zu sehen

blin|ken: 1. blitzen; funkeln: *Die Gläser blinken vor Sauberkeit.* **2.** ein Licht aufleuchten lassen und dadurch ein Signal geben

blin|zeln: die Augenlider schnell öffnen und schließen

Blitz, der (die Blitze): helle Lichterscheinung am Himmel bei Gewittern

blit|zen: 1. aufleuchten. **2.** einen Autofahrer, der zu schnell fährt, fotografieren. **3.** mit Blitzlicht fotografieren

Block, der (die Blöcke, *auch* die Blocks): **1.** großes Stück, Brocken aus Holz oder Stein: *Felsblock.* **2.** *Notizblock; Schreibblock.* **3.** *Häuserblock*

Blöd|sinn, der (ohne Mehrzahl): Unsinn; Dummheit

blond: helle Haarfarbe

Blon|di|ne, die (die Blondinen): Frau mit blonden Haaren

bloß Ⓜ**:** nur

blü|hen Ⓜ**:** wenn sich an Pflanzen die Blüten öffnen; Blüten haben

blü|hend ⊖**: 1.** mit Blüten. **2.** jung; frisch: *Du siehst blühend aus.* **3.** *Du hast eine blühende Fantasie.*

Blu|me, die (die Blumen): Pflanze mit Blüten

Blu|se, die (die Blusen): Kleidungsstück für Frauen und Mädchen

Blut, das (ohne Mehrzahl): rote Körperflüssigkeit

Blü|te, die (die Blüten): **1.** meist farbiger und leuchtender Teil an Pflanzen. **2.** falscher Geldschein

bog: ⇨ biegen

Boh|ne Ⓜ**,** die (die Bohnen): Hülsenfrucht

boh|ren Ⓜ**:** durch Drehbewegungen eines Werkzeugs ein Loch machen

Boh|rer Ⓜ**,** der (die Bohrer): Werkzeug zum Herstellen von Löchern

Bom|bar|de|ment Ⓜ**,** das (die Bombardements, *auch* die Bombardemente): **1.** das Beschießen. **2.** Abwurf von Bomben

Bon|bon Ⓜ**,** der (*auch* das Bonbon; die Bonbons): Süßigkeit zum Lutschen

Boot Ⓜ**,** das (die Boote): Wasserfahrzeug

bor|niert: engstirnig; eingebildet; stur

Bör|se, die (die Börsen): **1.** regelmäßiger Markt für Wertpapiere und andere Waren. **2.** Gebäude, wo die Börse stattfindet. **3.** Kurzform für Geldbörse; Geldbeutel

bös: ⇨ böse

bö|se (*auch* bös): **1.** ärgerlich: *Er war böse auf seinen Freund.* **2.** schlecht; schlimm: *ein böser Traum; ein böser Mensch*

bot: ⇨ bieten

Bo|te, der (die Boten): Überbringer

Bot|schaft, die (die Botschaften): **1.** Nachricht; Mitteilung. **2.** Vertretung eines Landes in einem anderen Land

bo|xen Ⓜ**:** mit Fäusten schlagen

Bo|xer Ⓜ**,** der (die Boxer): **1.** Faustkämpfer. **2.** Hunderasse

brach: ⇨ brechen

brach|te: ⇨ bringen

Brand ⊖, der (die Brände): großes Feuer

brand|schat|zen ⊜: ausplündern und Feuer legen

brann|te: ⇨ brennen

Brauch, der (die Bräuche): feste Gewohnheit

brau|chen: benötigen

braun: Farbadjektiv; ⇨ Merkkasten blau/Blau auf Seite 40

Braun, das (ohne Mehrzahl): Farbe; ⇨ Merkkasten blau/Blau auf Seite 40

Brau|se, die (die Brausen): **1.** Limonade. **2.** Dusche

Braut, die (die Bräute): **1.** Verlobte. **2.** Frau eines Hochzeitspaares

Bräu|ti|gam ⊕, der (die Bräutigame): **1.** Verlobter. **2.** Mann eines Hochzeitspaares

brav ⊖: lieb; nett; gehorsam: *ein braves Kind*

bre|chen (er brach, sie hat gebrochen): **1.** etwas auseinandermachen. **2.** sich übergeben. **3.** (sich): in eine andere Richtung lenken: *Das Licht bricht sich im Glas.* **4.** (sich): sich verletzen: *sich das Bein brechen*

breit: ausgedehnt: *eine breite Straße*

Brei|ten|grad ⊖, der (die Breitengrade): Zone zwischen zwei Breitenkreisen auf der Erdkugel

brem|sen: die Geschwindigkeit verringern

bren|nen ⊝ (es brannte, es hat gebrannt): **1.** in Flammen stehen. **2.** *Das Licht brennt.* **3.** ein schmerzhaftes Gefühl verursachen: *Meine Füße brennen nach der langen Wanderung.* **4.** eine CD mit Daten beschreiben

Brenn|nes|sel ⊜, die (die Brennnesseln; *auch* die Brenn-Nessel, die Brenn-Nesseln): Pflanze, die mit ihren Brennhaaren ein brennendes Gefühl auf der Haut verursachen kann

Brett ⊝, das (die Bretter): flaches Holzstück

Bre|zel, die (die Brezeln): besonders geformtes Gebäck

Brief, der (die Briefe): schriftliche Mitteilung; Schreiben in einem Umschlag

Brief|mar|ke, die (die Briefmarken): aufklebbares Wertzeichen: *bei der Post Briefmarken kaufen*

Brief|trä|ger, der (die Briefträger): jemand, der Briefe und andere Postsendungen bringt

Bril|le, die (die Brillen): Sehhilfe; dient auch zum Schutz der Augen: *Felix muss jetzt eine Brille tragen.*

Bril|len|bär, der (die Brillenbären): Bärenart

brin|gen (er brachte, sie hat gebracht): **1.** hintragen: *Der Briefträger bringt die Post.* **2.** gehen mit; begleiten: *nach Hause bringen.* **3.** erreichen: *Das Üben für die Klassenarbeit hat viel gebracht.*

Bri|se Ⓜ, die (die Brisen): leichter Wind

Bri|te Ⓜ, der (die Briten): Einwohner Großbritanniens; jemand, der von dort stammt

brö|ckeln: in kleine Stückchen zerfallen

Bron|ze Ⓜ, die (die Bronzen): **1.** Metallmischung. **2.** Kunstgegenstand aus Bronze

Bron|ze|grund, der: Untergrund aus Bronze

Bro|sche, die (die Broschen): Schmuckstück, das man an Blusen oder Jacken befestigt

Brö|sel, der (die Brösel): ganz kleines Stückchen von Brot, Brötchen oder Kuchen

Brot, das (die Brote): *Wir kaufen beim Bäcker zwei Brote.*

Bröt|chen, das (die Brötchen): kleines, rundes Gebäckstück

Bruch, der (die Brüche): **1.** *Die Fensterscheibe ist zu Bruch gegangen.* **2.** eine in Teile zerlegte Zahl, z. B. $\frac{1}{2}$

Brü|cke, die (die Brücken): **1.** Übergang z. B. über einen Fluss. **2.** kleiner, schmaler Teppich. **3.** Turnübung. **4.** Ort auf einem Schiff, von wo aus es gelenkt wird

Bru|der, der (die Brüder): **1.** männliches Geschwisterkind. **2.** Mönch

brül|len: laut und kräftig schreien

brum|men: 1. dröhnen; ein knurrendes, summendes Geräusch machen. **2.** etwas unfreundlich und unverständlich sagen

Brun|nen, der (die Brunnen): umfasste, ummauerte Stelle, an der man Wasser holen kann

brü|ten: 1. auf den Eiern sitzen, bis Junge ausschlüpfen. **2.** über etwas nachdenken; grübeln

Bub, der (die Buben): Junge; Knabe

Buch, das (die Bücher): meist gebundenes Druckerzeugnis zum Lesen und Anschauen

Bü|che|rei, die (die Büchereien): Ort mit größeren Sammlungen von Büchern, CDs, CD-ROMs, Zeitungen und Zeitschriften zum Ausleihen

Buch|hand|lung, die (die Buchhandlungen): Geschäft, in dem man Bücher kaufen kann

Büch|se, die (die Büchsen): Dose; kleines Gefäß mit Deckel

Buch|sta|be, der (die Buchstaben): Schriftzeichen, das einem Laut entspricht

buch|sta|bie|ren: jeden Buchstaben eines Wortes einzeln und nacheinander sagen

Bu|ckel, der (die Buckel): **1.** Rücken. **2.** Verkrümmung am Rücken

bü|cken (sich): den Oberkörper nach unten beugen

Büh|ne, die (die Bühnen): **1.** Fläche im Theater, auf der gespielt wird. **2.** Theater: *Sie will zur Bühne.*

Bul|le, der (die Bullen): männliches Rind

bum|meln: langsam gehen; trödeln

Bund, das (die Bunde): kleiner Strauß: *ein Bund Petersilie*

Bund, der (die Bünde): **1.** Vereinigung mehrerer Menschen. **2.** oberer Rand einer Hose oder eines Rockes

Bün|del, das (die Bündel): lose zusammengefasste Dinge

Bun|des|ka|der, der (die Bundeskader): im Sport Gruppe von Sportlerinnen und Sportlern, die für Wettkämpfe mit Sportlern aus anderen Ländern infrage kommen: *Sie ist im Bundeskader der Schwimmer.*

bunt: mit vielen leuchtenden Farben: *Er trägt ein bunt gestreiftes Hemd.*

Burg, die (die Burgen): Festung: *Ritterburg*

Bür|ger, der (die Bürger): Einwohner einer Stadt oder eines Landes

Bürs|te, die (die Bürsten): Gegenstand, mit dem man etwas glätten oder Schmutz entfernen kann: *Zahnbürste; Haarbürste; Kleiderbürste*

bürs|ten: 1. *Sie hat den Hund gebürstet.* **2.** mit einer Bürste säubern

Bus Ⓜ, der (die Busse): Kurzform für ⇨ Omnibus

Busch, der (die Büsche): **1.** dicht gewachsener Strauch. **2.** Urwald, Wildnis besonders in Afrika

Bü|schel, das (die Büschel): kleines Bündel: *ein Büschel Haare*

bu|schig: 1. mit Büschen bewachsen. **2.** dicht mit Haaren bewachsen: *Die Katze hat einen buschigen Schwanz.*

bü|ßen: etwas als Strafe auf sich nehmen; etwas wiedergutmachen (müssen)

But|ter, die (ohne Mehrzahl): Fett, das aus Milch gemacht wird und aufs Brot gestrichen wird

But|ton Ⓜ, der (die Buttons): runder Ansteckknopf; Abzeichen

Byte Ⓜ, das (die Bytes): Informationseinheit; zusammengehörige Folge von acht Bits

C

c/ch

Viele Wörter auf *c* oder *ch* stammen nicht aus der deutschen Sprache. Deshalb musst du sie oft anders aussprechen, als sie geschrieben werden, z. B.
bei *Café* schreibst du *C,* sprichst aber *k;*
bei *Champignon* schreibst du *Ch,* sprichst aber *sch;*
bei *Champion* schreibst du *Ch,* sprichst aber *tsch;*
bei *circa* schreibst du *c,* sprichst aber *z.*

A B C D E F G H I J K L M N O P Q R S T U V W X Y Z

ca.: Abkürzung für ➪ circa

Ca|fé Ⓜ**,** das (die Cafés): Gaststätte, in der es Kaffee und Kuchen gibt

Cap|tain Ⓜ**,** der (die Captains): **1.** Polizeibeamter. **2.** Offizier einer Armee

Ca|ra|van Ⓜ**,** der (die Caravans): **1.** Auto mit viel Platz für Personen und Gepäck; Kombiwagen. **2.** Wohnwagen

CD, die (die CDs): Abkürzung für ➪ Compact Disc

CD-Play|er Ⓜ**,** der (die CD-Player): Gerät, mit dem CDs abgespielt werden

CD-ROM Ⓜ**,** die (die CD-ROMs): kleine Speicherplatte für Computer, deren Inhalt nicht verändert werden kann

Cel|si|us Ⓜ (ohne Mehrzahl): Gradeinheit bei Temperaturangaben

Cent Ⓜ**,** der (die Cents): *Er hat noch 80 Cents in der Tasche.*

Cham|pi|gnon Ⓜ**,** der (die Champignons): ein Pilz, den man essen kann

Cham|pi|on Ⓜ**,** der (die Champions): Meister in einer Sportart

Chan|ce Ⓜ**,** die (die Chancen): günstige Gelegenheit; Aussicht auf Erfolg: *Du hast gute Chancen, den Wettkampf zu gewinnen.*

Cha|os Ⓜ**,** das (ohne Mehrzahl): großes Durcheinander: *Das ist ja ein einziges Chaos!*

cha|o|tisch Ⓜ**:** nicht aufgeräumt; unübersichtlich; nicht geregelt

Charts Ⓜ**,** die (Mehrzahl): Hitliste: *Das Lied ist in den Charts.*

chat|ten Ⓜ**:** sich mit E-Mails im Internet unterhalten

che|cken Ⓜ**: 1.** kontrollieren; prüfen. **2.** begreifen; verstehen: *Hast du die Aufgabe gecheckt?* **3.** im Eishockey jemanden behindern, anrempeln

Chef Ⓜ**,** der (die Chefs): Leiter; Vorgesetzter

Che|mi|ka|lie Ⓜ**,** die (die Chemikalien): chemischer Stoff, der hergestellt werden muss

Chi|na Ⓜ**:** großes Land in Asien

chi|ne|sisch Ⓜ**:** alles, was sich auf China bezieht oder von dort kommt; ➪ Merkkasten deutsch/Deutsch auf Seite 52

Chlor Ⓜ**,** das (ohne Mehrzahl): sehr schlecht riechendes Gas

Chor Ⓜ**,** der (die Chöre): **1.** Gruppe von Sängern. **2.** Teil einer Kirche, wo auch der Altar steht

Christ|baum Ⓜ**,** der (die Christbäume): Weihnachtsbaum

cir|ca Ⓜ (*auch* zirka): ungefähr
Cir|cus, der (die Circusse): ➪ Zirkus
Ci|ty Ⓜ, die (die Citys): Zentrum einer Stadt, wo auch viele Geschäfte sind
cle|ver Ⓜ: klug; schlau
Clown Ⓜ, der (die Clowns): Spaßmacher, der meist im Zirkus auftritt

Club, der (die Clubs): ➪ Klub
cm: Abkürzung für ➪ Zentimeter
Cock|pit Ⓜ, das (die Cockpits): **1.** Pilotenkabine in Flugzeugen. **2.** Fahrersitz in Rennwagen
Code Ⓜ, der (die Codes; *auch* der Kode, die Kodes): Geheimschrift; Geheimzeichen; Schlüssel zum „Übersetzen“ einer Geheimschrift
Co|me|dy|show Ⓜ, die (die Comedyshows; *auch* die Comedy-Show, die Comedy-Shows): lustige Theatervorstellung oder Sendung im Fernsehen mit vielen Witzen und Gags
Co|mic Ⓜ, der (die Comics): Kurzform für ➪ Comicstrip
Co|mic|strip Ⓜ, der (die Comicstrips): **1.** Geschichte in Bildstreifen. **2.** Heft mit Comicstrips
Com|pact Disc Ⓜ, die (die Compact Discs; *auch* die Compact Disk, die Compact Disks): kleine Speicherplatte, von der man Musik abspielen kann
Com|pact Disk Ⓜ, die (die Compact Disks): ➪ Compact Disc
Com|pu|ter Ⓜ, der (die Computer): elektronische Rechenanlage
Corn|flakes Ⓜ, die (Mehrzahl): Frühstücksflocken
Couch Ⓜ, die (die Couchs, *auch* die Couchen): (Liege-)Sofa
Count|down Ⓜ, der (die Countdowns; *auch* der Count-down, die Count-downs): **1.** rückwärtsgehende Zählung bis zum Start. **2.** die letzten Vorbereitungen bis zum Beginn eines Unternehmens
Cou|sin Ⓜ, der (die Cousins): Sohn von Bruder oder Schwester eines Elternteils
Cou|si|ne Ⓜ, die (die Cousinen; *auch* die Kusine, die Kusinen): Tochter von Bruder oder Schwester eines Elternteils
Cow|boy Ⓜ, der (die Cowboys): berittener amerikanischer Rinderhirt

A B C D E F G H I J K L M N O P Q R S T U V W X Y Z

A B C D E F G H I J K L M N O P Q R S T U V W X Y Z

Creme Ⓜ, die (die Cremes; *auch* die Krem, die Krems; *auch* die Kreme, die Kremes): **1.** Salbe zur Hautpflege. **2.** Süßspeise; Tortenfüllung

Crew Ⓜ, die (die Crews): Mannschaft eines Schiffes oder eines Flugzeugs

D

da: 1. dann. **2.** an einer bestimmten Stelle. **3.** *Da ich den Witz gut erzählt habe, lachen alle.*

da|bei: 1. *Er war während der ganzen Veranstaltung dabei.* **2.** *Er rannte zur Schule, dabei kam er außer Puste.* **3.** *Sie ist ein sehr hübsches Mädchen, dabei ist sie gar nicht eingebildet.* **4.** bei dieser Sache, Angelegenheit: *Wir haben uns nichts dabei gedacht.*

da|bei|ha|ben (er hatte dabei, sie hat dabeigehabt): *Bei dem Ausflug wollte sie gern ihre Schwester dabeihaben.*

da|blei|ben (er blieb da, sie ist dageblieben): *Oma ist den ganzen Tag dageblieben.*

Dach, das (die Dächer): Überdeckung; oberer Abschluss

Dachs Ⓜ, der (die Dachse): kleines Säugetier, das sich einen Bau gräbt

dach|te: ➪ denken

da|für: 1. für diese Sache; für dieses. **2.** *Du hilfst mir in Mathe, dafür lerne ich mit dir Vokabeln.*

da|für|ge|konnt: ➪ dafürkönnen

da|für|kön|nen (er konnte dafür, sie hat dafürgekonnt): *Paul konnte nichts dafür.*

da|ge|blie|ben: ➪ dableiben

da|ge|gen: 1. gegen diese Sache. **2.** *Eure Arbeiten waren gut, seine dagegen schlecht.*

da|her: 1. von dort. **2.** deshalb: *Heute ist es heiß, daher haben wir Hitzefrei.*

da|her|spren|gen **:** auf einem Pferd im Galopp, sehr schnell herankommen

da|hin|ter: hinter etwas

da|hin|ter|ste|cken **: 1.** *einen Zettel dahinterstecken.* **2.** etwas bedeuten oder verursachen: *Ich will wissen, wer dahintersteckt.*

da|mals: früher

Da|me, die (die Damen): **1.** eine elegante Frau. **2.** ein Brettspiel. **3.** Figur im Schachspiel. **4.** Spielkarte

da|mit: 1. *Was soll ich damit machen?* **2.** *Ich spreche bei meinem Vortrag langsam, damit mich alle verstehen.*

Damm ㋡**,** der (die Dämme): Schutzmauer gegen eine Überschwemmung

Däm|me|rung Ⓜ**,** die (die Dämmerungen): Übergang zwischen Tag und Nacht beziehungsweise zwischen Nacht und Tag

Dampf Ⓜ**,** der (die Dämpfe): sichtbarer feuchter Dunst

Damp|fer, der (die Dampfer): Schiff, das mit Dampfkraft betrieben wird

da|nach: 1. später. **2.** *Erst kamen die Erwachsenen, danach die Kinder.* **3.** *Ich habe viel trainiert, danach müsste ich den Wettkampf gewinnen.*

da|ne|ben: 1. an der Seite; neben einer Sache. **2.** außerdem; darüber hinaus

da|ne|ben|ge|le|gen: ⇨ danebenliegen

da|ne|ben|lie|gen (er lag daneben, sie hat/ist danebengelegen): sich irren; sich täuschen: *Damit liegst du völlig daneben.*

Dä|ne|mark Ⓜ**:** Land in Europa

dä|nisch Ⓜ**:** alles, was sich auf Dänemark bezieht oder von dort kommt; ⇨ Merkkasten deutsch/Deutsch auf Seite 52

dan|ken: sich bedanken

Dan|ke sa|gen (*auch* danke sagen): danken

dann Ⓜ**: 1.** anschließend; danach. **2.** in dem Fall: *Wenn sie etwas wissen will, dann findet sie es auch heraus.*

da|rauf: 1. *In der Stunde darauf haben wir Sport.* **2.** *Sie hat gestern eine Flöte geschenkt bekommen und kann schon darauf spielen.* **3.** *Ein Stuhl wurde frei und er konnte sich endlich darauf setzen.* **4.** *Er war ganz darauf versessen.*

da|rauf|le|gen: *Sie hat ein Buch daraufgelegt.*

da|raus: *Daraus* (aus der Flasche) *kann ich nicht trinken. Ich mache mir nichts daraus* (aus klassischer Musik).

da|rin: *Der Schlüssel steckt darin* (im Türschloss).

dar|stel|len ㋡**: 1.** in einem Bild zeigen. **2.** etwas vortragen, vorspielen

da|rü|ber: 1. oberhalb; über einer Sache. **2.** dazu; hierüber: *Darüber will ich nichts sagen.* **3.** *Eine Brücke! Wir können darüberfahren.*

da|rum: aus diesem Grund

A B C D E F G H I J K L M N O P Q R S T U V W X Y Z

A B C D E F G H I J K L M N O P Q R S T U V W X Y Z

da|run|ter: 1. unterhalb; unter einer Sache. **2.** dazwischen, mitten darin: *Die Leute, darunter viele Kinder, drängten zum Ausgang.*

da|run|ter|le|gen: *Du kannst noch eine Decke darunterlegen. Es ist kalt geworden.*

das Ⓜ**: 1.** *das Kind, das Haus.* **2.** *An der Wand hängt ein Bild, das mir gefällt.* **3.** *Das war spannend.*

dass Ⓜ**:** *Ich glaube, dass es so stimmt.*

das|sel|be: dieses und kein anderes: *Tom hat heute dasselbe T-Shirt wie gestern an.*

Da|ten, die (Mehrzahl): **1.** Informationen; Einzelheiten. **2.** Mehrzahl von Datum

Da|tum, das (die Daten): Bezeichnung des Tages nach dem Kalender: *Welches Datum haben wir heute?*

dau|ern: 1. kein Ende nehmen; weiterbestehen: *Diese Mathestunde dauert ewig!* **2.** leidtun; Mitleid haben: *Du dauerst mich!*

dau|ernd: ständig; immer wieder

Dau|men, der (die Daumen): Teil der Hand

Dau|nen|ge|fie|der, das (die Daunengefieder): Federkleid aus vielen kleinen, ganz weichen Federn

da|von Ⓜ**:** *Gibst du mir auch etwas davon?*

da|von|tra|gen (er trug davon, sie hat davongetragen): **1.** wegtragen; forttragen. **2.** erringen: *Sie hat den Sieg davongetragen.*

da|vor Ⓜ**: 1.** *Davor* (früher) *war alles besser.* **2.** *Ich stelle den Tisch davor.*

da|vor|ge|scho|ben: ⇨ davorschieben

da|vor|schie|ben (er schob davor, sie hat davorgeschoben): *Lisa hat ihren Stuhl davorgeschoben.*

da|zu: 1. *Dazu will ich etwas sagen. Dazu bin ich wohl gut genug? Dazu bin ich nicht bereit.* **2.** *Nun gibst du noch zwei Esslöffel Zucker dazu.*

da|zu|be|kom|men (er bekam dazu, sie hat dazubekommen): *Beim Einkaufen im Obstladen bekam er zwei Birnen dazu.*

da|zwi|schen: 1. in der Mitte zwischen zwei Gegenständen, Tieren, Menschen. **2.** *Auf dem Platz waren viele Menschen, dazwischen mein Vater und* *ich.* **3.** *Erst habe ich Sport und dann Deutsch, dazwischen ist große Hofpause.*

da|zwi|schen|re|den: *Sie reden im Unterricht ständig dazwischen.*

De|cke, die (die Decken): **1.** großes Stück Stoff, das man auf etwas legen kann. **2.** *Zimmerdecke*

De|ckel, der (die Deckel): **1.** Klappe; Verschluss. **2.** Bucheinband: *Buchdeckel*

deh|nen Ⓜ: **1.** etwas hinziehen, in die Breite oder in die Länge ziehen. **2.** (sich): den eigenen Körper strecken

Deich, der (die Deiche): künstlicher Damm an der Küste oder am Flussufer zum Schutz vor Überschwemmungen

dein: *Ich finde deinen Lehrer nett. Gib das doch deiner Mutter von mir;* ⇨ Merkkasten dein

dein

Wenn du in Briefen besonders höflich sein willst, schreibst du *dein* groß, z. B.
Liebe Oma,
vielen Dank für Dein Geschenk.

De|ko|ra|ti|on Ⓜ, die (die Dekorationen): Verschönerung; Verzierung

Del|fin, der (die Delfine; *auch* der Delphin, die Delphine): Säugetier, das im Wasser lebt

Del|phin, der (die Delphine): ⇨ Delfin

dem: *Die Großeltern schenken dem Jungen ein spannendes Buch.*

den: *Wir finden den neuen Abenteuerspielplatz nicht.*

den|ken (er dachte, sie hat gedacht): **1.** sich Gedanken machen; überlegen. **2.** meinen; vermuten: *Dabei habe ich mir nichts Böses gedacht.*

Denk|mal, das (die Denkmäler): Gedenkstein

denn: *Das Fach Musik habe ich gern, denn ich kann gut singen.*

den|noch: aber; doch; trotzdem

A B C D E F G H I J K L M N O P Q R S T U V W X Y Z

A B C D E F G H I J K L M N O P Q R S T U V W X Y Z

der: 1. *der Fußball.* **2.** *Der Ball, der da rumliegt, gehört niemandem.*

der|sel|be: dieser und kein anderer

des: *der buschige Schwanz des Eichhörnchens*

des|halb: darum; deswegen: *Ich war müde, deshalb bin ich nach Hause gegangen.*

De|tek|tiv, der (die Detektive): jemand, der Ermittlungen über Personen oder Vorgänge anstellt

De|tek|tiv|agen|tur, die (die Detektivagenturen): Firma, für die Detektive arbeiten

deut|lich: eindeutig; gut, klar zu erkennen: *Die Sterne am Himmel waren ganz deutlich zu sehen.*

deutsch: alles, was sich auf Deutschland bezieht oder von dort kommt; ➪ Merkkasten deutsch/Deutsch

Deutsch, das: die deutsche Sprache; ➪ Merkkasten deutsch/Deutsch

Deutsch|land: Land in Europa

deutsch/ Deutsch

Kleinschreibung
Du schreibst das Adjektiv *deutsch* meistens klein, z. B. *die deutsche Sprache; das deutsche Essen.*

Großschreibung
Du schreibst *deutsch* meistens groß, wenn du damit die deutsche Sprache meinst, z. B. *sein Deutsch ist gut; etwas auf Deutsch sagen; das heißt auf Deutsch; sie kann kein Wort Deutsch; er hat eine Zwei in Deutsch.*

De|zem|ber, der: zwölfter Monat im Jahr

Dia|lekt, der (die Dialekte): Mundart (z. B. Bayrisch, Sächsisch)

Dia|log, der (die Dialoge): Gespräch zwischen zwei oder mehreren Personen

dich: *Darauf kannst du dich verlassen!;* ➪ Merkkasten dich

dicht: 1. eng beieinander. **2.** so, dass man/es nicht durchkommt. **3.** sehr, ganz nahe

dich|ten: 1. Gedichte schreiben. **2.** abdämmen; abdichten

dick ☺**: 1.** *Der Mann war sehr dick.* **2.** *dicke Freunde; dickes Lob.* **3.** *Der Brei ist ganz schön dick.* **4.** *Sie streicht dick Butter aufs Brötchen.*

die: 1. *Die Musik gefällt nicht allen.* **2.** *Die Blumen, die du gepflückt hast, sind schön.*

Dieb ➔**,** der (die Diebe): Einbrecher

die|nen: arbeiten; Dienst tun

Diens|tag ➔**,** der (die Dienstage): Wochentag; ⇨ Merkkasten Dienstag

die|se, die|ser, die|ses: *Diese Aufgabe ist schwierig.*

die|sel|be: diese und keine andere: *Ich ziehe heute dieselbe Hose an wie gestern.*

dies|mal: dieses Mal

dich

Wenn du in Briefen besonders höflich sein willst, schreibst du *dich* groß, z. B.
Lieber Opa,
ganz herzlich grüßt Dich
Dein Enkel Tom.

Dienstag

Großschreibung
Den Wochentag *Dienstag* schreibst du groß, z. B. *der Dienstag; am Dienstag.*

Kleinschreibung
Wenn du ausdrücken möchtest, dass etwas immer wieder an einem *Dienstag* passiert oder stattfindet, benutzt du das Wort *dienstags* und schreibst es klein, z. B. *immer dienstags.*

Zusammensetzungen
Mit *Dienstag* kannst du auch Zusammensetzungen bilden, z. B. *Dienstagmorgen; Dienstagmittag; Dienstagabend.*

di|gi|tal Ⓜ**:** Daten und Informationen in Ziffern dargestellt oder darstellend: *Mein Radiowecker hat eine digitale Anzeige.*

dik|tie|ren Ⓜ**: 1.** vorsprechen, sodass jemand wörtlich mitschreiben kann. **2.** anordnen

A B C D E F G H I J K L M N O P Q R S T U V W X Y Z

di|let|tan|tisch Ⓜ**:** laienhaft; nicht fachmännisch: *ein dilettantischer Versuch*

Ding, das (die Dinge): **1.** Gegenstand; Sache: *Das Ding ist rund und aus Holz.* **2.** Ereignis, Vorgang: *Das war vielleicht ein Ding!*

Di|no|sau|rier Ⓜ**,** der (die Dinosaurier): ausgestorbenes, oft sehr großes Reptil

dir Ⓜ**:** *Ich helfe dir gern;* ⇨ Merkkasten dir

dir

Wenn du in Briefen besonders höflich sein willst, schreibst du *dir* groß, z. B.
Liebe Tante Marion,
ich wünsche Dir alles Gute zum Geburtstag.

di|rekt Ⓜ**:** **1.** ohne Umweg; ohne Unterbrechung: *Ich komme direkt zu dir.* **2.** offen; ohne Zögern: *Das sage ich dir ganz direkt.*

Di|rek|tor Ⓜ**,** der (die Direktoren): jemand, der etwas leitet, z. B. eine Schule, einen Zirkus, ein Museum

Di|ri|gent Ⓜ**,** der (die Dirigenten): jemand, der einen Chor, ein Orchester leitet

Dis|kus|si|on Ⓜ**,** die (die Diskussionen): Aussprache; (Streit-)Gespräch

dis|ku|tie|ren: in einem Gespräch Meinungen austauschen

Dis|play Ⓜ**,** das (die Displays): Feld, z. B. beim Handy, auf dem Daten angezeigt werden

dis|qua|li|fi|zie|ren Ⓜ**:** von der weiteren Teilnahme an einem Wettkampf ausschließen

Dis|zi|plin Ⓜ**,** die: **1.** (ohne Mehrzahl): Ordnung; Selbstbeherrschung: *auf Disziplin achten.* **2.** (die Disziplinen): Fachgebiet; Sportart

Dis|zi|plin|lo|sig|keit (ohne Mehrzahl): ohne Disziplin; ohne Selbstbeherrschung

di|vers Ⓜ**:** verschieden: *Im Café gab es diverse Kuchen, z. B. Kirschkuchen.*

doch: 1. *Du bist ja doch gekommen.* **2.** *Pass doch auf.* **3.** *Hast du die Hausaufgaben nicht gemacht? – Doch.*

Docht, der (die Dochte): Faden in einer Kerze oder Petroleumlampe

Dok|tor, der: **1.** (die Doktoren): Arzt. **2.** (ohne Mehrzahl): Titel: *Frau Doktor (Dr.) Schmidt*

Dol|lar, der (die Dollars): *In Amerika bezahlt man mit Dollars.*

Do|mi|no, das (die Dominos): Legespiel

Domp|teur Ⓜ, der (die Dompteure): jemand, der Tiere bändigt, dressiert

Don|ner, der (die Donner): lautes Geräusch, das bei Gewitter entsteht

Don|ners|tag, der (die Donnerstage): Wochentag; ➪ Merkkasten Dienstag auf Seite 53

doof Ⓜ**: 1.** dumm. **2.** einfallslos: *Das ist aber ein doofes Spiel.*

Do|ping Ⓜ, das (die Dopings): Einnahme von Medikamenten zur Leistungssteigerung im Sport

dop|pelt: noch einmal; zweimal; zweifach

Dorf, das (die Dörfer): kleiner Ort

Dorn, der (die Dornen): Spitze, Stachel an Pflanzen: *Die Rosen haben Dornen.*

dort: nicht hier

Do|se, die (die Dosen): kleiner Behälter mit Deckel: *eine Dose mit Keksen; eine Dose Ananas*

Dra|che, der (die Drachen): Ungeheuer, das meist Feuer speit

Dra|chen, der (die Drachen): *Im Herbst lassen wir unsere selbst gebauten Drachen steigen.*

Draht Ⓜ, der (die Drähte): dünnes biegsames Stück Metall

drän|geln: 1. versuchen, schnell an anderen vorbeizukommen. **2.** bitten; betteln

drän|gen: 1. drücken. **2.** *Alle Schüler drängen in die Aula.* **3.** überreden; bitten

drau|ßen: außerhalb; im Freien

Dreck, der (ohne Mehrzahl): *Du hast Dreck an den Schuhen.*

dre|ckig: nicht sauber; schmutzig

A B C D E F G H I J K L M N O P Q R S T U V W X Y Z

dre|hen Ⓜ**: 1.** (*auch* sich): im Kreis bewegen. **2.** einen Film machen

drei: Zahlwort; ➪ Merkkasten acht/Acht auf Seite 14

Drei, die (die Dreien): Ziffer; Zahl; ➪ Merkkasten acht/Acht auf Seite 14

dreist: frech; unverschämt

dres|sie|ren ☺**:** (Tiere) abrichten, schulen, trainieren

drin: ➪ darin

drin|gend ➔**:** eilig; etwas muss unbedingt sofort gemacht werden: *Ich muss dringend nach Hause.*

drin|nen ☺**:** im Innern, innerhalb eines Raumes: *Es regnet, aber hier drinnen ist es gemütlich.*

dritt ☺**:** gebeugte Form von drei: *Wir sind zu dritt.*

Drit|te ☺**,** der (die Dritten): *der Dritte in der Reihe*

Drit|te ☺**,** die (die Dritten): *die Dritte in der Reihe*

Drit|tel ☺**,** das (die Drittel): der dritte Teil von einem Ganzen

drit|tens ☺**:** das Dritte in der Folge: *erstens, zweitens, drittens*

dro|hen Ⓜ**: 1.** jemanden einschüchtern wollen. **2.** *Durch die Schneeschmelze droht ein Hochwasser; Gefahr, Unheil droht*

drü|ber: ➪ darüber

dru|cken ☺**:** Schrift oder Bilder auf Papier oder Stoff bringen: *Es werden immer neue Bücher gedruckt.*

drü|cken ☺**: 1.** Druck ausüben; drängen; pressen. **2.** Kummer haben; traurig machen. **3.** *den Preis drücken.* **4.** (sich): aus dem Weg gehen; nicht mitmachen; vermeiden

Dru|cker ☺**,** der (die Drucker): **1.** jemand, der z. B. Bücher druckt. **2.** Gerät: *Laserdrucker*

drun|ter: ➪ darunter

Dschun|gel Ⓜ**,** der (die Dschungel): Busch; Urwald

du: *Kommst du heute Nachmittag bei mir vorbei?;* ➪ Merkkasten du

du

Wenn du in Briefen besonders höflich sein willst, schreibst du *du* groß, z. B.
Lieber Ben,
Du kannst Dir nicht vorstellen, wir schön es hier am Meer ist.

Duft, der (die Düfte): (angenehmer) Geruch

duf|ten: angenehm, gut riechen

dumm (dümmer, am dümmsten): **1.** nicht klug. **2.** gedankenlos. **3.** *Red doch kein dummes Zeug.*

dumpf Ⓜ: **1.** undeutlich: *ein dumpfes Geräusch.* **2.** feucht; stickig. **3.** (im Kopf wie) betäubt, taumelig

dun|kel: 1. düster; finster: *Im Herbst wird es abends früh dunkel.* **2.** fragwürdig; unklar: *dunkle Gestalten*

dünn: **1.** mager; von geringer Stärke: *Das Mädchen ist aber dünn.* **2.** leicht; luftig: *Die Bluse ist sehr dünn.* **3.** *Die Creme muss man dünn auftragen.*

durch: 1. mittendurch. **2.** wegen: *Durch deine Hilfe habe ich eine Zwei gekriegt.* **3.** fertig; beendet: *Die Kartoffeln sind durch.* **4.** beschädigt; kaputt: *Die Schuhe sind durch.*

durch-

Der Wortbaustein *durch-* kommt in vielen Wörtern vor, z. B. in *Durchsage, Durchschnitt, durchsichtig.*

durch|ei|nan|der: **1.** kreuz und quer; chaotisch; nicht aufgeräumt: *In deinem Zimmer liegt wieder alles durcheinander.* **2.** verwirrt: *Ich bin völlig durcheinander.*

durch|ei|nan|der|lau|fen (sie liefen durcheinander, sie sind durcheinandergelaufen): *Bei dem großen Sportfest liefen alle Kinder durcheinander.*

durch|ge|hend: dauerhaft; ohne Pause

durch|läs|sig: löchrig; nicht dicht

Durch|sa|ge, die (die Durchsagen): Ansage; Auskunft: *Am Bahnsteig 8 kam eine Durchsage: „Achtung, Achtung ...“*

Durch|schnitt, der (die Durchschnitte): Mittelmaß; Mittelwert

durch|sich|tig: **1.** durchscheinend; (glas)klar. **2.** leicht zu durchschauen

dür|fen (er durfte, sie hat gedurft): **1.** Zustimmung haben; erlaubt sein: *Hier darf man Fahrrad fahren.* **2.** das Recht haben: *Mein großer Bruder hat den Führerschein und darf Auto fahren.* **3.** Veranlassung haben: *Ich darf Sie darauf hinweisen, dass der Termin wichtig ist.*

A B C D E F G H I J K L M N O P Q R S T U V W X Y Z

durfte: ⇨ dürfen

dürr: **1.** vertrocknet. **2.** mager; (sehr) schlank

Dürre, die (die Dürren): Trockenheit; Austrocknung

durstig: *Ich bin sehr durstig. Gibt es hier etwas zu trinken?*

duschen: unter die Dusche gehen; brausen

Düsenflugzeug, das (die Düsenflugzeuge): sehr schnelles Flugzeug mit Düsenantrieb

düster: ziemlich dunkel

Dutzend, das (die Dutzende): *Zu einem Dutzend gehören zwölf Stück.*

Dynamo, der (die Dynamos): (kleine) Maschine zur Erzeugung von elektrischem Strom, z. B. am Fahrrad

E

Ebbe, die (die Ebben): Niedrigwasser bei den Gezeiten: *Bei Ebbe gingen wir im Watt spazieren.*

eben: **1.** flach; glatt: *Die Landschaft ist eben.* **2.** im Augenblick; gerade: *Ich habe die Brille eben noch gesehen.* **3.** *Das ist eben so.*

ebenfalls: auch; genauso: *Danke, ebenfalls.*

Echo, das (die Echos): Laut, Ton, der in den Bergen auf einen Felsen, eine Bergwand trifft und zurückgeworfen wird: *Das Echo antwortet uns.*

echt: **1.** unverfälscht; original. **2.** wahr; wirklich: *Du bist ein echter Freund.* **3.** tatsächlich: *Ich bin echt überrascht!*

Ecke, die (die Ecken): *Ein Würfel hat acht Ecken.*

Edelgas, das (die Edelgase): Gas, das chemisch kaum zu verändern ist

Edelstein, der (die Edelsteine): kostbarer Stein

Effekt, der (die Effekte): Wirkung; Erfolg

egal: einerlei; gleich(gültig): *Es ist egal, was du anziehst.*

egoistisch: ichbezogen; auf seinen eigenen Vorteil bedacht: *ein egoistisches Verhalten*

ehe: bevor: *Es wird regnen, noch ehe wir zu Hause sind.*

Ehe, die (die Ehen): gesetzliche Verbindung von Mann und Frau

eher: **1.** früher: *Diesmal kommst du aber eher nach Hause.* **2.** wahrscheinlicher:

Sie wird eher das rote Auto kaufen.

Eh|re, die: **1.** (die Ehren): Anerkennung; Lob; Ansehen. **2.** (ohne Mehrzahl): Würde; Selbstachtung

ehr|lich: die Wahrheit sagend; aufrichtig; ohne Verstellung

Ei, das (die Eier): *Hühnerei; Frühstücksei*

Ei|che, die (die Eichen): Laubbaum

Ei|chel, die (die Eicheln): Frucht der Eiche: *Sie gehen in den Wald und sammeln Eicheln.*

Eich|hörn|chen, das (die Eichhörnchen): Nagetier mit langem, buschigem Schwanz

Ei|dech|se, die (die Eidechsen): Kriechtier mit lang gestrecktem Körper und langem Schwanz

ei|fer|süch|tig: jemandem etwas nicht gönnen; missgünstig; neidisch

eif|rig: tatkräftig; fleißig; aktiv: *Sie lernt eifrig.*

Ei|gen|schaft, die (die Eigenschaften): Art; Beschaffenheit; Wesensmerkmal

ei|gent|lich: ursprünglich; genau genommen

Ei|le, die (ohne Mehrzahl): Hast; Zeitdruck

ei|lig: 1. hastig; schnell: *Stefan läuft eilig zur Schule.* **2.** dringend: *Die Operation ist sehr eilig.*

Ei|mer, der (die Eimer): Behälter, z. B. für Wasser

ein, ei|ne, ei|ner: 1. *ein Kind.* **2.** jemand: *Da kann einer sagen, was er will.* **3.** *Es gab nur eine Bäckerei in der ganzen Stadt.*

Ein|bre|cher, der (die Einbrecher): Eindringling; Dieb

Ein|druck, der (die Eindrücke): **1.** Wahrnehmung; Erinnerung: *Die Reise hinterließ einen tiefen Eindruck.* **2.** Vertiefung; Delle

ein|fach: 1. einmal; nicht doppelt oder mehrfach. **2.** leicht; ohne Schwierigkeiten. **3.** schlicht; bescheiden: *eine einfache Hütte.* **4.** *Es ist einfach schön hier.*

Ein|fall, der (die Einfälle): **1.** Idee; Eingebung. **2.** Erscheinen: *Lichteinfall.* **3.** plötzliches Auftreten; Überfall

A B C D E F G H I J K L M N O P Q R S T U V W X Y Z

ein|fal|len (er fiel ein, sie ist eingefallen): **1.** auf eine Idee kommen; sich erinnern: *Plötzlich fiel ihr der Name wieder ein.* **2.** zusammenstürzen: *Bei einem Erdbeben fallen oft Häuser ein.* **3.** hereinkommen: *Das Licht fällt von oben ein.* **4.** *Die Normannen fielen in England ein.* **5.** einstimmen: *Sie fielen in den Kanon ein.*

ein|far|big: es wird nur eine Farbe verwendet: *Das T-Shirt ist einfarbig rot.*

Ein|gang, der (die Eingänge): **1.** Stelle, an der man in ein Gebäude oder in ein Gebiet hineingeht: *Der Eingang des Hauses, des Zoos war um die Ecke.* **2.** Ankommen von Post oder Waren: *Posteingang; Wareneingang*

ein|ge|schlos|sen: ⇨ einschließen

ein|ge|zo|gen: ⇨ einziehen

Ein|glas, das (die Eingläser): Monokel

ein|hal|ten (er hielt ein, sie hat eingehalten): **1.** befolgen; beachten: *Alle hielten die Regeln ein.* **2.** für kurze Zeit unterbrechen

ein|hei|misch: an diesem Ort zu Hause; von hier; nicht fremd: *einheimische Pflanzen*

Ein|heit, die (die Einheiten): **1.** das Ganze; die Gesamtheit. **2.** Größe zum Messen: *Meter ist eine Längeneinheit.* **3.** feste Gruppe beim Militär

ein|heit|lich: ohne Unterschied: *Alle trugen einheitlich weiße T-Shirts.*

ei|ni|ge, ei|ni|ges: ein paar; mehrere einer Gruppe: *Einige aus meiner Klasse gingen zum Schwimmen.*

ein|kau|fen: in ein Geschäft gehen, um etwas (zum Beispiel Lebensmittel) zu kaufen: *Heute kaufe ich frische Milch ein.*

ein|la|den (er lud ein, sie hat eingeladen): **1.** in einem Fahrzeug verstauen: *Koffer einladen.* **2.** zu sich (als Gast) bitten: *Er lud sie zu seinem Geburtstag ein.* **3.** in einem Café oder Restaurant für jemanden mitbezahlen. **4.** auffordern, etwas zu tun: *Ich lade euch ein mitzusingen.*

Ein|lei|tung, die (die Einleitungen): Einführung; Vorbemerkung: *Deine Geschichte braucht noch eine Einleitung.*

ein|mal: **1.** *Sie kam nur einmal.* **2.** *Sie reden alle auf einmal.* **3.** *Er wird dir einmal das Buch zurückgeben.* **4.** *Es war einmal ...*

ein|pa|cken: **1.** in Papier oder Decken hüllen: *Mutter packt das Geschenk ein.* **2.** mitnehmen; verstauen: *Vater packt etwas zu trinken ein.*

ein|pö|keln: einsalzen; in Salz legen: *Die Seefahrer pökelten den Fisch ein.*

ein|prä|gen: **1.** eindrücken; einpressen: *Auf das Schild ließ er seinen Namen einprägen.* **2.** (sich): sich merken: *Sie prägte sich das Gedicht ein. Dieses Bild prägte sich ihm ein.*

ein|quar|tie|ren: unterbringen; Quartier geben: *Tante Sofie wurde im Gästezimmer einquartiert.*

ein|rah|men: mit einem Rahmen versehen; einfassen: *Sie ließ das Bild einrahmen.*

eins: Zahlwort

Eins, die (die Einsen): Ziffer; Zahl

ein|sam: allein; für sich: *Er fühlte sich einsam.*

ein|schla|fen (er schlief ein, sie ist eingeschlafen): **1.** Schlaf finden: *Das Baby schlief endlich ein.* **2.** aufhören; enden: *Die regelmäßigen Treffen sind eingeschlafen.* **3.** gefühllos, taub werden: *Mein Fuß ist eingeschlafen.*

ein|schlie|ßen (er schloss ein, sie hat eingeschlossen): **1.** verschließen: *Georg schließt sein Radio im Schrank ein.* **2.** einbeziehen; umfassen: *Großmutter hat bei ihrer Einladung die Enkel eingeschlossen.* **3.** einrahmen; umgrenzen: *Die Hecke schließt den Garten ein.* **4.** (sich): *Lena schließt sich in der Kabine ein.*

Ein|sen|de|schluss, der (die Einsendeschlüsse): letzter Termin, an dem z. B. ein Preisausschreiben abgeschickt werden kann

ein|sper|ren: **1.** einschließen. **2.** ins Gefängnis bringen: *Die Verbrecher wurden für lange Zeit eingesperrt.*

A B C D E F G H I J K L M N O P Q R S T U V W X Y Z

ein|stür|zen: 1. in sich zusammenfallen: *Der Turm stürzt ein.* **2.** zum Einsturz bringen; niederreißen. **3.** hereinbrechen: *Die Ereignisse stürzten auf sie ein.*

ein|tei|len: 1. *Die Lehrerin teilt die Klasse in zwei Mannschaften ein.* **2.** zuweisen: *Dienste einteilen.* **3.** nicht alles auf einmal aufbrauchen: *das Trinken einteilen*

Ein|tritts|kar|te, die (die Eintrittskarten): Karte, die berechtigt, eine Veranstaltung oder z. B. ein Museum zu besuchen

ein|ver|stan|den: z. B. einem Plan zustimmen: *Einverstanden!*

Ein|woh|ner, der (die Einwohner): Bewohner eines Landes, einer Stadt oder eines Dorfes

ein|zeich|nen: in etwas zeichnen; markieren

ein|zeln: für sich; nicht mit anderen zusammen

ein|zie|hen (er zog ein, sie hat/ist eingezogen): **1.** einfädeln; durchziehen. **2.** eine Wohnung, ein Haus beziehen: *Wir ziehen nächste Woche in das neue Haus ein.* **3.** einbauen: *eine Wand einziehen.* **4.** nach innen, unten ziehen: *den Kopf einziehen.* **5.** einsaugen; einatmen: *die Luft einziehen.* **6.** eindringen; aufgesogen werden: *Die Creme zieht gut ein.*

Eis, das (ohne Mehrzahl): **1.** gefrorenes Wasser. **2.** Eiscreme

Eis|bär, der (die Eisbären): großer Bär mit weißem Fell

Ei|sen|bahn, die (die Eisenbahnen): Verkehrsmittel, das auf Schienen fährt; Zug

Eis|tee, der (die Eistees): Mischung aus Tee und Saft, die eisgekühlt getrunken wird

Eis|zap|fen, der (die Eiszapfen): längliches Gebilde aus gefrorenem Wasser

ei|tel: eingebildet

Ei|weiß, das (die Eiweiße): **1.** Eiklar; durchsichtiger, weißer Bestandteil im Ei. **2.** Bestandteil vieler Lebensmittel

Ei|zel|le, die (die Eizellen): weibliche Fortpflanzungszelle

eke|lig (*auch* eklig): abstoßend; abscheulich

ekeln (sich): Abscheu empfinden; etwas abstoßend finden: *Er ekelt sich vor Spinnen.*

ek|lig: ⇨ ekelig

Elb, der (die Elben): unsterblicher Naturgeist, der oft als schön und zart beschrieben wird; Elfe

El|be, die: großer Fluss in Deutschland

Elch, der (die Elche): hochbeiniges Hirschtier

Ele|fant, der (die Elefanten): großes, graues Tier mit Rüssel

ele|gant: 1. vornehm; gepflegt; geschmackvoll. **2.** geschickt; gewandt

elek|trisch Ⓜ**:** mit Strom betrieben

Ele|ment, das (die Elemente): **1.** Baustein; Bestandteil. **2.** z. B. Wasser und Feuer: *der Kampf mit den Elementen*

Elend, das (ohne Mehrzahl): **1.** Unglück; Leid. **2.** Armut; Not

elf: Zahlwort; ⇨ Merkkasten acht/Acht auf Seite 14

Elf, die (die Elfen): Ziffer; Zahl; ⇨ Merkkasten acht/Acht auf Seite 14

El|fe, die (die Elfen): unsterblicher Naturgeist, der oft als schön und zart beschrieben wird

Elf|me|ter, der (die Elfmeter): Strafstoß beim Fußball aus elf Meter Entfernung zum Tor

Eli|xier Ⓜ**,** das (die Elixiere): Heiltrank; Zaubertrank

El|le, die (die Ellen): **1.** Unterarmknochen zwischen Handgelenk und Ellbogengelenk. **2.** früheres Längenmaß (zwischen 50 und 80 cm)

El|tern Ⓜ**,** die (Mehrzahl): Vater und Mutter

E-Mail Ⓜ**,** die (die E-Mails): elektronischer Brief; Nachricht, die auf elektronischem Weg, z. B. im Internet, verschickt und empfangen wird

Em|blem, das (die Embleme): Wahrzeichen; Sinnbild

emp|fahl: ⇨ empfehlen

emp|fand: ⇨ empfinden

emp|fan|gen Ⓜ (er empfing, sie hat empfangen): **1.** entgegennehmen; erhalten: *Post empfangen.* **2.** mit einem Gerät hören oder sehen können: *einen Sender empfangen.* **3.** begrü-ßen: *Gäste empfangen*

emp|feh|len Ⓜ (er empfahl, sie hat empfohlen): **1.** einen Rat geben: *Vater empfiehlt, einen Regenschirm mitzunehmen.* **2.** *einen Arzt empfehlen*

emp|fin|den Ⓜ (er empfand, sie hat empfunden): spüren

emp|fing: ⇨ empfangen

emp|foh|len: ⇨ empfehlen

emp|fun|den: ⇨ empfinden

En|de, das: **1.** (ohne Mehrzahl): Schluss. **2.** (die Enden): Stelle, an der etwas aufhört

end|gül|tig: abschließend; ein für alle Mal

end|lich: **1.** schließlich. **2.** begrenzt; nicht von ewiger Dauer

Ener|gie, die: **1.** (ohne Mehrzahl): Schwung; Tatkraft. **2.** (die Energien): Fähigkeit eines Körpers oder Systems, Arbeit zu verrichten; Kraft

eng: **1.** schmal; begrenzt: *eine enge Straße.* **2.** fest anliegend: *eine enge Hose*

Eng|land: Teil von Großbritannien

eng|lisch: alles, was sich auf England bezieht oder von dort kommt; ⇨ Merkkasten deutsch/Deutsch auf Seite 52

En|kel, der (die Enkel): Kind des Kindes einer Großmutter oder eines Großvaters

ent-

Der Wortbaustein *ent-* kommt in vielen Wörtern vor, z. B. in *entschließen, entziffern, Entwurf.*

ent|de|cken: (auf-)finden; etwas Unbekanntes bemerken

Ent|de|cker, der (die Entdecker): jemand, der etwas entdeckt hat: *der Entdecker Amerikas*

En|te, die (die Enten): Schwimmvogel

Ent|fer|nung, die (die Entfernungen): Abstand zwischen zwei Punkten

ent|füh|ren: mit Gewalt fortschafffen

en|thu|si|as|tisch Ⓜ: sehr begeistert

ent|kam: ⇨ entkommen

A B C D E F G H I J K L M N O P Q R S T U V W X Y Z

ent|kom|men (er entkam, sie ist entkommen): *Der Dieb ist der Polizei entkommen.*

ent|lau|fen (er entlief, sie ist entlaufen): davonlaufen: *Katze entlaufen!*

ent|lief: ⇨ entlaufen

ent|schär|fen: *Der Spezialist entschärft die Bombe.*

ent|schei|den (er entschied, sie hat entschieden): **1.** festlegen. **2.** (sich): eine Auswahl treffen: *Lola hat sich für die gelben Schuhe entschieden.*

ent|schied: ⇨ entscheiden

ent|schie|den: 1. ⇨ entscheiden. **2.** deutlich; eindeutig

ent|schlie|ßen (sich) (er entschloss sich, sie hat sich entschlossen): einen Beschluss fassen; sich entscheiden

ent|schloss: ⇨ entschließen

ent|schlos|sen: 1. ⇨ entschließen. **2.** energisch; unbeirrt

ent|schul|di|gen: 1. absagen; abmelden. **2.** (sich): um Verzeihung bitten

Ent|schul|di|gung, die (die Entschuldigungen): **1.** Begründung. **2.** Verzeihung! **3.** Entschuldigungsschreiben

ent|setzt: bestürzt; erschrocken

ent|stand: ⇨ entstehen

ent|stan|den: ⇨ entstehen

ent|ste|hen (er entstand, sie ist entstanden): **1.** sich entwickeln; werden: *Auf dem Schulhof entstand ein Spielplatz.* **2.** *Bei einem Umbau entsteht viel Schmutz.*

ent|täu|schen: die Erwartungen nicht erfüllen

ent|täuscht: traurig, weil die Erwartungen nicht erfüllt wurden

ent|warf: ⇨ entwerfen

ent|we|der: *Du kannst entweder Wasser trinken oder Tee.*

ent|wer|fen (er entwarf, sie hat entworfen): sich überlegen; erarbeiten: *einen Plan entwerfen*

ent|wi|ckeln: 1. *Die Blume entwickelt Blüten.* **2.** *einen Film entwickeln.* **3.** (sich): *Aus der Raupe entwickelt sich ein Schmetterling.*

Ent|wick|lungs|hel|fer, der (die Entwicklungshelfer): jemand, der den Menschen in einem armen Land hilft

ent|wor|fen: ⇨ entwerfen

Ent|wurf, der (die Entwürfe): Plan; Modell

ent|zif|fern: Buchstabe für Buchstabe lesen; enträtseln

Epi|log, der (die Epiloge): **1.** Schlussrede. **2.** Nachwort

er-

Der Wortbaustein *er-* kommt in vielen Wörtern vor, z. B. in *erforschen, Erfindung, erwachsen.*

er: *Er spielt Ball.*

Erb|se, die (die Erbsen): grüne Hülsenfrucht

Erd|ach|se, die (ohne Mehrzahl): gedachte Linie zwischen Nord- und Südpol, um die sich die Erde dreht

Erd|at|mo|sphä|re, die (ohne Mehrzahl): gasförmige Hülle, die die Erde umgibt

Erd|be|ben, das (die Erdbeben): Erschütterung des Erdbodens

Erd|bee|re, die (die Erdbeeren): rote Beere

Er|de, die: **1.** (ohne Mehrzahl): Planet. **2.** (die Erden): Erdboden: *ein Klumpen Erde*

Erd|halb|ku|gel, die (die Erdhalbkugeln): nördliche bzw. südliche Hälfte der Erde

Erd|ober|flä|che, die (ohne Mehrzahl): Oberfläche der Erde

Erd|teil, der (die Erdteile): Kontinent

er|fah|ren (er erfuhr, sie hat erfahren): **1.** hören; mitbekommen. **2.** erleben; kennenlernen

er|fah|ren: geübt; sachkundig: *ein erfahrener Arzt*

Er|fah|rung, die (die Erfahrungen): **1.** *viel Erfahrung mit Tieren haben.* **2.** Einsicht; Erleben: *eine besondere Erfahrung gemacht haben*

Er|fin|der, der (die Erfinder): jemand, der sich etwas Neues ausdenkt oder etwas Neues entdeckt

Er|fin|dung, die (die Erfindungen): **1.** Entwicklung; Neuerung. **2.** Erdichtung; etwas Ausgedachtes

Er|folg, der (die Erfolge): Fortschritt; Gelingen; Ergebnis

er|folg|reich: mit Erfolg

er|for|schen: auf den Grund gehen; untersuchen

er|fuhr: ⇨ erfahren

er|gän|zen: etwas, was noch gefehlt hat, einfügen; bereichern

Er|geb|nis, das (die Ergebnisse): Endstand; Auswirkung

er|gie|ßen (sich) (er ergoss sich, sie hat sich ergossen): sich ausbreiten; strömen: *Die Milch ergießt sich über den Tisch.*

er|goss: ➪ ergießen

er|gos|sen: ➪ ergießen

er|he|ben (er erhob, sie hat erhoben): **1.** hochheben. **2.** *in den Ritterstand erheben.* **3.** *einen Jahresbeitrag erheben.* **4.** vorbringen: *Einspruch erheben.* **5.** (sich): aufstehen. **6.** (sich): abheben; davonfliegen. **7.** (sich): sich wehren

er|hob: ➪ erheben

er|ho|ben: ➪ erheben

er|in|nern: **1.** ins Gedächtnis rufen. **2.** (sich): nicht vergessen haben

Er|in|ne|rung, die (die Erinnerungen): **1.** Gedächtnis. **2.** Blick in die Vergangenheit. **3.** Andenken; Erinnerungsstück. **4.** wiederholte Aufforderung

er|käl|ten (sich): eine Erkältung bekommen

Er|käl|tung, die (die Erkältungen): Husten und Schnupfen

er|kannt: ➪ erkennen

er|kann|te: ➪ erkennen

er|ken|nen (er erkannte, sie hat erkannt): **1.** sehen: *Schon von Weitem erkannte sie das Meer.* **2.** durchschauen: *eine List erkennen.* **3.** erinnern: *Er erkannte den Freund sofort, obwohl sie sich lange nicht gesehen hatten.*

er|klä|ren: *Der Lehrer erklärt die Aufgabe.*

Er|klä|rung, die (die Erklärungen): Erläuterung

er|lau|ben: einverstanden sein

er|le|ben: erfahren; mitmachen

Er|leb|nis, das (die Erlebnisse): besondere Erfahrung

er|leich|tert: befreit; erlöst; froh

er|mah|nen: in strenger Weise zu etwas anhalten: *Der Lehrer ermahnte uns, still zu sein.*

er|mä|ßigt: im Preis gesenkt

er|näh|ren: **1.** mit Essen versorgen: *Die Vogeleltern ernähren ihre Kinder mit kleinen Insekten.* **2.** (sich): essen

Er|näh|rung, die (ohne Mehrzahl): Aufnahme von Nahrung; Essen

ernst: **1.** *Vater blickt mich ernst an.* **2.** wichtig: *seine Aufgaben ernst nehmen.* **3.** bedenklich: *eine ernste Krankheit*

ern|ten: **1.** *Kirschen ernten.* **2.** bekommen: *Beifall ernten*

er|obern: in Besitz nehmen; erstreiten; bekommen

A B C D E F G H I J K L M N O P Q R S T U V W X Y Z

er|rei|chen ⊜**: 1.** herankommen. **2.** ankommen: *Der Zug erreicht den Bahnhof.* **3.** *jemanden telefonisch erreichen.* **4.** *Sie erreichte es, mehr Taschengeld zu bekommen.*

er|rich|ten ⊜**:** aufbauen

er|schei|nen (er erschien, sie ist erschienen): **1.** *Der Mond erscheint am Himmel.* **2.** *Die neue Zeitschrift erscheint wöchentlich.*

er|schien: ⇨ erscheinen

er|schie|nen: ⇨ erscheinen

er|schrak: ⇨ erschrecken

er|schre|cken ⊜**: 1.** (er erschrak, sie ist erschrocken): einen Schreck, Angst bekommen. **2.** (er erschreckte, sie hat erschreckt): einen Schreck, Angst einjagen

er|schro|cken: ⇨ erschrecken

erst: 1. *Erst musst du Hausaufgaben machen, dann kannst du spielen.* **2.** *Ich kann erst um 5 Uhr kommen.*

ers|tens: an erster Stelle

er|stau|nen ⊜**: 1.** überraschen. **2.** sich wundern: *Sarah ist über ihre gute Note sehr erstaunt.*

er|wach|sen Ⓜ**:** ausgewachsen; groß; volljährig

er|wäh|nen Ⓜ**:** kurz sprechen von; andeuten

er|wi|dern Ⓜ**:** Antwort geben

er|wi|schen ⊜**: 1.** *beim Naschen erwischen.* **2.** *Ich habe gerade noch die Bahn erwischt.* **3.** *den untersten Zweig erwischen*

er|zäh|len ⊜**:** eine Geschichte oder ein Erlebnis vortragen; etwas mitteilen

Er|zäh|lung ⊜**,** die (die Erzählungen): Geschichte

er|zie|hen ⊜ (er erzog, sie hat erzogen): aufziehen; zu einem bestimmten Verhalten anleiten

er|zog: ⇨ erziehen

er|zo|gen: ⇨ erziehen

es: 1. *Es* (das Kind) *will Ball spielen.* **2.** *Es regnet.* **3.** *Es sei denn, du ziehst Stiefel an.*

Esel, der (die Esel): pferdeähnliches Säugetier

Esel|chen ⊜**,** das (die Eselchen): Verkleinerungsform zu ⇨ Esel

Es|ki|mo Ⓜ**,** der (die Eskimos): Angehöriger einer Völkergruppe, die vor allem an den Küsten Grönlands und Nordamerikas lebt

es|sen (er aß, sie hat gegessen): *Er isst Eis.*

Es|sig, der (die Essige): flüssiges, saures Würzmittel

et|wa: 1. ungefähr: *etwa drei Meter.* **2.** zum Beispiel

et|was: 1. Ding; irgendetwas. **2.** Teil; Stück: *Gib mir auch etwas davon.*

EU: Abkürzung für ⇨ Europäische Union

euch: *Ich gebe euch eine Tafel Schokolade;* ⇨ Merkkasten euch/euer, euere

euch/euer, euere

Wenn du in Briefen besonders höflich sein willst, schreibst du *euch* und *euer, euere* groß, z. B.
Liebe Großeltern,
es grüßt Euch herzlich
Euere Lena.

eu|er, eu|ere (*auch* eure): *Sind das euere Hefte?;* ⇨ Merkkasten euch/euer, euere

eu|er|eins: ihr

Eu|le, die (die Eulen): Nachtvogel

eu|re: ⇨ euer, euere

Eu|ro, der (die Euros): Währung in vielen Ländern Europas; Geldeinheit

Eu|ro|pa: zweitkleinster Erdteil; Kontinent

eu|ro|pä|isch: alles, was sich auf Europa bezieht oder von dort kommt

Eu|ro|pä|ische Uni|on, die: Gemeinschaft vieler europäischer Länder

even|tu|ell: vielleicht

Ewig|keit, die: **1.** (die Ewigkeiten): sehr lange Zeit. **2.** (ohne Mehrzahl): Unendlichkeit; das ewige Leben

exakt: ganz genau; sorgfältig

Exem|plar, das (die Exemplare): Einzelstück oder Einzelwesen aus einer Reihe von gleichartigen Gegenständen oder Lebewesen

exo|tisch: aus fremden Ländern stammend; ausgefallen

Ex|pe|di|ti|on, die (die Expeditionen): Forschungsreise in ein unbekanntes Gebiet

Ex|pe|ri|ment, das (die Experimente): Versuch: *ein Experiment machen*

A B C D E F G H I J K L M N O P Q R S T U V W X Y Z

Ex|per|te Ⓜ**,** der (die Experten): jemand, der von einer Sache sehr viel weiß; Fachmann

ex|plo|die|ren Ⓜ**: 1.** krachend zerspringen; platzen. **2.** wütend werden

Ex|plo|si|on Ⓜ**,** die (die Explosionen): lautes Zerbersten von etwas

ex|tra Ⓜ**: 1.** für sich; getrennt: *Das nehme ich extra.* **2.** zusätzlich; dazu. **3.** ausdrücklich: *Das habe ich extra gesagt.* **4.** absichtlich: *Das hast du extra gemacht.*

F

f

Du sprichst ein Wort am Anfang wie *f* aus, kannst es aber unter *f* nicht finden. Dann suche auch unter *v, pf, ph.*
Beispiele: *der Vogel, pfeifen, der Pharao*

Fa|brik Ⓜ**,** die (die Fabriken): (Industrie-)Betrieb, in dem Dinge in hoher Stückzahl hergestellt werden

Fach, das (die Fächer): **1.** *Regalfach.* **2.** *das Schulfach Mathematik*

Fach|jar|gon Ⓜ**,** der (die Fachjargons): Fachsprache; in manchen Berufen Gebrauch von Wörtern für bestimmte Dinge, die andere nicht oder mit anderen Bedeutungen kennen

Fa|den, der (die Fäden): *Wollfaden; Bindfaden*

fäh|ig Ⓜ**:** erfahren; geschickt

Fah|ne Ⓜ**,** die (die Fahnen): Banner; Flagge; Wimpel

Fäh|re Ⓜ**,** die (die Fähren): Verbindung zwischen zwei Ufern mit einem Wasserfahrzeug

fah|ren Ⓜ (er fuhr, sie ist gefahren): z. B. mit einem Fahrrad, Auto fortbewegen

Fahr|rad ⊜**,** das (die Fahrräder): *Susanne fährt oft Fahrrad.*

Fahrt Ⓜ**,** die: **1.** (die Fahrten): Reise: *Wohin soll die Fahrt gehen?* **2.** (ohne Mehrzahl): Geschwindigkeit; Tempo: *Das*

Schiff hat ganz schön Fahrt drauf.

Fähr|te Ⓜ, die (die Fährten): Abdruck; Spur

Fahr|zeug, das (die Fahrzeuge): z. B. Auto, Fahrrad, Roller

fair Ⓜ**:** anständig; gerecht

Fall, der (die Fälle): **1.** Sturz. **2.** Problem; Sache

Fal|le, die (die Fallen): **1.** Gerät, mit dem man Tiere fängt: *Mausefalle.* **2.** List; Trick: *Tom stellte Tim eine Falle.*

fal|len (er fiel, sie ist gefallen): **1.** stürzen; umfallen. **2.** nachlassen; geringer werden: *Die Temperatur ist gefallen.*

fäl|len: **1.** *Der Baum muss gefällt werden.* **2.** *Die Entscheidung fällen wir morgen.*

falls Ⓜ**:** *Falls das Wetter sich bessert, können wir noch wandern gehen.*

falsch: **1.** nicht richtig. **2.** künstlich; nicht echt

fal|ten: etwas falzen; knicken; zusammenlegen

Fa|mi|lie Ⓜ, die (die Familien): Eltern und ihre Kinder

Fan Ⓜ, der (die Fans): Anhänger

fand: ⇨ finden

fan|gen (er fing, sie hat gefangen): **1.** angeln; einfangen; erjagen. **2.** (einen Verbrecher) erwischen, festnehmen. **3.** z. B. einen Ball auffangen

Fan|ta|sie, die (die Fantasien; *auch* die Phantasie, die Phantasien): Einbildungskraft: *Du hast eine blühende Fantasie.*

fan|tas|tisch (*auch* phantastisch): **1.** abenteuerlich; merkwürdig; seltsam. **2.** ausgezeichnet; großartig; sehr gut

Far|be, die (die Farben): **1.** *Mein T-Shirt hat die Farbe Blau.* **2.** *Wasserfarben; Ölfarben*

far|big: bunt; farbenfroh

Fass, das (die Fässer): Bottich; Tonne: *ein Fass Wein*

fas|sen: **1.** anpacken; in die Hand nehmen. **2.** (einen Dieb) festnehmen; verhaften

fast: beinahe; es hätte nicht viel gefehlt

fau|chen: *Die Katze fauchte.*

faul: **1.** *Die Äpfel sind faul.* **2.** *Das ist eine faule Ausrede.* **3.** sich nicht anstrengen wollend

fau|len|zen: *Heute werde ich faulenzen.*

Faust, die (die Fäuste): fest zusammengeballte Hand

Fax Ⓜ, das (die Faxe): **1.** Kurzform für Telefax. **2.** Faxgerät

fa|xen Ⓜ: ein Fax senden

Fe|bru|ar, der: zweiter Monat im Jahr

Fe|der, die (die Federn): **1.** *Vogelfeder.* **2.** *Schreibfeder; Zeichenfeder*

Fe|der|ball, der: **1.** (die Federbälle): besonderer Gummiball. **2.** (ohne Mehrzahl): *Wir spielen Federball.*

Fee Ⓜ, die (die Feen): zauberkundige weibliche Märchengestalt

fe|gen: 1. (mit einem Besen) reinigen. **2.** eilen; jagen: *Der Wind fegt um die Ecke.*

feh|len Ⓜ: nicht da sein

Feh|ler Ⓜ, der (die Fehler): **1.** Falsches: *Ich habe drei Fehler im Diktat.* **2.** *Er hat einen kleinen Sprachfehler.*

fei|ern: 1. *Wir feiern Weihnachten.* **2.** fröhlich beisammen sein: *Sie feierten fröhlich.*

feig: ⇨ feige

fei|ge (*auch* feig): **1.** ängstlich; furchtsam. **2.** hinterlistig

Feig|ling, der (die Feiglinge): jemand, der feige ist

fein: 1. dünn; zart: *Das ist ein feiner Stoff.* **2.** *ein feines Essen.* **3.** *Das hast du aber fein gemacht.*

Feind, der (die Feinde): jemand, der gegen einen ist

Feld, das (die Felder): **1.** *Baumwollfeld; Getreidefeld.* **2.** *Fußballfeld; Spielfeld*

Feld|zug, der (die Feldzüge): kriegerisches Unternehmen

Fell, das (die Felle): behaarte Tierhaut; Pelz

Fels, der (die Felsen): massives, sehr festes Gestein

Fens|ter, das (die Fenster): Öffnung in der Wand

Fe|ri|en Ⓜ, die (Mehrzahl): (schul-)freie Zeit; Urlaub

Fer|ne, die (die Fernen): **1.** Abstand (in Zeit oder Raum). **2.** weit entferntes Gebiet

Fern|se|hen, das (ohne Mehrzahl): *Sie sind im Fernsehen aufgetreten.*

Fern|se|her, der (die Fernseher): Fernsehapparat; Fernsehgerät

fer|tig: 1. abgeschlossen; beendet. **2.** sehr müde; erschöpft: *Nach dem Sport war ich ganz fertig.*

fes|seln: 1. anketten; festbinden. **2.** begeistern: *Das Buch fesselte mich.*

fest: 1. *Das Wachs ist fest geworden.* **2.** *Beim Wandern trägt sie feste Schuhe.* **3.** *Der Verband muss fest sitzen.* **4.** *Er ist fest davon überzeugt.*

Fest, das (die Feste): größere Veranstaltung; Party

Fes|ti|val, das (die Festivals): Veranstaltung mit vielen Teilnehmern, die oft mehrere Tage dauert

fest|lich: feierlich; glanzvoll: *Der Weihnachtsbaum war festlich geschmückt.*

Fest|plat|te, die (die Festplatten): Teil des Computers

fett: 1. gut genährt; dick. **2.** viel Fett enthaltend: *Sie haben viel und fett gegessen.*

fett ge|druckt (*auch* fettgedruckt): *Die wichtigen Wörter im Text sind fett gedruckt.*

feucht: 1. nicht sehr nass; noch nicht ganz trocken. **2.** regnerisch

Feu|er, das (die Feuer): **1.** Flammen. **2.** Glanz; Schimmer. **3.** Begeisterung

Fie|ber, das (die Fieber): erhöhte Körpertemperatur

fiel: ⇨ fallen

Fi|gur, die (die Figuren): **1.** Körperform. **2.** *Der Kreis ist eine geometrische Figur.* **3.** Standbild; Statue. **4.** Person in einem literarischen Text

Film, der (die Filme): **1.** *Im Kino habe ich einen spannenden Film gesehen.* **2.** *Auf der Pfütze lag ein Ölfilm.*

Fi|na|le, das (die Finale, *auch* die Finals): Abschluss; Ende

fin|den (er fand, sie hat gefunden): **1.** *Die Polizei hat den Täter gefunden.* **2.** *Ich finde dich nett.*

Find|ling, der (die Findlinge): **1.** ausgesetztes kleines Kind. **2.** Felsblock, der in früherer Zeit durch Gletscher und Eismassen an seinen heutigen Ort gebracht wurde

fing: ⇨ fangen

Fin|ger, der (die Finger): Teil der Hand

Fin|ger|ab|druck, der (die Fingerabdrücke): Abdruck der unteren Seite der Fingerkuppe

fins|ter: 1. dunkel; völlig ohne Licht. **2.** unfreundlich: *Ich fürchtete mich vor seinem finsteren Blick.* **3.** unheimlich

Fisch, der: **1.** (die Fische): Tier mit Kiemen, das im Wasser lebt. **2.** (ohne Mehrzahl): Sternbild und Tierkreiszeichen

fi|schen: angeln; Fische fangen

A B C D E F G H I J K L M N O P Q R S T U V W X Y Z

fit Ⓜ (fitter, am fittesten): durchtrainiert; leistungsfähig

fix Ⓜ**: 1.** schnell; im Nu: *Das geht ganz fix.* **2.** feststehend; nicht veränderlich

fi|xie|ren Ⓜ**: 1.** etwas festmachen. **2.** durch Besprühen mit einem Mittel haltbar, fest machen. **3.** scharf, mit festem Blick anschauen

Fjord Ⓜ**,** der (die Fjorde): tief in das Land hineinreichender schmaler, langer Meeresarm

flach: 1. ohne Hügel und Berge. **2.** *ein flaches* (niedriges) *Gebäude.* **3.** nicht tief

Flag|ge ☺**,** die (die Flaggen): an einer Leine befestigte Fahne

Flagg|schiff ⊜**,** das (die Flaggschiffe): das größte Schiff, Führungsschiff einer Flotte

Flam|me ☺**,** die (die Flammen): Feuerflamme; Teil des Feuers

Fla|sche, die (die Flaschen): Gefäß für Flüssigkeiten: *Wasserflasche*

flat|tern ☺**:** meist in unruhiger Bewegung fliegen: *Der kleine Vogel flattert ängstlich hin und her.*

flech|ten (er flocht, sie hat geflochten): *Zöpfe flechten*

Fleck ☺**,** der (die Flecken): **1.** Klecks; Schmutzfleck; Spritzer. **2.** andersfarbige Stelle: *rote Flecken auf der Haut.* **3.** *Du rührst dich jetzt nicht vom Fleck.*

fle|ckig ⊜**: 1.** *Ihr T-Shirt war ganz fleckig.* **2.** *Wenn er aufgeregt ist, wird sein Gesicht ganz fleckig.*

Fle|der|maus ⊜**,** die (die Fledermäuse): Säugetier, das fliegen kann

fle|hen Ⓜ**:** eindringlich bitten

Fleisch, das (ohne Mehrzahl): **1.** tierische und menschliche Weichteile. **2.** *Fruchtfleisch*

flei|ßig ⊜**:** eifrig; emsig; tüchtig

Flie|ge, die (die Fliegen): **1.** Insekt. **2.** Schleife

flie|gen (er flog, sie hat/ist geflogen): **1.** *Die Vögel sind nach Süden geflogen.* **2.** *Der Pilot hat das Flugzeug geflogen.* **3.** hinfallen

Flie|gen|pilz ⊜**,** der (die Fliegenpilze): giftiger Blätterpilz

flie|hen Ⓜ (er floh, sie ist geflohen): davonlaufen

flie|ßen (er floss, sie ist geflossen): **1.** *Wasser fließt immer nach unten.* **2.** münden: *Die Saale fließt in die Elbe.*

flink: rasch; schnell; zügig

flit|zen ☺**:** eilen; rennen; sausen

flocht: ⇨ flechten

Flo|cke, die (die Flocken): lockere Zusammenballung von mehreren kleinen Teilchen: *Schneeflocken*

flog: ⇨ fliegen

floh: ⇨ fliehen

Floh, der (die Flöhe): Insekt

floss: ⇨ fließen

Floß, das (die Flöße): einfaches Wasserfahrzeug

Flos|se, die (die Flossen): **1.** *Fischflosse.* **2.** *Taucherflosse*

Flö|te, die (die Flöten): Blasinstrument aus Holz *(Blockflöte)* oder aus Metall *(Querflöte)*

Fluch, der (die Flüche): **1.** Kraftausdruck. **2.** Verwünschung: *Ein Fluch liegt auf ihm.*

flu|chen: mit unanständigen Wörtern schimpfen

flüch|ten: ausreißen; fliehen

Flug, der (die Flüge): **1.** Reise mit einem Flugzeug. **2.** *Die Eule ergreift ihre Beute im Flug.*

Flü|gel, der (die Flügel): **1.** Schwinge eines Vogels. **2.** Tragfläche eines Flugzeugs. **3.** seitlicher (Gebäude-)Teil. **4.** Musikinstrument; ein Klavier

Flug|gast, der (die Fluggäste): jemand, der mit dem Flugzeug reist

Flug|ha|fen, der (die Flughäfen): Ort, an dem regelmäßig Flugzeuge starten und landen

Flug|rei|se, die (die Flugreisen): Reise mit dem Flugzeug

Flug|schiff, das (die Flugschiffe): **1.** ein sehr schnelles Schiff. **2.** Luftschiff

Flug|zeug, das (die Flugzeuge): *Sie fliegen mit dem Flugzeug nach London.*

Fluss, der (die Flüsse): größeres fließendes Gewässer: *Die Elbe ist ein langer Fluss.*

flüs|sig: **1.** dünnflüssig; fließend: *flüssige Seife.* **2.** ohne Stocken; zügig: *Er liest flüssig.* **3.** Geld verfügbar habend: *Ich bin gerade nicht flüssig.*

flüs|tern: mit leiser Stimme sprechen

Flut, die (die Fluten): **1.** bei den Gezeiten anlaufendes Wasser: *Ebbe und Flut.* **2.** viel Wasser: *Bei Hochwasser treten die Fluten über das Ufer.* **3.** große Anzahl: *Er erhielt eine Flut von Briefen.*

A B C D E F G H I J K L M N O P Q R S T U V W X Y Z

Foh|len Ⓜ**,** das (die Fohlen): junges Pferd; junger Esel

Föhn Ⓜ**,** der: **1.** (die Föhne; *auch* der Fön, die Föne): Haartrockner. **2.** (die Föhne): warmer, trockener Wind

Fol|ge, die (die Folgen): **1.** Auswirkung. **2.** *Die nächste Folge der Fernsehserie kommt morgen.*

fol|gen: 1. jemandem hinterhergehen. **2.** jemandem aufmerksam zuhören. **3.** einen Hinweis beherzigen; eine Anweisung befolgen; gehorchen

fol|gen|der|ma|ßen: so

Fön, der (die Föne): ⇨ Föhn

fop|pen ☺**:** jemanden zum Besten, zum Narrren halten

Form, die: **1.** (die Formen): Gestalt; Umriss: *Die Form des Autos gefällt mir.* **2.** (die Formen): *Backform.* **3.** (ohne Mehrzahl): *Fürs Sportfest bin ich gut in Form.*

for|men: *Aus Knete forme ich am liebsten Tiere.*

For|scher, der (die Forscher): jemand, der etwas Neues entdecken oder erfinden will

Förs|ter, der (die Förster): jemand, der sich um die Pflege des Waldes kümmert

fort: 1. abgereist; weggegangen; nicht da: *Oma ist wieder fort.* **2.** nicht zu finden; verschwunden: *Das Buch ist fort.*

fort|fah|ren ⊜ (er fuhr fort, sie hat/ist fortgefahren): **1.** abfahren; verreisen. **2.** (nach einer Pause) weitermachen

fort|set|zen ⊜**:** fortfahren; (nach einer Pause) weitermachen

Fort|set|zung ⊜**,** die (die Fortsetzungen): Weiterführung: *Fortsetzung folgt!*

Fos|sil Ⓜ**,** das (die Fossilien): alter Tier- oder Pflanzenrest in Gesteinen; Versteinerung

Fo|to, das (die Fotos): Fotografie; Bild

Fo|to|ap|pa|rat ⊜**,** der (die Fotoapparate): Gerät zum Fotografieren

fo|to|gra|fie|ren: Fotos, Bilder machen

Foul Ⓜ**,** das (die Fouls): Regelverstoß; unfaires Spiel

fou|len Ⓜ**:** einen Spieler aus der anderen Mannschaft unfair behindern

Fracht|schiff, das (die Frachtschiffe): Schiff, mit dem Waren und Material transportiert werden

Fra|ge, die (die Fragen): *Wann sind wir endlich da? Ist es noch weit?*

fra|gen: eine Frage stellen

Frank|reich: Land in Europa

fran|zö|sisch: alles, was sich auf Frankreich bezieht oder von dort kommt; ⇨ Merkkasten deutsch/Deutsch auf Seite 52

fraß: ⇨ fressen

Frau, die (die Frauen): **1.** erwachsene weibliche Person. **2.** Ehefrau. **3.** Anrede: *Guten Tag, Frau Schmidt!*

frech: dreist; gemein; ohne Respekt

frei: **1.** nicht gefangen: *Tiger sollten frei leben können.* **2.** unbesetzt: *Die Hausmeisterstelle an unserer Schule ist noch frei.* **3.** kostenlos: *Der Eintritt ist frei.* **4.** *Er hat frei vorgetragen* (ohne abzulesen).

Frei|tag, der (die Freitage): Wochentag; ⇨ Merkkasten Dienstag auf Seite 53

frei|wil|lig: aus freien Stücken; ohne Anweisung: *Er hat freiwillig aufgeräumt.*

Frei|zeit, die (ohne Mehrzahl): Zeit, über die man selbst bestimmen kann

fremd: nicht von hier; unbekannt

fres|sen (er fraß, sie hat gefressen): Nahrungsaufnahme von Tieren

freu|en (sich): *Wir freuen uns auf Weihnachten. Ich freue mich über dein Geschenk.*

Freund, der (die Freunde): jemand, zu dem man Vertrauen hat und dem man alles erzählen kann

freund|lich: gut gelaunt; heiter; nett; lieb

Frie|de, der (die Frieden): ⇨ Frieden

Frie|den, der (ohne Mehrzahl; *auch* der Friede): **1.** Zustand ohne Krieg. **2.** Ruhe; Stille

fried|lich: gewaltfrei; ruhig; still

frie|ren (er fror, sie hat gefroren): **1.** Kälte empfinden; frösteln. **2.** zu Eis werden

frisch: **1.** *frisches Obst.* **2.** ausgeruht. **3.** neu; unbenutzt: *Ich nehme ein frisches Handtuch.* **4.** kalt; kühl: *Heute ist* *es frisch. Ich ziehe lieber eine Jacke an.*

froh Ⓜ**:** freudig; fröhlich

fröh|lich Ⓜ**:** ausgelassen; glücklich; vergnügt

Front, die (die Fronten): **1.** vordere Seite eines Hauses. **2.** vordere Reihe einer Truppe, die im Kampf ist. **3.** *Die Wettervorhersage kündigt eine Kaltfront an.*

fror: ⇨ frieren

Frosch, der (die Frösche): schwanzloser Froschlurch

Frost, der (die Fröste): Eiseskälte: *Heute Nacht gab es Frost.*

Frost|kei|mer, der (die Frostkeimer): Pflanze, deren Samen eine Kälte- oder Frostzeit durchlebt haben müssen, damit sie keimen

Frucht, die (die Früchte): **1.** Obst: *ein Korb mit Früchten.* **2.** *Erbsen sind Hülsenfrüchte.*

früh Ⓜ**: 1.** am Morgen. **2.** frühzeitig: *Du bist früh genug gekommen.*

Früh|ling Ⓜ**,** der (die Frühlinge): Jahreszeit

Früh|lings|an|fang, der (ohne Mehrzahl): nach dem Kalender am 21. März, nach der Wetterkunde am 1. März

früh|mor|gens: am frühen Morgen

Früh|stück Ⓜ**,** das (die Frühstücke): erste Mahlzeit am Morgen

Fuchs Ⓜ**,** der (die Füchse): kleines Raubtier

fuch|teln: die Hände und Arme heftig bewegen

füh|len Ⓜ**: 1.** spüren; tasten. **2.** (sich): *Sofie fühlt sich krank.*

Füh|ler Ⓜ**,** der (die Fühler): *Die Schnecke streckt ihre Fühler aus.*

fuhr: ⇨ fahren

füh|ren Ⓜ**: 1.** *Wir wurden durch das Museum geführt.* **2.** *Unser Team führt 2:1.* **3.** *Die Straße führt ans Meer.*

Fül|ler, der (die Füller): *Ich schreibe jetzt mit Füller.*

Fund, der (die Funde): Entdeckung; Fundstück

fünf Ⓜ**:** Zahlwort; ⇨ Merkkasten acht/Acht auf Seite 14

Fünf Ⓜ**,** die (die Fünfen): Ziffer; Zahl; ⇨ Merkkasten acht/Acht auf Seite 14

fun|keln: *Die Sterne funkeln.*

funk|tio|nie|ren Ⓜ**:** arbeiten; angeschaltet sein; in Betrieb sein

für: 1. *Das Geschenk ist für dich.* **2.** *Ich habe das Buch für fünf Euro gekauft.*

Furcht, die (ohne Mehrzahl): Angst

fürch|ten: 1. (sich): Angst haben. **2.** *Ich fürchte, es ist kein Kuchen mehr da.*

Fürst, der (die Fürsten): hoher Adeliger

Furt, die (die Furten): flache Stelle im Fluss, an der man ihn überqueren kann

Fuß, der (die Füße): **1.** *Meine Füße tun weh.* **2.** unteres Stück: *am Fuß des Berges*

Fuß|ball, der: **1.** (die Fußbälle): Ball, der zum Fußballspielen benutzt wird. **2.** (ohne Mehrzahl): das Fußballspiel: *Samstagnachmittags spielen wir Fußball.*

Fuß|ball|feld, das (die Fußballfelder): Feld, Platz, auf dem Fußball gespielt wird

Fut|ter, das (ohne Mehrzahl): **1.** Tiernahrung. **2.** *Das Futter meiner Jacke war ausgerissen.*

Fut|ter|haus, das (die Futterhäuser): kleines Häuschen zum Füttern meist von Vögeln (im Winter)

füt|tern: Tieren Futter geben; Babys Essen geben

G

g: Abkürzung für ⇨ Gramm

gab: ⇨ geben

Ga|bel, die (die Gabeln): **1.** *Wir essen mit Messer und Gabel.* **2.** *Mistgabel*

Gag, der (die Gags): witziger Einfall; lustige Idee

gäh|nen: *Vor Müdigkeit musste ich gähnen.*

Ga|la|xie, die (die Galaxien): großes Sternsystem

Gans, die (die Gänse): Vogel

ganz: 1. *Du musst deinen Saft ganz austrinken.* **2.** *Obwohl ich mit dem Fahrrad gestürzt bin, ist es ganz geblieben.*

gar: 1. genügend gebacken, gebraten oder gekocht: *Die Nudeln sind gar.* **2.** *Ich bin gar kein Fußballfan.*

A B C D E F G H I J K L M N O P Q R S T U V W X Y Z

Ga|ra|ge Ⓜ, die (die Garagen): Raum für Fahrzeuge: *Das Auto steht in der Garage.*

Ga|ran|tie, die (die Garantien): *Auf dem CD-Player ist ein Jahr Garantie.*

ga|ran|tie|ren: versprechen; fest zusichern

Gar|di|ne Ⓜ, die (die Gardinen): Fenstervorhang aus leichtem Stoff

Gar|ten, der (die Gärten): kleines Stück Land, auf dem Blumen, Obst und Gemüse gepflanzt werden können

Gärt|ner ⊕, der (die Gärtner): jemand, der Pflanzen züchtet und betreut

Gas, das (die Gase): Stoff im gasförmigen Zustand (z. B. Luft): *Lachgas; Abgase*

Gas|se ⊕, die (die Gassen): schmale Straße; schmaler Weg; Durchgang

Gast, der (die Gäste): jemand, der von jemand anderem eingeladen worden ist: *Heute Abend haben wir Gäste.*

gau|keln: *Schmetterlinge gaukeln von Blüte zu Blüte.*

Gaul, der (die Gäule): Pferd

Gau|men, der (die Gaumen): obere Wölbung der Mundhöhle: *Ich hatte großen Durst und meine Zunge klebte schon am Gaumen.*

Ge|bär|mut|ter ⊕, die (die Gebärmütter): Ort im weiblichen Körper, an dem sich das befruchtete Ei weiter fortentwickelt

Ge|bäu|de ⊕, das (die Gebäude): Haus; Bauwerk

ge|ben (er gab, sie hat gegeben): **1.** *Ich gebe dir das Buch.* **2.** *In dem Bach gibt es viele Forellen.* **3.** (sich): aufhören: *Der Sturm gibt sich bald wieder.*

ge|be|ten: ⇨ bitten

Ge|biet, das (die Gebiete): **1.** Bereich; Gelände. **2.** Sachbereich; Fach

Ge|bir|ge, das (die Gebirge): mehrere zusammenhängende Berge: *Die Alpen sind ein Gebirge.*

ge|bis|sen: ⇨ beißen

ge|blie|ben: ⇨ bleiben

ge|bo|gen: ⇨ biegen

ge|bo|ten: ⇨ bieten

ge|bracht: ⇨ bringen

ge|brannt: ⇨ brennen

ge|brau|chen: anwenden; benutzen; verwenden: *ein gebrauchtes Auto kaufen*

ge|bro|chen: ⇨ brechen

ge|büh|rend Ⓜ: angebracht; berechtigt; wie es sich gehört:

Dein gutes Zeugnis muss gebührend belohnt werden.

ge|bun|den: ⇨ binden

Ge|burt, die (die Geburten): Entbindung; Auf-die-Welt-Kommen

Ge|burts|tag, der (die Geburtstage): **1.** *An meinem nächsten Geburtstag werde ich 10 Jahre alt.* **2.** Datum der Geburt: *Geburtstag: 10. 06. 2000*

ge|dacht: ⇨ denken

Ge|dan|ke, der (die Gedanken): **1.** Überlegung; Einfall; Idee. **2.** Ansicht; Standpunkt

Ge|dicht, das (die Gedichte): Text, der oft in Reimen, Versen oder in einem besonderen Rhythmus steht: *ein Gedicht vortragen*

ge|dul|dig: **1.** ausdauernd. **2.** verständnisvoll

ge|durft: ⇨ dürfen

Ge|fahr, die (die Gefahren): Bedrohung; drohendes Unheil

ge|fähr|lich: bedrohlich; riskant

ge|fal|len: **1.** (er gefiel mir, sie hat mir gefallen): *Dein Geschenk hat mir gefallen.* **2.** *Er ist mit dem Fahrrad gefallen.*

Ge|fie|der, das (die Gefieder): *Das bunte Gefieder des Vogels schimmert in der Sonne.*

ge|fiel: ⇨ gefallen

ge|floch|ten: ⇨ flechten

ge|flo|gen: ⇨ fliegen

ge|flo|hen: ⇨ fliehen

ge|flos|sen: ⇨ fließen

Ge|flü|gel, das (ohne Mehrzahl): Sammelbegriff für Hühner, Enten, Truthühner ...

ge|fro|ren: ⇨ frieren

Ge|fühl, das: **1.** (die Gefühle): *ein Gefühl des Glücks.* **2.** (ohne Mehrzahl): *Tom hat ein gutes Gefühl nach der Mathearbeit.* **3.** (die Gefühle): *Bei der Kälte habe ich kein Gefühl mehr in den Fingern.*

ge|fun|den: ⇨ finden

ge|gan|gen: ⇨ gehen

ge|gen: **1.** *Er stieß gegen die Wand.* **2.** *Heute waren alle gegen mich.* **3.** *Ich komme gegen drei Uhr zu dir nach Hause.*

Ge|gend, die (die Gegenden): Bereich; Gebiet

ge|gen|ei|nan|der: einer gegen den anderen

gegenseitig: *Wir fragen uns gegenseitig Vokabeln ab.*

Gegenstand, der (die Gegenstände): **1.** Ding; Sache. **2.** Thema

Gegenteil, das (die Gegenteile): *Hässlich ist das Gegenteil von schön.*

gegenüber: 1. *Auf dem Gehweg gegenüber sah ich meinen Freund.* **2.** *Gegenüber dem letzten Zeugnis habe ich mich verbessert.*

Gegenwart, die (ohne Mehrzahl): Zeit, in der man gerade lebt

gegessen: ⇨ essen

Gegner, der (die Gegner): jemand, der gegen mich ist

gegossen: ⇨ gießen

gegriffen: ⇨ greifen

gehangen: ⇨ hängen

Gehege, das (die Gehege): umzäunter Bereich für Tiere: *das Affengehege im Zoo*

geheim: 1. *Das Versteck ist geheim.* **2.** *Geheime Kräfte wohnen in dem Zauberstab.*

Geheimnis, das (die Geheimnisse): etwas Heimliches; Unentdecktes

gehen (er ging, sie ist gegangen): **1.** laufen. **2.** *Wir gehen auf den Jahrmarkt.* **3.** *Der Zug geht um fünf.* **4.** *Der Fernseher geht wieder.* **5.** sich machen lassen: *Das wird so gehen.* **6.** gut verkaufen: *Diese Computerspiele gehen gut.* **7.** *Mir geht es gut.*

gehisst: ⇨ hissen

gehoben: ⇨ heben

geholfen: ⇨ helfen

Gehör, das (ohne Mehrzahl): *Sie hat ein gutes Gehör.*

gehören: 1. *Der Gameboy gehört mir.* **2.** *Ich gehöre zur Fußballmannschaft.* **3.** *Dazu gehört viel Mut.*

Geige, die (die Geigen): Instrument: *Sie spielt Geige.*

Geist, der: **1.** (ohne Mehrzahl): Denkfähigkeit; Verstand. **2.** (die Geister): Gespenst

Geisterstunde, die (ohne Mehrzahl): 0–1 Uhr

geizig: übertrieben sparsam

gekannt: ⇨ kennen

geklungen: ⇨ klingen

gekonnt: ⇨ können

gekrochen: ⇨ kriechen

gelang: ⇨ gelingen

gelb: Farbadjektiv; ⇨ Merkkasten blau/Blau auf Seite 40

Gelb, das (ohne Mehrzahl): Farbe; ⇨ Merkkasten blau/Blau auf Seite 40

Geld, das (ohne Mehrzahl): Zahlungsmittel: *Mein Geld reicht für eine neue CD.*

ge|le|gen: ⇨ liegen

Ge|le|gen|heit, die (die Gelegenheiten): günstiger Anlass, Moment

ge|lie|hen: ⇨ leihen

ge|lin|gen (es gelang, es ist gelungen): gut ablaufen; Erfolg haben: *Der Kuchen ist dir aber gut gelungen.*

ge|lit|ten: ⇨ leiden

ge|lo|gen: ⇨ lügen

ge|lun|gen: ⇨ gelingen

Ge|mahl, der (die Gemahle): Ehemann

Ge|mäl|de, das (die Gemälde): z. B. mit Ölfarben gemaltes Bild

ge|mein|sam: alle zusammen

ge|mocht: ⇨ mögen

Ge|mü|se, das (die Gemüse): *Wir bauen unser eigenes Gemüse im Garten an.*

ge|musst: ⇨ müssen

ge|müt|lich: 1. angenehm; bequem. **2.** ohne Eile

ge|nannt: ⇨ nennen

ge|nau: eindeutig; exakt; gründlich; sorgfältig

ge|ni|al: (sehr) begabt; einfallsreich; sehr talentiert

ge|nie|ren (sich): etwas unangenehm und peinlich finden und sich deshalb nicht richtig trauen

ge|nie|ßen (er genoss, sie hat genossen): **1.** etwas mit viel Vergnügen erleben. **2.** essen

ge|nom|men: ⇨ nehmen

ge|noss: ⇨ genießen

ge|nos|sen: ⇨ genießen

ge|nug: ausreichend; genügend

Ge|päck, das (ohne Mehrzahl): *Wenn wir in Urlaub fahren, haben wir immer viel Gepäck.*

ge|pfif|fen: ⇨ pfeifen

ge|quol|len ⇨ quellen

ge|ra|de: 1. nicht krumm: *Der Weg läuft gerade.* **2.** in diesem Moment: *Ich bin gerade gekommen.* **3.** *Sie hat gerade noch den Zug erreicht.*

ge|ra|de|aus: in gerader Richtung weiter, ohne abzubiegen

A B C D E F G H I J K L M N O P Q R S T U V W X Y Z

A B C D E F G H I J K L M N O P Q R S T U V W X Y Z

ge|rannt: ➪ rennen
Ge|räusch Ⓜ**,** das (die Geräusche): *Im Wald waren in der Nacht seltsame Geräusche zu hören.*
ge|recht: *Sie hat die Schokolade gerecht zwischen allen Kindern aufgeteilt.*
ge|refft: ➪ reffen
Ge|richt, das (die Gerichte): **1.** *jemanden bei Gericht verklagen.* **2.** Essen: *Tagesgericht*
ge|rie|ben: ➪ reiben
ge|ring: klein; wenig: *eine geringe Menge*
ge|ris|sen: ➪ reißen
ge|rit|ten: ➪ reiten
Ger|ma|ne, der (die Germanen): Angehöriger früherer Volksstämme in Nord- und Mitteleuropa

gern (*auch* gerne): bereitwillig; freudig; ohne zu zögern
ger|ne: ➪ gern
ge|ro|chen: ➪ riechen
ge|ron|nen: ➪ rinnen
Ge|ruch, der (die Gerüche): Art, wie etwas riecht
ge|run|gen: ➪ ringen
ge|rüs|tet: ➪ rüsten
ge|sal|zen: ➪ salzen
ge|sandt: ➪ senden
Ge|schäft Ⓜ**,** das (die Geschäfte): **1.** Handel; Verkauf. **2.** *Sie haben ein neues Geschäft in unserer Straße eröffnet.*
ge|schah: ➪ geschehen
ge|sche|hen Ⓜ (es geschah, es ist geschehen): sich ereignen; passieren
ge|scheit: intelligent; klug
Ge|schenk, das (die Geschenke): *An ihrem Geburtstag hat sie Geschenke bekommen.*
Ge|schich|te, die: **1.** (ohne Mehrzahl): *die Geschichte des Römischen Reiches.* **2.** (die Geschichten): *Unsere Lehrerin kann gut Geschichten erzählen.* **3.** (die Geschichten): *Mir ist eine dumme Geschichte passiert.*
ge|schickt Ⓜ**:** beweglich; gewandt
ge|schie|den: ➪ scheiden
ge|schie|nen: ➪ scheinen
Ge|schirr ☺**,** das: **1.** (ohne Mehrzahl): *Wir müssen noch das Geschirr abwaschen.* **2.** (die Geschirre): Zaumzeug: *Pferdegeschirr*
ge|schli|chen: ➪ schleichen
ge|schlos|sen: ➪ schließen

Ge|schmack, der (die Geschmäcke): **1.** Art, wie etwas schmeckt. **2.** Urteilssinn: *Sie hat einen guten Geschmack.*

Ge|schmei|de, das (die Geschmeide): wertvoller Schmuck

ge|schmis|sen: ⇨ schmeißen

ge|schmol|zen: ⇨ schmelzen

ge|schmückt: ⇨ schmücken

ge|schnit|ten: ⇨ schneiden

ge|scho|ben: ⇨ schieben

ge|schos|sen: ⇨ schießen

Ge|schrei, das (ohne Mehrzahl): lautes Jammern; Schreien

ge|schrie|ben: ⇨ schreiben

ge|schrien: ⇨ schreien

ge|schwie|gen: ⇨ schweigen

Ge|schwin|dig|keit Ⓜ, die (die Geschwindigkeiten): Schnelligkeit; Tempo

Ge|schwis|ter, die (Mehrzahl): alle Brüder und Schwestern in einer Familie

ge|schwom|men: ⇨ schwimmen

ge|schwo|ren: ⇨ schwören

ge|schwun|gen: ⇨ schwingen

ge|ses|sen: ⇨ sitzen

Ge|setz, das (die Gesetze): **1.** Vorschrift, die unbedingt eingehalten werden muss. **2.** Prinzip; Regel: *Naturgesetz*

ge|set|zes|treu: sich an die Gesetze haltend

Ge|sicht, das (die Gesichter): **1.** Vorderseite des menschlichen Kopfes. **2.** Gesichtsausdruck: *Mach nicht so ein Gesicht!*

ge|so|gen: ⇨ saugen

ge|spannt Ⓜ**: 1.** ungeduldig: *Ich bin so gespannt auf Weihnachten.* **2.** gereizt: *Die Lage ist sehr gespannt.*

Ge|spenst, das (die Gespenster): Dämon; Geist; Spukgestalt

ge|spon|nen: ⇨ spinnen

Ge|spräch Ⓜ, das (die Gespräche): Unterhaltung zwischen zwei oder mehr Personen

ge|spro|chen: ⇨ sprechen

ge|sprun|gen: ⇨ springen

ge|stal|ten: *Wir gestalten eine neue Infotafel.*

ge|stan|den: ⇨ stehen

Ge|ständ|nis Ⓜ, das (die Geständnisse): (Schuld-)Bekenntnis: *Der Angeklagte legte vor Gericht ein Geständnis ab.*

Ge|stank, der (ohne Mehrzahl): schlechter, unangenehmer Geruch

Ges|te, die (die Gesten): Bewegung besonders der Hände und Arme, die die Rede unterstützt oder ersetzt

ges|tern: ein Tag vor heute: *Gestern waren wir im Kino.*

A B C D E F G H I J K L M N O P Q R S T U V W X Y Z

ge|stie|gen: ➪ steigen
ge|sto|chen: ➪ stechen
ge|stoh|len: ➪ stehlen
ge|stor|ben: ➪ sterben
ge|stran|det: ➪ stranden
ge|streift: mit Streifen: *Tine trägt ein gestreiftes T-Shirt.*
ge|stri|chen: ➪ streichen
ge|strit|ten: ➪ streiten
ge|stun|ken: ➪ stinken
Ge|stüt, das (die Gestüte): Bauernhof, auf dem Pferde gezüchtet werden
ge|sund (gesünder, am gesündesten): **1.** nicht krank: *Jens ist wieder gesund.* **2.** *Milch ist gesund.*
ge|sun|gen: ➪ singen
ge|sun|ken: ➪ sinken
ge|tan: ➪ tun
Ge|tränk Ⓜ**,** das (die Getränke): *Heiße Getränke wie Tee oder Kakao sind heute kostenlos.*
Ge|trei|de, das (die Getreide): *Sie bauen auf ihren Feldern Getreide wie Weizen, Roggen und Hafer an.*
ge|trennt: ➪ trennen
ge|trof|fen: ➪ treffen
ge|trun|ken: ➪ trinken
Ge|walt, die: **1.** (die Gewalten): Herrschaft; Macht. **2.** (ohne Mehrzahl): körperlicher Druck, Zwang: *Das Fenster ließ sich nur mit Gewalt öffnen.* **3.** (ohne Mehrzahl): *Der Wind weht mit aller Gewalt.*
ge|wal|tig: sehr; sehr groß: *Gewaltige Wellen türmten sich auf.*
ge|wan|den: kleiden; anziehen
ge|wandt Ⓜ**: 1.** ➪ wenden. **2.** *Vater ist ein gewandter Kletterer.*
ge|wann: ➪ gewinnen
Ge|weih Ⓜ**,** das (die Geweihe): *Die Hirsche tragen ein großes Geweih.*
ge|we|sen: ➪ sein
Ge|wicht, das: **1.** (ohne Mehrzahl): *Das Paket hat ein Gewicht von 3 Kilo.* **2.** (die Gewichte): *Sie legte kleine Gewichte auf die Waage.*
ge|win|nen (er gewann, sie hat gewonnen): **1.** Erster, Sieger sein. **2.** *im Lotto gewinnen*
ge|wis|sen|haft: gründlich; sorgfältig
Ge|wit|ter, das (die Gewitter): Unwetter mit Blitz und Donner
ge|wo|gen: ➪ wiegen
ge|wöh|nen Ⓜ (sich): *Sie muss sich erst daran gewöhnen.*
ge|won|nen: ➪ gewinnen
ge|wor|ben: ➪ werben
ge|wor|den: ➪ werden
ge|wor|fen: ➪ werfen

ge|wun|ken: ➪ winken
Ge|würz, das (die Gewürze): Aroma; geschmacksverbessernde Zutat: *Wir verwenden beim Kochen immer viele Gewürze.*
ge|wusst: ➪ wissen
Ge|zei|ten, die (Mehrzahl): Ebbe und Flut in ihrem Wechsel
ge|zo|gen: ➪ ziehen
ge|zwun|gen: ➪ zwingen
gie|rig Ⓢ**:** gefräßig; maßlos; unersättlich: *Gierig aß sie den Schokoladenpudding auf.*
gie|ßen (er goss, sie hat gegossen): **1.** *Ich muss noch Blumen gießen.* **2.** heftiger Regen fällt: *Heute gießt es aber.*
Gift, das (die Gifte): Stoff, der eine schädliche oder tödliche Wirkung hat
gif|tig Ⓢ**:** ein Gift enthaltend: *giftige Pilze; giftige Schlangen*
ging: ➪ gehen
Gip|fel, der (die Gipfel): **1.** Bergspitze. **2.** Glanzpunkt; Höhepunkt
Gi|raf|fe ☺**,** die (die Giraffen): Tier mit außerordentlich langem Hals
Gischt, die (die Gischten): Schaum, der bei heftigem Wellengang entsteht
Gi|tar|re ☺**,** die (die Gitarren): Zupfinstrument
Gla|dia|tor Ⓜ**,** der (die Gladiatoren): Kämpfer im alten Rom
glän|zen Ⓢ**: 1.** funkeln; strahlen. **2.** einen guten Eindruck machen
glän|zend Ⓢ**: 1.** funkelnd; strahlend. **2.** ausgezeichnet; bestens
Glas, das: **1.** (ohne Mehrzahl): hartes, durchsichtiges Material. **2.** (die Gläser): Trinkgefäß aus Glas
glatt ☺ (glatter, am glattesten; *auch* glätter, am glättesten): **1.** ohne Unebenheit. **2.** *Die Straße ist gefährlich glatt.* **3.** *Bei der Mathearbeit ging alles glatt.*
Glat|ze ☺**,** die (die Glatzen): haarloser menschlicher Kopf: *Opa hat eine Glatze.*
glau|ben: 1. vermuten: *Ich glaube, das könnte richtig sein.* **2.** *Ich habe nicht geglaubt, dass wir Hitzefrei bekommen.* **3.** vertrauen: *Ich glaube dir.* **4.** *Ich glaube an Gott.*
gleich: 1. *Die Zwillinge sahen ganz gleich aus.* **2.** beständig; unverändert: *Es ist alles gleich geblieben.* **3.** sofort: *Du sollst gleich kommen.*

A B C D E F G H I J K L M N O P Q R S T U V W X Y Z

4. *Gleich hinter der Tür steht mein Hockeyschläger.*

gleich|gül|tig: 1. teilnahmslos; ungerührt: *Gleichgültig blättert er in einem Comic.* **2.** egal; nicht wichtig: *Das ist doch völlig gleichgültig.*

gleich|mä|ßig: ausgeglichen; ohne (große) Veränderung

gleich|zei|tig: 1. zur gleichen Zeit. **2.** auch: *Das Sofa ist gleichzeitig Schlafcouch.*

Gleis, das (die Gleise): *Unser Zug fährt auf Gleis 1 ein.*

Gleit|la|ger, das (die Gleitlager): Bauelement für Maschinen; meist werden ein beweglicher und ein unbeweglicher Teil zueinandergeführt

Glet|scher, der (die Gletscher): große Fläche, die von Eis bedeckt wird

Glo|bus, der (die Globusse, *auch* die Globen): **1.** Abbild der Erdoberfläche auf einer Kugel. **2.** die Erde

Glo|cke, die (die Glocken): **1.** *Die Glocken klingen leise.* **2.** *Käseglocke; Taucherglocke*

Glück, das (ohne Mehrzahl): **1.** positiv (gut) empfundener Zustand (glücklich sein). **2.** positiver (guter) Zufall (Glück haben)

glück|lich: 1. froh. **2.** *die glücklichen Gewinner*

Glücks|kind, das (die Glückskinder): jemand, der besonders oft Glück hat

glü|hen: 1. ohne helle Flamme brennen. **2.** *Sein Kopf glüht vor Fieber.*

Glut, die (die Gluten): **1.** eine glühende Masse: *die Glut im Kamin.* **2.** große Hitze. **3.** Begeisterung; Leidenschaft

Gnom, der (die Gnome): Zwerg; Kobold

Gold, das (ohne Mehrzahl): gelb schimmerndes Edelmetall

gol|den: aus Gold oder wie Gold aussehend

Gon|del, die (die Gondeln): **1.** langes, schmales Boot. **2.** Kabine, z. B. bei Seilbahnen

gön|nen: 1. *Ich gönne dir den Lottogewinn.* **2.** (sich): *Heute gönne ich mir eine große Portion Eis.*

goss: ⇨ gießen

Go|thel, die: Taufpatin

gra|ben (er grub, sie hat gegraben): (z. B. ein Loch in die Erde) buddeln; schaufeln

Gra|ben, der (die Gräben): Furche; Rinne; Vertiefung

Grad, der (die Grade): **1.** Maß; Teil eines Ganzen. **2.** (*auch*

das Grad): Maßeinheit: *Grad Celsius*

Graf|fi|to Ⓜ, das (*auch* der Graffito; die Graffiti): **1.** in eine Wand eingekratzte Inschrift aus alter Zeit. **2.** z. B. auf Mauern gesprühte Zeichnung

Gramm, das (die Gramme): *Du musst 100 Gramm Mehl abwiegen.*

Grape|fruit Ⓜ, die (die Grapefruits): große Zitrusfrucht

Gras, das: **1.** (die Gräser): Pflanze mit hohlem Stängel und schmalen Blättern. **2.** (ohne Mehrzahl): *Wir müssen das Gras mähen.*

Gras|halm, der (die Grashalme): einzelner Stängel der Gräser

gra|tu|lie|ren: Glück wünschen: *Ich gratuliere zum Geburtstag.*

grau: Farbadjektiv; ➪ Merkkasten blau/Blau auf Seite 40

Grau, das (ohne Mehrzahl): Farbe; ➪ Merkkasten blau/Blau auf Seite 40

grei|fen (er griff, sie hat gegriffen): fassen; in die Hand nehmen

Greis, der (die Greise): ein sehr alter Mann

Gren|ze, die (die Grenzen): Absperrung; Trennlinie

Grie|chen|land: Land in Europa

grie|chisch: alles, was sich auf Griechenland bezieht oder von dort kommt; ➪ Merkkasten deutsch/Deutsch auf Seite 52

griff: ➪ greifen

Griff, der (die Griffe): **1.** Handbewegung: *Mit einem Griff ist der Pulli aufgeräumt.* **2.** Henkel; Klinke

grim|mig: sehr wütend; sehr zornig

grin|sen: *Er grinst schadenfroh.*

Grip|pe, die (die Grippen): Erkältungskrankheit

grob (gröber, am gröbsten): **1.** *grobes Papier; grober Sand.* **2.** abweisend; unfreundlich. **3.** ungefähr: *grob geschätzt*

Gro|schen, der (die Groschen): alte Münze

groß (größer, am größten): **1.** *Du bist aber groß geworden.* **2.** *Sie haben eine große Wohnung.* **3.** *die großen Ferien.* **4.** sehr: *Wir hatten großen Hunger.* **5.** bedeutend: *Goethe war ein großer Dichter.*

Groß|bri|tan|ni|en Ⓜ**:** Land in Europa

Grö|ße, die (die Größen): **1.** Umfang; Ausmaß; Höhe; Länge.

A B C D E F G H I J K L M N O P Q R S T U V W X Y Z

2. Ansehen; Bedeutung; Wert

Groß|el|tern ⊜, die (Mehrzahl): Eltern von Mutter und Vater; Großvater und Großmutter

grub: ⇨ graben

grub|bern ☺**:** mit einem besonderen Gerät, dem Grubber, den Erdboden auflockern

Gru|be, die (die Gruben): **1.** Vertiefung in der Erde. **2.** Bergwerk

grü|beln: intensiv nachdenken: *Sie grübelten lange über der Matheaufgabe.*

grün: Farbadjektiv; ⇨ Merkkasten blau/Blau auf Seite 40

Grün, das (ohne Mehrzahl): Farbe; ⇨ Merkkasten blau/Blau auf Seite 40

grün|den: etwas aufbauen; einrichten; starten

gründ|lich ⊜**:** sorgfältig: *Timo putzt seine Zähne gründlich.*

Grund|nah|rungs|mit|tel ⊜**,** das (die Grundnahrungsmittel): Nahrungsmittel, das die Grundlage der lebensnotwendigen Ernährung bildet, z. B. Reis, Kartoffeln, Brot

grun|zen: *Die Schweine grunzten zufrieden.*

Grup|pe ☺**,** die (die Gruppen): Menge von mehreren Dingen oder Lebewesen, die etwas gemeinsam haben oder etwas gemeinsam tun

gru|se|lig ⊜ (*auch* gruslig): gespenstisch; unheimlich

gru|seln (sich): Angst haben; sich fürchten

grus|lig: ⇨ gruselig

Gruß, der (die Grüße): freundliche Worte, wenn man sich begegnet, beim Abschied oder im Brief

grü|ßen: 1. Guten Tag sagen. **2.** Grüße übermitteln

gu|cken ☺**:** blicken; sehen

Gul|den, der (die Gulden): **1.** früher eine wertvolle Gold- und Silbermünze. **2.** früher niederländisches Geld

Gum|mi|bär|chen ⊜**,** das (die Gummibärchen): Süßigkeit

Gup|py Ⓜ**,** der (die Guppys): Aquarienfisch

Gur|ke, die (die Gurken): Salat- und Gemüsepflanze

Gür|tel, der (die Gürtel): Band aus Stoff oder Leder, das um die Taille getragen wird; Gurt

gut (besser, am besten): **1.** *Er ist ein guter Schüler.* **2.** *Das ist aber eine gute Nachricht.* **3.** *Die Milch ist noch gut.* **4.** *Sie ist ein guter Mensch.* **5.** *Wir drei sind gute Freunde.* **6.** *Um drei Uhr? Gut, ich komme.*

gut|bür|ger|lich ⓐ: solide; gut angesehen

Gym|na|si|um Ⓜ, das (die Gymnasien): eine Schulform, die nach der Grundschule bis zum Abitur führt

H

Haar Ⓜ, das (die Haare): *Luis muss sich noch die Haare kämmen.*

ha|ben (er hatte, sie hat gehabt): *Susi hat einen Hund. Welche Augenfarbe hast du?*

Ha|bit Ⓜ, der (die Habite): **1.** Amtskleidung; Ordenstracht. **2.** besondere Kleidung

hab|süch|tig ⓐ: geldgierig

ha|cken ⓥ: **1.** spalten; klein machen: *Holz hacken.* **2.** den Boden auflockern. **3.** *Der Hahn hackt nach den Hühnern.*

Ha|fen, der (die Häfen): Anlegestelle für Schiffe

Ha|fer, der (ohne Mehrzahl): Getreide(pflanze)

Ha|gel, der (ohne Mehrzahl): Niederschlag in Form von Eiskügelchen

Hahn Ⓜ, der (die Hähne): **1.** Gockel: *Der Hahn im Hühnerhof kräht morgens um fünf Uhr.* **2.** *Wasserhahn*

Hai Ⓜ, der (die Haie): Raubfisch

hä|keln Ⓜ: *Wir häkeln Topflappen.*

Ha|ken, der (die Haken): **1.** gebogene Vorrichtung zum Aufhängen oder Einhängen von Gegenständen. **2.** Schwierigkeit; Nachteil

halb ⓐ: **1.** die Hälfte von etwas ausmachen: *Es dauert noch eine halbe Stunde.* **2.** nicht richtig; nur teilweise: *Sie hat ihre Aufgaben nur halb erledigt.* **3.** fast; beinahe: *Das halbe Dorf kam zu dem Fest.*

half: ⇨ helfen

Hälf|te Ⓜ, die (die Hälften): einer von zwei meist gleich großen Teilen von etwas: *Sie teilen die Tafel Schokolade in zwei Hälften.*

Half|ter, das (die Halfter): **1.** Vorrichtung zum Lenken und Führen von Zug- und Reittieren; Zaumzeug. **2.** Pistolenbehälter, der meist an einem Gürtel getragen wird

Hal|le ⓥ, die (die Hallen): **1.** großes Gebäude mit nur einem großen Raum: *Eissporthalle.* **2.** größerer Raum: *Eingangshalle*

A B C D E F G H I J K L M N O P Q R S T U V W X Y Z

Hals, der (die Hälse): **1.** Körperteil zwischen Kopf und Rumpf: *Hast du dir auch den Hals gewaschen?* **2.** *Es kratzt im Hals.* **3.** *Flaschenhals*

hal|ten (er hielt, sie hat gehalten): **1.** *eine Tasse halten.* **2.** *Der Torwart hielt den Elfmeter.* **3.** *ein Versprechen halten.* **4.** *Keine Angst: Wir halten zu dir.* **5.** *Meine Schuhe halten noch etwas.* **6.** *die Tabellenführung halten.* **7.** *Der Bus hält an jeder Haltestelle.* **8.** (sich): befolgen: *Tobias hält sich an den Ratschlag des Arztes.*

Ham|bur|ger, der (die Hamburger): **1.** Einwohner der Stadt Hamburg. **2.** aufgeschnittenes, weiches Brötchen mit Hackfleisch und anderen Zutaten

Ham|mer, der (die Hämmer): **1.** Schlagwerkzeug mit Stiel: *ein schwerer Hammer.* **2.** Sportgerät zum Schleudern. **3.** Gehörknöchelchen im Ohr

Hams|ter, der (die Hamster): Nagetier

Hand, die (die Hände): Teil des Armes

Hand|ar|beit, die: **1.** (ohne Mehrzahl): Arbeit, die mit der Hand gemacht wird. **2.** (die Handarbeiten): Bezeichnung für Arbeiten wie Nähen, Stricken ...

Hand|ball, der: **1.** (die Handbälle): Ball für das Handballspiel. **2.** (ohne Mehrzahl): Mannschaftssportart

han|deln: 1. etwas unternehmen; machen. **2.** *Das Buch handelt von Indianern.* **3.** verkaufen: *mit Gemüse handeln.* **4.** den Preis zu senken versuchen

Han|dels|stra|ße, die (die Handelsstraßen): Straße, die Handelsplätze verbindet

Händ|ler, der (die Händler): jemand, der Waren anbietet und verkauft

Hand|lung, die (die Handlungen): **1.** Tat. **2.** *die Handlung des Filmes*

Han|dy, das (die Handys): Mobiltelefon

Hang, der (die Hänge): **1.** *den Hang mit Skiern hinunterfahren.* **2.** Neigung; Vorliebe: *Sie hat einen Hang zur Musik.*

hän|gen: I. (er hing, sie hat gehangen): **1.** *Die Äpfel hän-*

gen am Baum. **2.** *Die Blumen ließen die Köpfe hängen.* **3.** *Lena hängt sehr an ihrer Oma.* **II.** (er hängte, sie hat gehängt): **1.** *Kim hängte das Poster an die Wand.* **2.** (sich): *Tom hat sich an den untersten Ast gehängt.*

harm|los: ungefährlich

hart (härter, am härtesten): **1.** *Das Brot ist schon hart.* **2.** *Die alte Hexe hatte ein hartes Herz.* **3.** *Der Winter ist dieses Jahr hart.* **4.** *Es ist noch ein hartes Stück Arbeit, bis der Schulgarten fertig ist.*

Hä|scher, der (die Häscher): Verfolger

Ha|se, der (die Hasen): Nagetier mit langen Ohren

Ha|sel|nuss, die (die Haselnüsse): Frucht des Haselnussstrauches

Hass, der (ohne Mehrzahl): Abneigung; Abscheu

has|sen: abscheulich finden; nicht leiden können

häss|lich Ⓜ**:** **1.** nicht schön; abstoßend. **2.** gemein; unschön: *Du warst sehr hässlich zu mir.*

hat|te: ⇨ haben

Hauch, der (die Hauche): **1.** ausströmender Atem; leichter Luftstrom: *In der Kälte war sein Hauch zu sehen.* **2.** etwas: *einen Hauch Pfeffer in die Suppe geben*

hau|en: **1.** *Müsst ihr euch dauernd hauen?* **2.** *einen Nagel in die Wand hauen*

Hau|fen, der (die Haufen): **1.** Anhäufung; ungeordneter Stapel: *Komposthaufen.* **2.** Gruppe: *ein Haufen Pferde.* **3.** *Sie hat einen Haufen Geld in der Tasche.*

häu|fig Ⓜ**:** oft; viele Male

Häupt|ling Ⓜ**,** der (die Häuptlinge): Anführer, Oberhaupt eines Stammes

Haupt|stadt, die (die Hauptstädte): meist die Stadt, in der die Regierung eines Landes sitzt

Haus, das (die Häuser): Gebäude, das vor allem zum Wohnen genutzt wird

Haus|rat, der (ohne Mehrzahl): alle Möbel und Geräte, die man in einem Haushalt hat

Haut, die (die Häute): **1.** äußere Körperbedeckung als Schutz und Wärmeregler (bei Menschen und Tieren). **2.** Schutz; Bespannung. **3.** *Er mag keine Haut auf dem Pudding.*

he|ben (er hob, sie hat gehoben): **1.** *den Arm heben.* **2.** *einen Schatz heben.* **3.** *die Stimmung*

A B C D E F G H I J K L M N O P Q R S T U V W X Y Z

heben. **4.** (sich): *Der Vorhang im Theater hob sich.*

Heck, das (die Hecks, *auch* die Hecke): hinteres Ende eines Fahrzeugs: *Schiffsheck*

He|cke, die (die Hecken): Umzäunung aus Büschen

Heft, das (die Hefte): **1.** gebundene Blätter: *Schreibheft.* **2.** einzelne Ausgabe einer Zeitschrift

hef|ten: anstecken; befestigen

hef|tig: stark; kräftig: *Es regnet heftig.*

Hei|de|kraut, das (ohne Mehrzahl): kleine Sträucher mit meist lilaroten Blüten

Hei|del|bee|re, die (die Heidelbeeren): Blaubeere; kleine schwarzblaue Beere

heil: unverletzt; gesund; ganz

heim|fah|ren (er fuhr heim; sie ist heimgefahren): nach Hause fahren; zurückkehren

heim|lich: unbemerkt; verborgen: *heimlich naschen*

Heim|weh, das (ohne Mehrzahl): Sehnsucht nach der Heimat, dem Zuhause, nach der Familie

Hei|rat, die (die Heiraten): Eheschließung; Hochzeit; Trauung

hei|ra|ten: **1.** eine Ehe schließen. **2.** jemanden zur Ehefrau, zum Ehemann nehmen

hei|ser: *Wegen der Erkältung war sie ganz heiser.*

heiß: **1.** sehr warm. **2.** heftig; leidenschaftlich: *heiß geliebt*

hei|ßen (er hieß, sie hat geheißen): **1.** *Ich heiße Paul.* **2.** *Das heißt also, der Unterricht fällt heute aus.*

hei|zen: warm machen; die Heizung, den Ofen laufen lassen

Hei|zung, die (die Heizungen): Anlage, Gerät zur Erwärmung eines Raumes

hek|tisch: ruhelos; aufgeregt

Held, der (die Helden): **1.** jemand, der mit Mut eine besondere Tat vollbringt. **2.** männliche Hauptfigur in einem Buch, einem Film oder einem Theaterstück

hel|fen (er half, sie hat geholfen): **1.** Hilfe leisten; unterstützen: *beim Abtrocknen helfen.* **2.** nützen: *Die Salbe hat geholfen.*

hell: **1.** beleuchtet: *ein heller Raum.* **2.** hoch klingend: *ein heller Ton.* **3.** *Die Wand ist in* *einem hellen Grün gestrichen.* **4.** klug: *ein heller Kopf*

Helm, der (die Helme): Kopfschutz

Hemd, das (die Hemden): Kleidungsstück für den Oberkörper

Hengst, der (die Hengste): männliches Tier bei Pferden, Kamelen, Zebras, Eseln

Hen|kel, der (die Henkel): Griff, Halter an Tassen und Töpfen

Hen|ne, die (die Hennen): weibliches Huhn

her: 1. *Kommst du mal her?* **2.** *Das ist eine Woche her.*

he|raus: von drinnen nach draußen

he|raus|fal|len (er fiel heraus, sie ist herausgefallen): *Die Äpfel fielen aus dem Korb heraus.*

Her|ber|ge, die (die Herbergen): Unterkunft; Gasthaus

Herbst, der (die Herbste): Jahreszeit

Herbst|ka|tarrh, der (die Herbstkatarrhe; *auch* der Herbstkatarr, die Herbstkatarre): Erkältung, schleimiger Husten im Herbst

Herd, der (die Herde): **1.** Kochstelle; Kochplatte und Backofen. **2.** Stelle, von der etwas Übles ausgeht: *Die Männer entdeckten den Brandherd.*

Her|de, die (die Herden): größere zusammengehörende Tiergruppe: *eine Herde Schafe*

he|rein: von draußen nach drinnen: *Herein, bitte! Es hat durch das Dach hereingeregnet.*

He|ring, der (die Heringe): **1.** Fisch. **2.** Haken zum Befestigen von Zeltschnüren

her|nie|der: herunter

Herr, der (die Herren): **1.** Mann; auch höfliche Anrede für einen Mann: *Herr Drescher.* **2.** Besitzer; Herrscher: *der Herr des Landes*

herr|lich: sehr schön; sehr gut: *Ist das nicht herrlich?*

herr|schen Ⓜ: **1.** über andere bestimmen; befehlen; an der Spitze stehen: *Der König herrscht über ein großes Reich.* **2.** bestehen; verbreitet sein: *Auf der Feier herrscht gute Stimmung.*

Herr|scher Ⓜ, der (die Herrscher): jemand, der über andere befehlen kann

her|stel|len: entstehen lassen; erzeugen

he|rum: 1. *Du hältst das Buch verkehrt herum.* **2.** rundherum:

A B C D E F G H I J K L M N O P Q R S T U V W X Y Z

um den Garten herum. **3.** *um drei Uhr herum.* **4.** *Der Film ist schon lange herum.*

he|rum|fra|gen ⊜**:** verschiedene Leute fragen

he|run|ter: abwärts; nach unten: *Der Weg führte sie ins Tal herunter.*

her|vor Ⓜ**:** von hinten nach vorn; von unten nach oben: aus etwas heraus: *Er kramte aus seiner Tasche ein Bonbon hervor.*

Herz, das (die Herzen): **1.** großer Muskel in der Brust. **2.** Ort im Körper, an dem Gefühle sitzen sollen. **3.** Figur, Gegenstand in Herzform. **4.** Innerstes; Mittelpunkt. **5.** Farbe beim Kartenspiel

herz|lich ⊜**:** *Herzlichen Glückwunsch!*

het|zen ☺**: 1.** jemanden jagen: *Die Polizei hetzte die Verbrecher.* **2.** rennen; eilen: *Die Hunde hetzen den Weg entlang.* **3.** schlechte Stimmung machen gegen jemanden oder etwas; aufhetzen. **4.** (sich): sich beeilen: *Sie hetzten sich, um pünktlich im Kino zu sein.*

Heu, das (ohne Mehrzahl): abgemähtes, getrocknetes Gras

heu|len: 1. weinen. **2.** *Wölfe heulen.* **3.** *Sirenen heulen*

heu|te: an diesem Tag

heut|zu|ta|ge ⊜**:** in unserer Zeit

He|xe Ⓜ**,** die (die Hexen): im Märchen meist böse Frau mit Zauberkräften

hielt: ⇨ halten

hier: an dieser Stelle; an diesem Punkt: *Die Milch steht hier.*

hier|blei|ben ⊜ (er blieb hier, sie ist hiergeblieben): an diesem Ort bleiben; nicht weggehen

hier|ge|blie|ben: ⇨ hierbleiben

hier|her ⊜**:** an diese Stelle, diesen Ort: *Bis hierher und nicht weiter. Sie kommen hierher, um Ferien zu machen.*

Hie|ro|gly|phe Ⓜ**,** die (die Hieroglyphen): *Die alten Ägypter benutzten Hieroglyphen als Schriftzeichen.*

hieß: ⇨ heißen

Hil|fe, die (die Hilfen): Mitarbeit; Unterstützung

Hilfs|or|ga|ni|sa|ti|on ⊜**,** die (die Hilfsorganisationen): Einrichtung, deren Ziel es ist, z. B. in Kriegen, bei Hungersnöten, nach Naturkatastrophen oder schweren Umweltschäden zu helfen

Him|bee|re Ⓜ**,** die (die Himbeeren): rote Beere

Him|mel ☺**,** der (ohne Mehrzahl): **1.** scheinbares Gewölbe über der Erde: *Heute ist der Himmel ganz blau.* **2.** Paradies

Him|mels|äqua|tor, der (ohne Mehrzahl): gedachte Linie, die die nördliche Himmelskuppel von der südlichen Himmelskuppel teilt

Him|mels|rich|tung, die (die Himmelsrichtungen): *Nord, Süd, Ost und West sind Himmelsrichtungen.*

hin: 1. in Richtung auf. **2.** kaputt; schlecht: *Der CD-Player ist hin.*

hi|nauf: nach oben; aufwärts: *Er blickte lange zu den Sternen hinauf.*

hi|naus: nach draußen: *Er stand auf und ging hinaus.*

hin|dern: 1. abhalten. **2.** stören: *Der Verband hindert mich.*

hin|durch|spä|hen: scharf oder vorsichtig durchschauen

hi|nein: nach drinnen; herein: *Sie öffnete die Tür und ging in das Zimmer hinein.*

hin|fal|len (er fiel hin, sie ist hingefallen): *Peter fiel auf der Treppe hin.*

hing: ⇨ hängen

hin|ken: 1. humpeln. **2.** *Er hinkt vom Fußballfeld.* **3.** *Der Vergleich hinkt.*

hin|lau|fen (er lief hin, sie ist hingelaufen): *Sie lief zu ihrer Schwester hin.*

hin|ten: 1. auf der Rückseite. **2.** an letzter Stelle

hin|ter: 1. auf der Rückseite. **2.** nach

hinter-

Der Wortbaustein *hinter-* kommt in vielen Wörtern vor, z. B. in *Hinterbank, Hinterrad.*

Hin|ter|bank, die (die Hinterbänke): hintere Bank im Auto

hin|te|re: *Wir klopften an die hintere Tür.*

hin|ter|ei|nan|der: einer hinter dem anderen: *Im Gänsemarsch sind sie hintereinander hergelaufen.*

A B C D E F G H I J K L M N O P Q R S T U V W X Y Z

A B C D E F G H I J K L M N O P Q R S T U V W X Y Z

hin|ter|her ⊜: **1.** *Er ist dem Hund hinterher.* **2.** danach; im Anschluss

hin|ter|her|schau|en ⊜: *Sie schaut ihnen lange hinterher.*

Hin|ter|rad ⊜, das (die Hinterräder): hinteres Rad z. B. am Auto

hi|nun|ter ⊜: abwärts; nach unten: *Das Wasser ist den Berg hinuntergeflossen.*

Hin|weis ⊜, der (die Hinweise): **1.** Rat; Empfehlung. **2.** Anhaltspunkt; Anzeichen

his|sen ☺: eine Fahne, ein Segel an einem Mast hochziehen

His|to|ri|ker Ⓜ, der (die Historiker): jemand, der sich auf dem Gebiet der Geschichte sehr gut auskennt

Hit Ⓜ, der (die Hits): häufig gespieltes Musikstück

Hit|ze ☺, die (ohne Mehrzahl): hohe Temperatur; sehr starke Wärme

hob: ⇨ heben

Hob|bit ☺, der (die Hobbits): kleines menschenähnliches Fantasiewesen mit großen pelzigen Füßen

Hob|by Ⓜ, das (die Hobbys): etwas, das man in der Freizeit besonders gern macht

hoch (höher, am höchsten): **1.** *ein hoher Berg.* **2.** *Der Adler fliegt ganz hoch.* **3.** *Es wird höchste Zeit.* **4.** *Er hat hohes Fieber.* **5.** *Sie kann ganz hoch singen.*

höchs|ten (am): ⇨ hoch

Hoch|zeit ⊜, die (die Hochzeiten): Fest, Feier zur Eheschließung

Ho|cker ☺, der (die Hocker): Stuhl ohne Lehne

Hof, der (die Höfe): **1.** zu einem Gebäude gehörender Platz: *Die Kinder spielen auf dem Hof.* **2.** *Bauernhof.* **3.** Wohnsitz und Haushalt eines Fürsten

hof|fen ☺: erwarten; wünschen

hof|fent|lich Ⓜ: jemand wünscht sich etwas sehr: *Hoffentlich regnet es nicht.*

höf|lich ⊜: aufmerksam und rücksichtsvoll: *ein höfliches Benehmen*

Hö|he Ⓜ, die (die Höhen): **1.** Abmessung nach oben: *Der Turm hat eine Höhe von 50 m.* **2.** Hügel: *Von der Höhe hat man einen schönen Blick.*

hö|her: ⇨ hoch

hohl Ⓜ: **1.** innen leer; ohne Inhalt. **2.** blechern; dumpf: *hohl klingend.* **3.** *Mensch, ist der hohl!*

Höh|le Ⓜ, die (die Höhlen): natürlicher Hohlraum in der Erde, in einem Felsen: *Bärenhöhle*

ho|len: 1. *ein Glas holen.* **2.** *eine Medaille holen.* **3.** (sich): *sich Rat holen.* **4.** (sich): *sich einen Schnupfen holen*

Holz, das: **1.** (ohne Mehrzahl): *Stämme, Äste und Wurzeln von Bäumen und Sträuchern liefern Holz.* **2.** (die Hölzer): Holzsorten

Holz|spieß, der (die Holzspieße): dünnes Stäbchen aus Holz

Home|page, die (die Homepages): Startseite, die erscheint, wenn man eine Adresse im Internet aufruft

Ho|nig, der (die Honige): *Oma streicht sich dick Honig aufs Brot.*

hop|peln: *Der Hase hoppelt über das Feld.*

hö|ren: 1. mit den Ohren aufnehmen. **2.** befolgen: *Er hörte auf ihren Rat.*

Hö|rer, der (die Hörer): **1.** Zuhörer. **2.** Gerät zum Hören: *Telefonhörer*

Ho|ri|zont, der (die Horizonte): Linie in der Ferne, an der Himmel und Erde scheinbar aufeinandertreffen

Hor|mon, das (die Hormone): von den Drüsen erzeugter Wirkstoff, der über das Blut durch den Körper transportiert wird. Er übermittelt Informationen, die zu Veränderungen im Körper führen, z. B. zum Einsetzen der Pubertät.

Hor|nis|se, die (die Hornissen): größte Wespenart

Ho|se, die (die Hosen): Kleidungsstück für den Unterkörper: *eine Hose anziehen*

Ho|tel, das (die Hotels): Unterkunft, in der man gegen Bezahlung übernachten kann

hübsch: schön; gut aussehend

Hub|schrau|ber, der (die Hubschrauber): Luftfahrzeug mit Drehflügeln

Huf, der (die Hufe): horniger Überzug der Zehen bei Huftieren wie Pferden, Kühen, Eseln

Hü|gel, der (die Hügel): Anhöhe; kleiner Berg

Huhn, das (die Hühner): Vogel; Bodentier mit Scharrkrallen

Hül|le, die (die Hüllen): Überzug; Umschlag

hum|peln: mit einem Bein nicht richtig auftreten können; hinken

Hund, der (die Hunde): *Er ging mit seinen Hunden im Park spazieren.*

A B C D E F G H I J K L M N O P Q R S T U V W X Y Z

hun|dert: Zahlwort; ➪ Merkkasten hundert/Hundert

Hun|dert, die (die Hunderte): ➪ Merkkasten hundert/Hundert

hundert/Hundert

Kleinschreibung
In diesen Fällen schreibst du *hundert* klein, z. B. *hundert Bücher; zehn von hundert; bis hundert zählen; Tempo hundert fahren; von null auf hundert beschleunigen.*

Klein- und Großschreibung
In vielen Fällen kannst du klein- oder großschreiben, z. B. *ein paar Hundert,* auch *ein paar hundert; viele Hundert Laternen,* auch *viele hundert Laternen.*

Zusammenschreibung
In Verbindung mit anderen Zahlwörtern schreibst du zusammen, z. B. *zweihundert; hundertundeins.*

hü|nen|haft: sehr groß; riesig

hun|gern: nichts zu essen haben; Hunger haben

hung|rig: Hunger habend

hu|pen: ein Signal geben; tuten

Hüpf|ball, der (die Hüpfbälle): Ball, auf den man sich setzen und mit dem man hüpfen kann

hüp|fen: springen; hopsen

Hus|ten, der (ohne Mehrzahl): *Gegen ihren Husten trank sie heiße Milch mit Honig.*

Hut, der (die Hüte): Kopfbedeckung: *einen Hut tragen*

hü|ten: 1. aufpassen: *Sabrina hütet ihre kleine Schwester.* **2.** (sich): vorsichtig sein: *Hüte dich vor bissigen Hunden!*

Hüt|te, die (die Hütten): kleines, einfaches Haus

I

IC, der (die ICs): Abkürzung für ➪ Intercity

ICE, der (die ICEs): Abkürzung für ➪ Intercityexpress

ich: *Ich bin Paula.*

Idee, die (die Ideen): Gedanke; Einfall

iden|ti|fi|zie|ren: erkennen: *Sie konnten den Täter identifizieren.*

idyl|lisch: friedlich: *Die Blumenwiese ist ein idyllischer Ort.*

Igel Ⓜ**,** der (die Igel): kleines Säugetier mit Stacheln

Ig|lu Ⓜ**,** der (*auch* das Iglu; die Iglus): Behausung der Eskimos aus Schneeblöcken

ig|no|rie|ren Ⓜ**:** absichtlich übersehen; nicht beachten

ihm Ⓜ**:** *Sie kaufte ihm ein Eis.*

ihn Ⓜ**:** *Ich hole ihn später ab.*

ih|nen Ⓜ**:** *Er half ihnen nicht.* ⇨ Merkkasten ihnen/ihr, ihre

ihr, ih|re Ⓜ: **1.** *Sie hat ihr Geld verloren.* **2.** *Was macht ihr denn gerade so?;* ⇨ Merkkasten ihnen/ihr, ihre

ihnen/ihr, ihre

Wenn du jemanden mit *Sie* ansprichst oder besonders höflich sein willst, schreibst du in Briefen *ihnen* und *ihr, ihre* groß, z. B. *Sehr geehrter Herr Maar, wir danken Ihnen für das Autogramm. Uns gefallen Ihre Bücher sehr gut.*

Liebe Oma, lieber Opa, besucht Ihr mich bald?

Il|lus|tra|ti|on Ⓜ**,** die (die Illustrationen): Bilder, Zeichnungen zu Texten

il|lus|trie|ren Ⓜ**:** z. B. Texte mit Bildern ausschmücken; bebildern

im: 1. (in dem): *Im Keller ist es dunkel.* **2.** *Im Sommer ist es warm.*

im|mer ☺**: 1.** *Er hat immer schlechte Laune.* **2.** nach und nach: *Es wird immer kälter.*

imp|fen Ⓜ**:** *Die Kinder werden gegen Masern geimpft.*

Im|pres|sum ☺**,** das (die Impressen): Vermerk über Verlag, Druckerei und Redaktion in Büchern, Zeitschriften und Zeitungen

Im|pro|vi|sa|ti|on Ⓜ**,** die (die Improvisationen): ohne Vorbereitung, ohne Proben Dargebotenes

in: 1. *Sie wohnt jetzt in Berlin.* **2.** *Wir besuchen sie in den Ferien.* **3.** *Das T-Shirt gibt es in vielen Farben.* **4.** *Ich bin gut in Mathe.*

In|di|aner Ⓜ**,** der (die Indianer): Ureinwohner Amerikas

In|for|ma|ti|on Ⓜ**,** die (die Informationen): Mitteilung; Hinweis

in|for|mie|ren: 1. jemandem eine Nachricht oder Auskunft über etwas geben. **2.** (sich): *sich über Wölfe informieren*

A B C D E F G H I J K L M N O P Q R S T U V W X Y Z

inhalieren: *Sie muss wegen ihres Hustens inhalieren.*

Inhalt, der (die Inhalte): **1.** *Wir sind neugierig auf den Inhalt des Pakets.* **2.** Bedeutung

Inhaltsverzeichnis, das (die Inhaltsverzeichnisse): Verzeichnis, das den Inhalt z. B. eines Buches in Kurzform auflistet

Inlineskates, die (Mehrzahl): Rollschuhe, bei denen die Rollen hintereinander angeordnet sind

innen: im Innern; an, auf der inneren Seite

ins (in das): *Wir gehen später ins Schwimmbad.*

Insekt, das (die Insekten): sehr kleines Tier mit drei Beinpaaren und meist zwei Paar Flügeln

Insel, die (die Inseln): Land, das auf allen Seiten von Wasser umgeben ist

insgesamt: alle, alles zusammen

installieren: anbringen; einbauen; anschließen; einrichten

Instinkt, der (die Instinkte): **1.** Gefühl; innere Stimme. **2.** besonders bei Tieren ererbte Fähigkeit, sich richtig zu verhalten

Instrument, das (die Instrumente): **1.** *Musikinstrument.* **2.** Gerät für wissenschaftliche oder technische Arbeiten

intelligent: klug; schlau

intensiv: gründlich; sehr; stark

Intercity, der (die Intercitys): Zug, der schnell fahren kann

Intercityexpress, der (die Intercityexpresse): Zug, der sehr schnell fahren kann

interessant: spannend; reizvoll

Interesse, das (die Interessen): besondere Aufmerksamkeit: *Er hat großes Interesse an der neuen CD.*

interessieren: 1. *Sie versuchen ihn für Fußball zu interessieren, obwohl er lieber Volleyball spielt.* **2.** (sich): *Er interessiert sich für Fußball.*

Internat, das (die Internate): Schule, in der die Schüler auch wohnen

Internet, das (ohne Mehrzahl): sehr großes Computernetzwerk für die ganze Welt

Interview, das (die Interviews): Gespräch zwischen einem Reporter und einer Person, das veröffentlicht werden soll

interviewen: ein Interview führen

Inu|it, die (Mehrzahl): so nennen sich die Eskimos selbst

ir|gend|ein Ⓜ**:** etwas oder jemand, das oder der nicht genau zu bestimmen ist

ir|gend|je|mand: nicht genau bestimmte Person

ir|gend|wann: nicht genau bestimmter Zeitpunkt

ir|gend|was: nicht genau bestimmte Sache

ir|gend|wie: nicht genau bestimmte Art und Weise

ir|gend|wo: nicht genau bestimmter Ort

irisch: alles, was sich auf Irland bezieht oder von dort kommt; ➪ Merkkasten deutsch/Deutsch auf Seite 52

Ir|land: Insel und Land im Nordwesten Europas

ir|ren: 1. (sich) (sie hat sich geirrt): sich täuschen: *Da irrst du dich.* **2.** (sie ist geirrt): nicht wissen, wohin man laufen soll

Irr|gar|ten, der (die Irrgärten): Anlage mit verschlungenen Wegen

ist: ➪ sein

Ita|li|en Ⓜ**:** Land im Süden Europas

ita|lie|nisch Ⓜ**:** alles, was sich auf Italien bezieht oder von dort kommt; ➪ Merkkasten deutsch/Deutsch auf Seite 52

J

ja: *Möchtest du Nachtisch? – Ja.*

Jacht, die (die Jachten; *auch* die Yacht, die Yachten): schnelles Schiff

Ja|cke, die (die Jacken): festes Kleidungsstück, meist mit langen Ärmeln für den Oberkörper

Jagd Ⓜ**,** die (die Jagden): **1.** das Jagen von Wildtieren. **2.** das Jagen von jemandem, von etwas: *auf die Jagd nach Verbrechern gehen*

ja|gen: 1. Wild, z. B. Wildschweine, aufspüren und verfolgen, um es zu fangen oder zu töten. **2.** schnell laufen; jemanden verfolgen: *Die Polizei jagte die Verbrecher.*

Jä|ger, der (die Jäger): jemand, der auf die Jagd geht

Jahr, das (die Jahre): Zeitraum von zwölf Monaten oder 365 Tagen

Jahr|buch, das (die Jahrbücher): jährlich erscheinendes Buch mit Texten zu einem bestimmten Thema

jah|re|lang: viele Jahre lang (an)dauernd

Jah|res|zeit, die (die Jahreszeiten): Frühling, Sommer, Herbst und Winter

Jahr|hun|dert, das (die Jahrhunderte): Zeitraum von hundert Jahren

Jak, der (die Jaks): ⇨ Yak

jam|mern: laut klagen; unter Seufzen und Stöhnen seinen Kummer, seine Schmerzen zeigen

Ja|nu|ar, der: erster Monat im Jahr

Ja|pan: Land in Asien

ja|pa|nisch: alles, was sich auf Japan bezieht oder von dort kommt; ⇨ Merkkasten deutsch/Deutsch auf Seite 52

jä|ten: Unkraut entfernen

jau|len: heulen; (vor allem bei Hunden) lang gezogene, klagend klingende Töne von sich geben

Jeans, die (die Jeans): Hose aus unempfindlichem Stoff

je|de, je|der, je|des: *Jeder bekam ein T-Shirt. Jedes Kind bekam ein Eis.*

je|den|falls: bestimmt; auf jeden Fall

je|des Mal: *Er kommt jedes Mal zu spät zu unseren Treffen.*

je|doch: aber

Jeep, der (die Jeeps): kleiner Geländewagen

je|mand: irgendjemand; irgendein Mensch: *Ich habe da jemanden gesehen.*

jetzt: nun; im Augenblick; gerade

Job, der (die Jobs): Arbeit; bezahlte Beschäftigung, Tätigkeit

job|ben: bezahlte Gelegenheitsarbeiten machen: *Er jobbt während der Sommerferien in der Eisdiele.*

jog|gen: laufen: *Lexi joggt im Park.*

Jo|ghurt Ⓜ, der (die **Joghurts**; *auch* der Jogurt, die Jogurts): *Wie schmeckt der Joghurt?*
Jo|gurt, der (die Jogurts): ⇨ Joghurt
jong|lie|ren Ⓜ**:** *Der Clown im Zirkus jongliert mit 8 Bällen.*
Jour|na|list Ⓜ**,** der (die Journalisten): jemand, der beruflich z. B. für eine Zeitung oder eine Zeitschrift Beiträge erstellt
Joy|stick Ⓜ**,** der (die Joysticks): Steuerhebel für Computerspiele
ju|beln: Freude laut und lebhaft äußern
Ju|do, das (ohne Mehrzahl): Sportart
Ju|gend Ⓜ**,** die (ohne Mehrzahl): **1.** *In Opas Jugend hörte man Schallplatten.* **2.** junge Leute
Ju|li, der: siebter Monat im Jahr
jung (jünger, am jüngsten): nicht alt
Jun|ge, das (die Jungen): junges, vor Kurzem geborenes Tier
Jun|ge, der (die Jungen): männliches Kind
Jüngs|te Tag, der (ohne Mehrzahl): an diesem Tag soll nach der christlichen Religionslehre Jesus Christus wieder auf die Erde kommen
Ju|ni, der: sechster Monat im Jahr
Ju|pi|ter Ⓜ**,** der (ohne Mehrzahl): **1.** Name eines römischen Gottes. **2.** Planet
Ju|ry Ⓜ**,** die (die Jurys): Gruppe von Personen, die etwas auswählen oder beurteilen sollen
just: gerade; eben
Ju|wel, das (die Juwelen): kostbarer Schmuckstein
ju|we|len|be|setzt ⊜**:** mit Juwelen besetzt

K

k

Du sprichst ein Wort am Anfang wie *k* aus, kannst es aber unter *k* nicht finden. Dann suche auch unter *c.* Beispiele: *das Café; clever; der Comic; der Cowboy*

Ka|bel, das (die Kabel): **1.** mit einem Schutz umgebene elektrische Leitung: *ein Kabel verlegen.* **2.** Drahtseil
Kä|fer Ⓜ**,** der (die Käfer): Insekt mit Flügeln: *Maikäfer*

Kä|fig, der (die Käfige): ein Kasten oder ein Raum, in dem Tiere gehalten werden: *Vogelkäfig; Löwenkäfig*

Kahn, der (die Kähne): **1.** kleines Boot. **2.** flaches Schiff

Kai|ser, der (die Kaiser): höchster Herrscher

Ka|ka|du, der (die Kakadus): großer Papagei

Kak|tus, der (die Kakteen): Pflanze, die meistens viele Dornen trägt

Kalb, das (die Kälber): Bezeichnung für das Junge, z. B. von Rindern, Hirschen, Elchen, Giraffen und Elefanten

Ka|len|der, der (die Kalender): Verzeichnis der Tage, Wochen und Monate eines Jahres

kalt (kälter, am kältesten): **1.** niedrige Temperatur; nicht warm. **2.** nicht herzlich: *Sie begrüßt ihn kalt.*

Käl|te, die (ohne Mehrzahl): **1.** niedrige Temperatur. **2.** Gefühlskälte

kam: ⇨ kommen

Ka|mel, das (die Kamele): großes Huftier, das in Wüstengebieten lebt

Ka|me|ra, die (die Kameras): **1.** Aufnahmegerät für Filmaufnahmen; Fernsehkamera: *Kamera läuft!* **2.** Fotoapparat: *eine digitale Kamera*

Ka|min, der (die Kamine): **1.** offene Feuerstelle in einem Zimmer. **2.** Schornstein

Kamm, der (die Kämme): **1.** Gerät zum Ordnen, zum Kämmen der Haare. **2.** aufstehende, verdickte Haut auf dem Kopf von Hühnern. **3.** schmaler, lang gestreckter Bergrücken

käm|men: mit einem Kamm die Haare in Ordnung bringen

Kam|mer, die (die Kammern): kleines Zimmer; kleiner Raum

Kampf, der (die Kämpfe): **1.** Auseinandersetzung. **2.** Bemühen: *der Kampf um Platz 1*

kämp|fen: **1.** an einem Kampf teilnehmen. **2.** sich abmühen

Ka|nal, der (die Kanäle): **1.** künstlich angelegter Fluss. **2.** Rohr, durch das Wasser fließt: *Abwasserkanal.* **3.** *Rundfunkkanal; Fernsehkanal*

Kän|gu|ru, das (die Kängurus): Beuteltier

Ka|nin|chen, das (die Kaninchen): Nagetier: *ein Kaninchen aus dem Hut zaubern*

Kan|ne ☺**,** die (die Kannen): Behälter für Getränke: *Teekanne*

kann|te: ⇨ kennen

Kan|te, die (die Kanten): Stelle, Linie, an der zwei Flächen aneinanderstoßen; Rand einer Fläche: *Ein Würfel hat zwölf Kanten.*

Kap Ca|na|ve|ral Ⓜ**:** Raketenbasis in Amerika: *Der Spaceshuttle landete heute Morgen in Kap Canaveral.*

Kap Horn Ⓜ**:** Südspitze Südamerikas

Ka|pi|tän Ⓜ**,** der (die Kapitäne): **1.** Führer eines Schiffes oder Flugzeugs. **2.** Anführer einer Mannschaft, z. B. beim Fußball

Ka|pi|tel Ⓜ**,** das (die Kapitel): größerer Abschnitt eines längeren Textes, z. B. eines Buches

Kap|pe ☺**,** die (die Kappen): **1.** Kopfbedeckung. **2.** Deckel; Verschluss: *Verschlusskappe*

ka|putt ☺**: 1.** zerbrochen; beschädigt. **2.** völlig erschöpft

ka|putt|ge|gan|gen: ⇨ kaputtgehen

ka|putt|ge|hen ⊜ (er ging kaputt, sie ist kaputtgegangen): *Die Uhr ging gestern kaputt.*

Ka|pu|ze, die (die Kapuzen): eine an Mantel, Jacke oder Pullover befestigte Kopfbedeckung

Ka|raf|fe ☺**,** die (die Karaffen): bauchige Glasflasche

ka|riert: mit Karos: *kariertes Papier*

Ka|ro, das (die Karos): **1.** Viereck. **2.** Farbe beim Kartenspiel

Ka|rot|te ☺**,** die (die Karotten): Möhre; Mohrrübe; Gelbe Rübe

Kar|te, die (die Karten): **1.** rechteckiges Blatt aus dünnem Karton: *Karteikarte.* **2.** *Ansichtskarte; Postkarte.* **3.** *Fahrkarte.* **4.** *Speisekarte.* **5.** *Landkarte.* **6.** *Spielkarte*

Kar|tof|fel ☺**,** die (die Kartoffeln): *Heute Mittag gibt es Kartoffeln.*

Kar|ton Ⓜ**,** der (die Kartons): **1.** steifes, dickes Papier; Pappe. **2.** Pappschachtel

Ka|rus|sell Ⓜ**,** das (die Karussells, *auch* die Karusselle): *Die Kinder fahren gern Karussell.*

Kä|se Ⓜ**,** der (die Käse): Nahrungsmittel, das aus gegorener Milch hergestellt wird

Kas|se ☺**,** die (die Kassen): **1.** Stelle, an der man bezahlen muss. **2.** Behälter, in dem Geld aufbewahrt wird

Kas|set|te Ⓜ**,** die (die Kassetten): **1.** verschließbares Kästchen,

A B C D E F G H I J K L M N O P Q R S T U V W X Y Z

z. B. für Schmuck. **2.** *Wir nehmen unser Hörspiel auf Kassette auf und spielen es anderen vor.* **3.** *Videokassette*

Kas|set|ten|re|cor|der Ⓜ, der (die Kassettenrecorder): ⇨ Kassettenrekorder

Kas|set|ten|re|kor|der Ⓜ, der (die Kassettenrekorder; *auch* der Kassettenrecorder, die Kassettenrecorder): Gerät zur Aufzeichnung und Wiedergabe von Tönen; Gerät zum Abspielen von Kassetten

Kas|ta|nie Ⓜ, die (die Kastanien): Frucht des Kastanienbaums

Kas|tell ☺, das (die Kastelle): **1.** römisches Truppenlager. **2.** Festung; Burg; Schloss

Kas|ten, der (die Kästen): Behälter; Kiste

Ka|ter, der (die Kater): männliche Katze

Ka|ta|stro|phe Ⓜ, die (die Katastrophen): großes Unglück, das meist viele Menschen betrifft

Kat|ze ☺, die (die Katzen): **1.** Haustier. **2.** Bezeichnung für die ganze Familie der katzenartigen Raubtiere (z. B. Löwe)

kau|en: mit den Zähnen zerkleinern

kau|fen: für Geld erwerben: *Ich kaufe mir ein Comicheft.*

Käu|fer ♀, der (die Käufer): jemand, der etwas kauft

Kaul|quap|pe ☺, die (die Kaulquappen): Durchgangsstadium bei der Entwicklung des Frosches

kaum: 1. fast nicht: *Es war so neblig, dass wir die Berge kaum gesehen haben.* **2.** *Du warst kaum weg, da hat das Telefon geklingelt.*

keh|ren Ⓜ**: 1.** fegen. **2.** in eine bestimmte Richtung drehen, wenden. **3.** (sich): sich in eine bestimmte Richtung wenden

kein, kei|ne, kei|ner: 1. *Er hat kein Geld mehr.* **2.** *Keiner hilft ihm, die Tafel zu putzen.*

Keks Ⓜ, der (*auch* das Keks; die Kekse): Plätzchen; kleines Gebäck: *Kekse essen*

Kel|ler ☺, der (die Keller): *Lilli holt die Kartoffeln aus dem Keller.*

ken|nen ☺ (er kannte, sie hat gekannt): **1.** *Ich kenne deine Adresse nicht.* **2.** *Wir kennen uns schon lange.*

ken|nen|ler|nen ⊜ (*auch* kennen lernen): **1.** mit jemandem oder etwas bekannt, vertraut werden: *jemanden im Urlaub kennenlernen.* **2.** erleben; erfahren

Kern, der (die Kerne): **1.** *Kirschkern; Pfirsichkern.* **2.** Hauptsache; Mittelpunkt

Ker|ze, die (die Kerzen): *Auf dem Adventskranz brennen alle vier Kerzen.*

Ket|chup Ⓜ**,** das (*auch* der Ketchup; die Ketchups): dickflüssige Tomatensoße

Ket|schup, das (*auch* der Ketschup; die Ketschups): ⇨ Ketchup

Ket|te ☺**,** die (die Ketten): **1.** Halsschmuck. **2.** Band aus einzelnen Gliedern, Ringen. **3.** Linie; Reihe: *Menschenkette*

kg: Abkürzung für ⇨ Kilogramm

ki|chern: leise lachen

Kie|fer, der (die Kiefer): Gesichtsknochen, der den Mund stützt und die Zähne trägt

Kie|fer, die (die Kiefern): Nadelbaum

Kie|me, die (die Kiemen): Atmungsorgan, z. B. von Fischen

Ki|lo Ⓜ**,** das (die Kilos): **1.** Kurzform für ⇨ Kilogramm. **2.** griechisch für tausend

Ki|lo|gramm ⊜**,** das (die Kilogramme): *Die Katze wiegt 3 Kilogramm.*

Ki|lo|me|ter ⊜**,** der (die Kilometer): *Sie mussten die letzten 2 Kilometer zu Fuß gehen.*

Kind ➔**,** das (die Kinder): **1.** Sohn; Tochter: *Sie haben zwei Kinder.* **2.** noch kein Erwachsener: *Kinder bis zu 12 Jahren zahlen den halben Eintritt.*

Kinn ☺**,** das (die Kinne): vorstehender Teil des Unterkiefers

Ki|no Ⓜ**,** das: **1.** (die Kinos): Raum, Gebäude, in dem Spielfilme gezeigt werden. **2.** (ohne Mehrzahl): *Das Kino fängt um 17 Uhr an.*

Ki|osk, der (die Kioske): Verkaufshäuschen für Zeitungen, Getränke, Süßigkeiten

kip|pen ☺**: 1.** in eine schräge Stellung bringen. **2.** umfallen. **3.** ausschütten; weggießen

Kir|che, die (die Kirchen): **1.** christliches Gotteshaus. **2.** *Morgen um 9 Uhr ist Kirche.*

Kir|mes|tanz ⊜**,** der (die Kirmestänze): Tanz am Kirchweihfest, auf einem Volksfest, Jahrmarkt

Kir|sche, die (die Kirschen): Steinobst

Kis|sen ☺**,** das (die Kissen): weiche Unterlage aus Stoff, die oft mit Federn gefüllt ist

Kis|te, die (die Kisten): rechteckiger Behälter, meist mit Deckel

kla|gen: 1. jammern. **2.** vor Gericht gehen

Klam|mer, die (die Klammern): **1.** *Haarklammer; Büroklammer.* **2.** Zeichen: ( ), [ ], { }: *etwas in Klammern setzen*

klang: ⇨ klingen

Klang, der (die Klänge): Laut; Ton: *der Klang der Glocken*

Klap|pen|text, der (die Klappentexte): meist auf der vorderen und hinteren Klappe des Schutzumschlags eines Buches gedruckter Werbetext für das Buch; enthält meist eine Kurzangabe über Verfasser und Inhalt

klar: **1.** vollkommen durchsichtig. **2.** ungetrübt: *ein klarer Himmel.* **3.** wohlklingend: *ein klarer Ton.* **4.** deutlich; eindeutig. **5.** vernünftig: *klar denken*

Klär|an|la|ge, die (die Kläranlagen): Anlage zur Reinigung des Abwassers

klä|ren: **1.** *Unsere Fragen müssen noch geklärt werden.* **2.** *Unsere Fragen haben sich geklärt.* **3.** vom Schmutz befreien: *Die Abwässer werden in der Kläranlage geklärt.*

Klas|se, die (die Klassen): **1.** *Schulklasse.* **2.** Klassenraum

Klaue, die (die Klauen): **1.** hornige Zehe, z. B. bei Kühen oder Schweinen. **2.** Kralle bei Raubtieren und Vögeln

Kla|vier, das (die Klaviere): Tasteninstrument: *Luise spielt Klavier.*

kle|ben: **1.** *Fotos ins Album kleben.* **2.** *Viele Plakate kleben an der Wand.*

kleb|rig: *Die Bonbons sind sehr klebrig.*

kle|ckern: verschütten; beschmutzen

Klecks, der (die Kleckse): **1.** Flecken. **2.** *einen Klecks Marmelade aufs Brot geben*

Klee, der (die Klees): Wiesenpflanze, die als Futtermittel genutzt wird: *Sie hat ein vierblättriges Kleeblatt gefunden.*

Kleid, das: **1.** (die Kleider): Kleidungsstück für Mädchen und Frauen. **2.** (nur Mehrzahl die Kleider): besonders die über der Wäsche getragene Bekleidung: *Meine ganzen Kleider sind noch im Koffer.*

klein: **1.** von geringer Größe. **2.** noch jung: *das kleine Kind.* **3.** wenig: *eine kleine Summe*

Klein|an|zei|ge, die (die Klein-anzeigen): eine kleine private Mitteilung in einer Zeitung oder Zeitschrift

klem|men: *Der Reißverschluss klemmt.*

klet|tern: *Er klettert gern auf Bäume.*

Kli|ma, das (die Klimata): Zustand der Erdatmosphäre: *mildes Klima; tropisches Klima*

klin|geln: 1. *an der Tür klingeln.* **2.** *Der Wecker klingelt.*

klin|gen (er klang, sie hat geklungen): **1.** *die Glocken klingen.* **2.** sich anhören wie; wirken: *Es klingt wie eine Trompete.*

Klin|ke, die (die Klinken): Türgriff

Klip|pe, die (die Klippen): großer Felsblock im Meer in der Nähe der Küste

klir|ren: *Er klirrt nervös mit den Schlüsseln. Die Fenster klirren, wenn ein Zug schnell vorbeifährt.*

klop|fen: 1. *Den Nagel mit dem Hammer in die Wand klopfen.* **2.** *an die Wand klopfen; es hat geklopft.*

Klos|ter, das (die Klöster): Gebäude, in dem Mönche oder Nonnen leben

Klub, der (die Klubs; *auch* der Club, die Clubs): **1.** *Fußballklub; Sportklub.* **2.** Klubraum; Vereinshaus

klug (klüger, am klügsten): schlau; aufgeweckt; gescheit

km: Abkürzung für ⇨ Kilometer

km/h: zurückgelegte Kilometer in einer Stunde: *Sie rasen mit 140 km/h über die Autobahn.*

Kna|be, der (die Knaben): Junge

Knä|cke|brot, das (die Knäckebrote): dünnes, knuspriges Brot

kna|cken: 1. *Trockene Zweige knacken, wenn man darauftritt.* **2.** *Nüsse knacken*

Knall, der (die Knalle): Krach; Schlag; Schuss

knal|len: 1. *Ein Schuss knallt.* **2.** *Sie knallt mit den Türen.* **3.** *Der Luftballon knallt.* **4.** jemandem eine Ohrfeige geben

Knecht, der (die Knechte): **1.** Diener. **2.** Helfer auf dem Bauernhof

Kne|te, die (ohne Mehrzahl): weiche Masse, mit der man Figuren formen kann

kne|ten: eine weiche Masse, z. B. Teig, mit den Händen bearbeiten

Knick, der (die Knicke): **1.** Abbiegung; Kurve: *Die Straße macht einen scharfen Knick.* **2.** Falte; Bruch; Eselsohr: *Die Seite hat einen Knick.*

kni|cken: falten; umbiegen: *Zweige knicken*

Knie, das (die Knie): Gelenk zwischen Ober- und Unterschenkel

kni|en: 1. auf den Knien sein. **2.** (sich): auf die Knie gehen

knir|schen: *mit den Zähnen knirschen; der Schnee knirscht unter den Stiefeln.*

Kno|chen, der (die Knochen): einzelner Teil des Skeletts bei Menschen und Wirbeltieren

Knol|le, die (die Knollen): rundliche Verdickung, die bei verschiedenen Pflanzen auftritt: *Kartoffelknolle*

Knopf, der (die Knöpfe): **1.** Verschluss für Kleidung und Taschen: *Sie muss noch die Knöpfe ihrer Jacke zumachen.* **2.** *Er muss auf den Knopf drücken. Er muss an dem Knopf drehen.*

Kno|ten, der (die Knoten): **1.** *einen Knoten ins Taschentuch machen.* **2.** Maßeinheit für die Geschwindigkeit von Schiffen

knur|ren: tiefes Brummen: *Mein Magen knurrt. Die Hunde knurren böse.*

Ko|bold, der (die Kobolde): zwergenhafter Geist

ko|chen: 1. warmes Essen, warme Getränke zubereiten. **2.** stark erhitzen; sieden

Kode, der (die Kodes): ⇨ Code

Kof|fer, der (die Koffer): *Bevor wir in Urlaub fahren, müssen wir noch die Koffer packen.*

Koh|le, die (die Kohlen): Brennstoff; Heizmaterial

Koh|len|di|oxid, das (ohne Mehrzahl): farb- und geruchloses, nicht brennbares Gas aus Kohlenstoff und Sauerstoff

Koh|len|hy|drat, das (die Kohlenhydrate): Grundbaustein von Stoffen, den man auch als Zucker bezeichnet. Kohlenhydrate sind hochwertige Energielieferanten und wichtige Baustoffe für unseren Körper.

Koh|len|stoff|di|oxid, das (ohne Mehrzahl): ⇨ Kohlendioxid

Ko|lo|ni|sa|ti|on, die (die Kolonisationen): meist gewaltsame Unterwerfung fremder Gebiete und ihrer Bewohner

Ko|mi|ker, der (die Komiker): Darsteller komischer Rollen

ko|misch: 1. spaßig; lustig: *Der Clown war komisch.* **2.** merkwürdig; seltsam: *ein komischer Typ*

kom|men (er kam, sie ist gekommen): **1.** eintreffen; sich auf ein Ziel hin bewegen: *Ich komme gleich.* **2.** teilnehmen: *Wir kommen zum Geburtstagsfest.* **3.** *Er kommt mit seinen Händen bis zur Decke.* **4.** gebracht werden: *Die Post kommt.* **5.** aufgenommen werden: *in die Schule kommen.* **6.** *Ihm kommen gleich die Tränen.* **7.** an der Reihe sein; folgen: *Zuerst komme ich dran.* **8.** *hinter ein Geheimnis kommen.* **9.** von etwas herstammen; seinen Grund in etwas haben: *Woher kommen die vielen Bonbons?*

Kom|mu|nal|po|li|ti|ker, der (die Kommunalpolitiker): Politiker, der sich mit Aufgaben in der Gemeinde beschäftigt

Kom|pass, der (die Kompasse): Gerät zur Bestimmung der Himmelsrichtung

kom|plett: vollständig; als Ganzes

kon|den|sie|ren: 1. Gase oder Dämpfe verflüssigen. **2.** eine Flüssigkeit durch Verdampfen eindicken

Kö|nig, der (die Könige): **1.** Herrscher eines Landes: *der König von Spanien.* **2.** Figur im Schachspiel. **3.** Spielkarte

kön|nen (er konnte, sie hat gekonnt): **1.** *Er kann schwimmen. Sie kann kommen.* **2.** *Michel lief, so schnell er konnte, nach Hause.* **3.** *Sie kann Englisch.*

konn|te: ⇨ können

kon|stru|ie|ren: entwerfen und gestalten: *eine Brücke konstruieren*

Kon|struk|ti|on, die (die Konstruktionen): **1.** technischer Plan; Entwurf. **2.** mit besonderen technischen Mitteln oder Methoden errichtetes Bauwerk

Kon|ti|nent, der (die Kontinente): große zusammenhängende Landmasse

kon|trol|lie|ren: nachprüfen; überwachen

Kopf, der (die Köpfe): **1.** Körperteil, der auf dem Hals sitzt. **2.** Denk-, Willenskraft: *Sie hat ihren eigenen Kopf; Dickkopf.* **3.** rundlicher oberer Teil von etwas: *Die Blumen lassen die Köpfe hängen.*

kopf|ge|stan|den: ⇨ kopfstehen

kopf|ste|hen (er stand kopf, sie hat/ist kopfgestanden):

A B C D E F G H I J K L M N O P Q R S T U V W X Y Z

völlig überrascht, durcheinander sein

kopf|über: mit dem Kopf voran

Ko|pie, die (die Kopien): **1.** Abschrift; Fotokopie. **2.** Nachbildung eines Kunstwerks: *In der Ausstellung wird nur eine Kopie des Gemäldes gezeigt.*

ko|pie|ren: 1. eine Kopie machen. **2.** nachahmen. **3.** von einem Kunstwerk ein zweites Exemplar machen

Ko|ral|le, die (die Korallen): **1.** Meerestier. **2.** Schmuckstein, der aus dem Skelett der Korallentiere hergestellt wird

Ko|ral|len|riff, das (die Korallenriffe): Felsklippe im Meer, an der Korallen leben

Korb, der (die Körbe): **1.** Behälter, z. B. aus geflochtenen Weidenzweigen. **2.** an einem Spielbrett oder Ständer befestigter Ring mit oder ohne Netz, in den der Ball geworfen wird. **3.** bei manchen Sportarten ein Treffer

Korb|ball, der (ohne Mehrzahl): Ballspiel

Kor|ken, der (die Korken): Flaschenverschluss

Korn, das: **1.** (ohne Mehrzahl): Getreide. **2.** (die Körner): Saatkorn; Samen. **3.** (die Körner): Teilchen in Form eines Samenkorns: *Hagelkörner*

Kör|per, der (die Körper): **1.** äußere Erscheinung eines Menschen, eines Tieres. **2.** von Flächen begrenzter Raumteil, z. B. Würfel, Kegel

Kör|per|hal|tung, die (die Körperhaltungen): Art und Weise, den Körper zu halten

Kor|res|pon|dent, der (die Korrespondenten): Berichterstatter, Reporter, z. B. für eine Nachrichtenagentur oder eine Zeitung, der aus einer anderen Stadt, aus einem anderen Land berichtet

kor|ri|gie|ren: verbessern; auf Fehler durchschauen

kos|ten: 1. einen bestimmten Preis haben. **2.** probieren: *den Nachtisch kosten*

Kos|tüm, das (die Kostüme): **1.** aus Rock und Jacke bestehende Damenkleidung. **2.** Verkleidung, z. B. für Schauspieler

kos|tü|mie|ren: verkleiden: *Sie haben sich als Römer kostümiert.*

krab|beln: 1. sich auf Händen und Knien fortbewegen. **2.** *Käfer krabbeln überall herum.*

Krach, der: **1.** (ohne Mehrzahl): Lärm. **2.** (die Kräche): Streit

kräch|zen: heiser klingende Laute von sich geben: *Die Raben krächzen.*

Kraft, die (die Kräfte): **1.** körperliche Stärke. **2.** *die Kräfte des Wassers*

Kra|gen, der (die Kragen): am Halsausschnitt, z. B. von Hemden oder Jacken, befestigtes Stoffteil: *Mantelkragen*

Kra|gen|bär, der (die Kragenbären): Bärenart

Krä|he, die (die Krähen): Rabenvogel

krä|hen: *Hähne krähen*

Kral|le, die (die Krallen): spitzer, gebogener Zehennagel bei Raubtieren und Greifvögeln

Kran, der (die Kräne): Maschine zum Heben und Versetzen von Lasten

krank (kränker, am kränksten): nicht gesund; eine Krankheit habend

Kran|ken|haus, das (die Krankenhäuser): Ort zur Erkennung und Behandlung von Krankheiten

Kran|ken|schwes|ter, die (die Krankenschwestern): eine Frau, die nach einer speziellen Ausbildung Kranke versorgt

Krank|heit, die (die Krankheiten): Störung im Körper; Unwohlsein

Krank|heits|er|re|ger, der (die Krankheitserreger): Stoff oder Organismus wie z. B. Bakterie oder Virus, der Krankheiten auslöst

Kranz, der (die Kränze): aus Blättern und/oder Blüten gebundener Ring

Kra|ter, der (die Krater): **1.** Öffnung eines Vulkans. **2.** großes Loch im Boden

krat|zen: 1. *Die Katze hat ihn gekratzt.* **2.** jucken. **3.** (sich): sich reiben

Krat|zer, der (die Kratzer): *Er hatte im Gesicht tiefe Kratzer.*

krau|len: 1. *die Katze hinter dem Ohr kraulen.* **2.** in einem bestimmten Stil schwimmen

Krea|tur, die (die Kreaturen): Lebewesen

Krebs, der: **1.** (die Krebse): ein Krustentier. **2.** (ohne Mehrzahl): Sternbild und Tierkreiszeichen. **3.** (die Krebse): schwere Krankheit

Krebs|sche|re, die (die Krebsscheren): Vorderbein eines Krebses, das so ähnlich aussieht wie eine Schere

A B C D E F G H I J K L M N O P Q R S T U V W X Y Z

Kreis, der (die Kreise): **1.** eine runde, geschlossene Form. **2.** Bezirk; Bereich: *Landkreis*

Krem, die (die Krems): ⇨ Creme

Kre|me, die (die Kremes): ⇨ Creme

Kreuz, das (die Kreuze): **1.** Zeichen, bei dem sich zwei Linien im rechten Winkel schneiden. **2.** Farbe beim Kartenspiel. **3.** Körpergegend am unteren Rücken

krie|chen (er kroch, sie ist gekrochen): sich am Boden liegend fortbewegen: *Schnecken kriechen*

Krieg, der (die Kriege): lang andauernder Streit; Kampf, der mit Waffen ausgetragen wird

krie|gen: 1. etwas bekommen; etwas erhalten. **2.** jemanden erwischen: *Sie haben den Dieb gekriegt.*

Kris|tall, das (ohne Mehrzahl): geschliffenes Glas

Kris|tall, der (die Kristalle): *Bergkristall; Eiskristalle*

kroch: ⇨ kriechen

Kro|ko|dil, das (die Krokodile): große, an Land und im Wasser lebende Echse

Kro|kus, der (die Krokusse): früh blühende Gartenblume

Kro|ne, die (die Kronen): **1.** goldener Reif, den z. B. ein König trägt. **2.** *Baumkrone*

Krö|te, die (die Kröten): dem Frosch ähnliches Tier

Krug, der (die Krüge): Gefäß mit Henkel, in das man Flüssigkeiten füllt: *Wasserkrug*

Krü|mel, der (die Krümel): kleines Stückchen Brot oder Kuchen

krumm: schief; nicht gerade

Kü|che, die (die Küchen): Raum, in dem gekocht wird

Ku|chen, der (die Kuchen): süßes Gebäck: *Apfelkuchen*

Ku|ckuck, der (die Kuckucke): Vogel

Ku|gel, die (die Kugeln): **1.** runder Gegenstand. **2.** Patrone; Geschoss: *Kanonenkugel*

Ku|gel|schrei|ber, der (die Kugelschreiber): Schreibgerät

Kuh, die (die Kühe): **1.** weibliches Rind. **2.** Muttertier, z. B. von Hirsch, Elefant, Nashorn

Kuh|dung, der (ohne Mehrzahl): von Kühen und Rindern stammender Dung (als Dünger verwendeter Mist)

kühl: **1.** mehr kalt als warm: *Es weht ein kühler Wind.* **2.** abweisend; wenig freundlich

küh|len: machen, dass etwas kühl wird

Kü|ken, das (die Küken): junges Huhn; Junges von Geflügel

Ku|lis|se, die (die Kulissen): gestalteter Hintergrund auf der Bühne; Teil der Bühnendekoration

Kul|tur|haupt|stadt, die (die Kulturhauptstädte): Stadt in Europa, die für ein Jahr im Mittelpunkt steht, wenn es z. B. um Musik oder Theater geht

Kun|de, der (die Kunden): Käufer

Kun|de, die (die Kunden): Nachricht

Kunst, die (die Künste): **1.** schöpferisches Gestalten. **2.** schöpferisch Gestaltetes. **3.** Geschick; Können

Künst|ler, der (die Künstler): jemand, der z. B. Kunstwerke schafft

Kunst|werk, das (die Kunstwerke): z. B. Gemälde, Zeichnung, Skulptur

Kup|pel, die (die Kuppeln): Dach, das die Form einer halben Kugel hat

Kur|ve, die (die Kurven): Biegung; Krümmung

kurz (kürzer, am kürzesten): **1.** von geringer Abmessung; nicht lang: *ein kurzes Lineal.* **2.** von geringer Dauer: *Sie haben nur einen kurzen Besuch bei Tante Sofie gemacht.*

Ku|si|ne, die (die Kusinen): ⇨ Cousine

Kuss, der (die Küsse): liebevolle Berührung mit den Lippen

Küs|te, die (die Küsten): an das Meer grenzender Streifen des Landes

Kut|sche, die (die Kutschen): Gefährt, das meist von Pferden gezogen wird: *mit der Kutsche fahren*

Kut|te, die (die Kutten): Kleidungsstück der Mönche

kw

Du sprichst ein Wort am Anfang wie *kw* aus, kannst es aber unter *kw* nicht finden. Dann suche auch unter *qu.* Beispiele: *quälen; die Qualle; quer*

L

l: Abkürzung für ⇨ Liter

La|bor, das (die Labors, *auch* die Labore): Raum, Gebäude, in dem wissenschaftliche und technische Untersuchungen und Experimente durchgeführt werden

la|chen: *Sie lachten alle über seinen Witz.*

Lachs Ⓜ, der (die Lachse): Fisch

la|den (er lud, sie hat geladen): **1.** *Kisten in den Kofferraum laden.* **2.** *Batterien laden*

La|den, der (die Läden): **1.** Geschäft. **2.** Vorrichtung zum Verschließen von Fenstern: *Fensterladen*

lag: ⇨ liegen

La|ger, das (die Lager): **1.** Wohn- oder Übernachtungsplatz: *Zeltlager.* **2.** Vorratsraum: *Warenlager.* **3.** Maschinenteil: *Kugellager*

La|ger|feu|er ⊜, das (die Lagerfeuer): offenes Feuer, um das man sich setzen kann

lahm Ⓜ: **1.** gelähmt: *Der alte Mann hat ein lahmes Bein.* **2.** langsam; ohne Schwung

Laib Ⓜ, der (die Laibe): *ein Laib Brot; ein Laib Käse*

La|ko|ta, der (die Lakota): Angehöriger eines Volksstammes nordamerikanischer Indianer

Lam|pe, die (die Lampen): Gerät zur Erzeugung von Licht

Land ➔, das: **1.** (ohne Mehrzahl): Boden: *Ackerland.* **2.** (ohne Mehrzahl): nicht mit Wasser bedeckte Erdoberfläche. **3.** (die Länder): *Deutschland*

lan|den: 1. mit dem Flugzeug oder Schiff ankommen: *Das Flugzeug ist gelandet.* **2.** *Sie hat das Flugzeug sicher gelandet.*

Län|der|kenn|zei|chen ⊜, das (die Länderkennzeichen): Buchstabe oder Verbindung mehrerer Buchstaben als Abkürzung für die Bezeichnung des Landes, z. B. **D** für Deutschland

Land|kar|te ⊜, die (die Landkarten): Karte, auf der Teile der Erdoberfläche dargestellt sind

lang (länger, am längsten):
1. ausgedehnt: *ein langer Weg.* **2.** anhaltend; über eine längere Zeit: *Wir haben lange Sommerferien.*

lang|sam: mit geringer Geschwindigkeit

lang|wei|lig ➔**:** uninteressant; ohne Abwechslung

Lap|pe ☺**,** der (die Lappen): Einwohner von Lappland oder jemand, der von dort stammt

Lap|pen ☺**,** der (die Lappen): Putztuch; ein kleines Stück Stoff

lap|pisch ☺**:** alles, was sich auf Lappland bezieht oder von dort kommt

läp|pisch Ⓜ**:** lächerlich; albern; kindisch

Lapp|land ▦**:** Landschaft ganz im Norden Europas

Lap|top Ⓜ**,** der (die Laptops): kleiner, tragbarer Computer

Lär|che Ⓜ**,** die (die Lärchen): Nadelbaum

Lärm Ⓜ**,** der (ohne Mehrzahl): Geräusche, die als unangenehm und störend empfunden werden

Lar|ve Ⓜ**,** die (die Larven): bei den Tieren, die eine Verwandlung durchmachen (z. B. bei Schmetterlingen), eine vom ausgebildeten Tier stark abweichende Jugendform

las: ⇨ lesen

La|sag|ne Ⓜ**,** die (die Lasagnen): italienisches Nudelgericht

las|sen ☺ (er ließ, sie hat gelassen): **1.** bewirken, dass etwas geschieht: *Die Direktorin lässt ihn rufen.* **2.** erlauben: *Sie ließen die Kinder toben.* **3.** aufhören; Abstand nehmen: *Sie hat das Tennisspielen gelassen.* **4.** (sich): *Der Draht lässt sich leicht biegen.*

La|tein, das: **1.** Sprache der Römer. **2.** Unterrichtsfach in der Schule

La|ter|ne, die (die Laternen): Lampe mit Regen- und Windschutz

Lat|te ☺**,** die (die Latten): schmales, längliches Stück Holz

Latz|ho|se ▦**,** die (die Latzhosen): Hose, an der ein Stück Stoff angesetzt ist, das über der Brust getragen und mit Trägern gehalten wird

Laub ➔**,** das (ohne Mehrzahl): die Blätter von Sträuchern und Bäumen

Laub|baum ▦**,** der (die Laubbäume): Baum, der flächige Blätter trägt

lau|fen (er lief, sie hat/ist gelaufen): **1.** sich schnell vor-

A B C D E F G H I J K L M N O P Q R S T U V W X Y Z

wärtsbewegen. **2.** gehen: *Wir sind einen Umweg gelaufen.* **3.** *Schlittschuh laufen; Ski laufen.* **4.** *Ihr lief die Nase.* **5.** *Im Kino läuft ein neuer Film.* **6.** *Das Radio läuft bei ihnen den ganzen Tag.*

Läu|fer Ⓕ, der (die Läufer): **1.** Sportler: *Marathonläufer.* **2.** schmaler, langer Teppich

Laus, die (die Läuse): flügelloses, blutsaugendes Insekt

laut: 1. geräuschvoll; mit kräftigem Klang. **2.** entsprechend: *Laut Spielanleitung beginnt der jüngste Mitspieler.*

Lau|te, die (die Lauten): ein Zupfinstrument, das so ähnlich aussieht wie eine Gitarre

läu|ten Ⓕ**: 1.** *Die Glocken läuten.* **2.** klingeln: *Es hat geläutet.*

La|va Ⓜ, die (ohne Mehrzahl): Gestein, das bei Ausbruch eines Vulkans ausgestoßen wird

La|wi|ne Ⓜ, die (die Lawinen): große Schnee- oder Eismasse, die den Berg hinabstürzt

Lay|out Ⓜ, das (die Layouts; *auch* das Lay-out, die Lay-outs): Bild- und Textgestaltung einer Seite, z. B. einer Zeitschrift oder eines Buches

le|ben: 1. nicht tot sein. **2.** wohnen: *Er lebt in Frankfurt.* **3.** sich ernähren: *Sie haben nur von Wasser und Brot gelebt.*

le|bens|groß Ⓦ**:** so groß wie in Wirklichkeit

Le|bens|raum Ⓦ, der (die Lebensräume): Raum, Umkreis, in dem sich jemand oder eine Gemeinschaft bewegen und entfalten kann

Leck Ⓜ, das (die Lecks): undichte Stelle: *Das Schiff hat ein Leck.*

le|cker: besonders gut schmeckend

Le|der, das (ohne Mehrzahl): Haut von Tieren, die durch ein bestimmtes Verfahren haltbar gemacht wurde

Le|der|ball Ⓦ, der (die Lederbälle): Ball aus Leder

le|dig|lich Ⓜ**:** nur

leer Ⓜ**:** ohne Inhalt

le|gen: 1. ablegen; abstellen: *Leg das Buch ins Regal.* **2.** *Das Huhn legt ein Ei.* **3.** (sich): *Tom legt sich ins Bett.* **4.** (sich): schwächer werden: *Der Sturm legt sich.*

Le|gen|de, die (die Legenden): **1.** Erzählung über das Leben eines Heiligen. **2.** Zeichenerklärung, z. B. auf Landkarten

Lehm Ⓜ, der (die Lehme): gelblich braune Erde: *Lehmhütte*

Leh|re, die (die Lehren): **1.** Ausbildung für einen bestimmten Beruf. **2.** kluge Regel; Lehrsatz. **3.** Erfahrung, aus der man etwas gelernt hat: *Das war mir eine Lehre.*

Leh|rer, der (die Lehrer): jemand, der anderen etwas beibringt, der unterrichtet

Leib, der (die Leibe): **1.** der ganze Körper. **2.** Bauch

leicht: 1. von geringem Gewicht: *Eine Feder ist leicht.* **2.** einfach: *Der Test war leicht.* **3.** schwach: *ein leichter Wind*

lei|den (er litt, sie hat gelitten): **1.** Schmerzen aushalten; sich quälen. **2.** *an einer Krankheit leiden.* **3.** *Ich kann ihn nicht leiden.*

lei|hen (er lieh, sie hat geliehen): **1.** *Felix leiht Lisa sein Fahrrad.* **2.** *Fritz hat sich von Felix ein Buch geliehen.*

Leim, der (die Leime): Klebstoff

Lei|ne, die (die Leinen): Seil; Schnur; Tau

lei|se: kaum hörbar

lei|ten: 1. führen: *einen Chor leiten.* **2.** hinführen: *Sie lässt sich von ihren Gefühlen leiten.* **3.** *Metall leitet Strom.*

Lei|ter, der (die Leiter): **1.** Führer; Chef. **2.** Stoff, der Wärme, Schall oder elektrischen Strom weiterführt

Lei|ter, die (die Leitern): Gerät zum Auf- und Absteigen

Lek|ti|on, die (die Lektionen): **1.** Übungseinheit; Kapitel in einem Übungsbuch. **2.** Lehre; Belehrung

len|ken: 1. steuern: *ein Auto lenken.* **2.** *den Verdacht auf jemanden lenken*

Len|ker, der (die Lenker): **1.** Lenkrad; Lenkstange. **2.** jemand, der lenkt

Lenk|rad, das (die Lenkräder): Vorrichtung zum Lenken

Leo|pard, der (die Leoparden): Raubkatze

Ler|che, die (die Lerchen): Singvogel

ler|nen: 1. *schwimmen lernen; er lernt ein Gedicht auswendig.* **2.** einen Beruf erlernen

les|bar: 1. gut zu entziffern. **2.** verständlich geschrieben

le|sen (er las, sie hat gelesen): **1.** entziffern: *ein Buch lesen.* **2.** ernten; sammeln: *Trauben lesen*

A B C D E F G H I J K L M N O P Q R S T U V W X Y Z

Le|ser ⊜, der (die Leser): jemand, der liest

le|ser|lich ⊜: sich lesen, sich entziffern lassend

Le|se|stein ⊜, der (die Lesesteine): gewölbte Halbkugel aus geschliffenem Glas, die die Schrift vergrößert wie eine Lupe

Le|sung ⊜, die (die Lesungen): das Vorlesen eines Textes einer Autorin, eines Autors als Veranstaltung

Let|ter, die (die Lettern): **1.** Druckbuchstabe. **2.** Drucktype: *Gutenberg erfand den Buchdruck mit beweglichen Lettern.*

leuch|ten: 1. Licht von sich geben; scheinen: *Der Stern leuchtet hell.* **2.** *Kannst du mir mit der Kerze leuchten?*

Leucht|schrift ⊜, die (die Leuchtschriften): Reklame, Werbung mit beleuchteten Buchstaben

Leu|te, die (Mehrzahl): Gruppe von Menschen: *Was machen denn die vielen Leute hier? Ist etwas passiert?*

Le|xi Ⓜ

Le|xi|kon Ⓜ**,** das (die Lexika, *auch* die Lexiken): nach dem Abc geordnetes Nachschlagewerk

Li|be|ro Ⓜ**,** der (die Liberos): im Fußball Abwehrspieler ohne direkten Gegenspieler

Licht, das: **1.** (ohne Mehrzahl): etwas, was die Umgebung, die Dinge hell, sichtbar macht; Helligkeit: *Das Licht der Sonne blendet mich.* **2.** (die Lichter): Lampe; Leuchte

lich|ten: 1. weniger dicht machen. **2.** (sich): weniger dicht werden: *Der Wald lichtet sich.* **3.** *den Anker lichten*

Lid Ⓜ**,** das (die Lider): Augenlid

lieb ➔**: 1.** herzlich; freundlich: Tine *ist ein liebes Mädchen.* **2.** geliebt; geschätzt: *Liebe Oma!*

Lie|be, die (ohne Mehrzahl): starkes Gefühl der Zuneigung

lie|ben: 1. eine große Zuneigung für jemanden, etwas empfinden. **2.** gern haben, tun, mögen: *Sie liebt Schokoladenpudding.*

Lieb|ling ⊜, der (die Lieblinge): jemand, der von jemandem bevorzugt wird: *Er war Muttis Liebling.*

Lieb|lings|buch ⊜, das (die Lieblingsbücher): ein Buch, das man besonders gern mag

Lieb|lings|fach ⊜, das (die Lieblingsfächer): ein Unterrichtsfach, das man besonders gern mag

Lied ⊖, das (die Lieder): auf eine Melodie gesungenes Gedicht, gesungener Text

lief: ⇨ laufen

Lie|ge, die (die Liegen): Möbelstück, auf das man sich legen und auf dem man sich ausruhen kann

lie|gen (er lag, sie hat/ist gelegen): **1.** *Sie liegt auf dem Bett und schläft.* **2.** *Auf den Bergen hat Schnee gelegen.* **3.** *Frankfurt liegt am Main.* **4.** *Sport liegt mir* (fällt mir leicht).

lieh: ⇨ leihen

ließ: ⇨ lassen

Li|ne|al Ⓜ, das (die Lineale): Gerät zum Zeichnen gerader Linien

Li|nie Ⓜ, die (die Linien): **1.** Strich. **2.** regelmäßige Verbindung bei Bussen oder Bahnen: *Der Bus der Linie 1 fährt zum Bahnhof.*

li|niert Ⓜ: mit Linien: *liniertes Papier*

links: auf der linken Seite

Lin|se, die (die Linsen): **1.** Hülsenfrucht. **2.** innerer Teil des Auges. **3.** aus durchsichtigem Material (Glas, Kunststoff) bestehender gewölbter Körper

Lip|pe ☺, die (die Lippen): Teil des Mundes

lis|peln: beim Sprechen mit der Zunge an den Vorderzähnen anstoßen

List, die (die Listen): Trick; Kniff

Lis|te, die (die Listen): Aufstellung; Verzeichnis; Tabelle

lis|tig ⊜: schlau; gewitzt

Li|ter Ⓜ, der (*auch* das Liter; die Liter): $\frac{1}{2}$ *Liter Milch abmessen*

litt: ⇨ leiden

lo|ben: *Der Lehrer lobte die Klasse, weil sie so leise gewesen war.*

Loch, das (die Löcher): Öffnung; Vertiefung: *Theo hat schon wieder ein Loch im Strumpf.*

Lodge Ⓜ, die (die Lodges): Anlage mit Ferienhäusern; Ferienhotel

Löf|fel ☺, der (die Löffel): **1.** Teil des Bestecks. **2.** Ohren von Hasen und Kaninchen

log: ⇨ lügen

Lohn Ⓜ, der: **1.** (die Löhne): Bezahlung für getane Arbeit. **2.** (ohne Mehrzahl): Belohnung

Lok Ⓜ, die (die Loks): Kurzform für ⇨ Lokomotive

Lok|füh|rer ⊜, der (die Lokführer): jemand, der eine Lokomotive bedient und führt

Lo|ko|mo|ti|ve Ⓜ, die (die Lokomotiven): Fahrzeug auf Schienen zum Ziehen von Eisenbahnwagen

los: **1.** abgetrennt; nicht mehr fest: *Der Knopf ist los.* **2.** schnell!: *Los, beeil dich.*

Los, das: **1.** (die Lose): *Das Los entscheidet, wer anfängt. Das Los mit der Nummer 2 gewinnt.* **2.** (ohne Mehrzahl): Schicksal; Bestimmung

lö|schen: **1.** machen, dass etwas zu brennen aufhört. **2.** Licht ausschalten. **3.** etwas wegwischen, entfernen: *eine Datei löschen*

lö|sen: **1.** *einen Knoten lösen.* **2.** *ein Rätsel lösen.* **3.** zergehen lassen: *Zucker in Wasser lösen.* **4.** *eine Fahrkarte lösen.* **5.** (sich): *Eine Lawine löst sich.* **6.** (sich): versehentlich losgehen: *Ein Schuss löst sich.*

los|flie|gen ⊜ (er flog los, sie ist losgeflogen): abfliegen: *Das Flugzeug flog früher los.*

los|ge|flo|gen: ⇨ losfliegen

los|las|sen ⊜ (er ließ los, sie hat losgelassen): nicht mehr festhalten: *Er hat den Hund von der Kette losgelassen.*

Lö|sung ⊜, die (die Lösungen): **1.** Ergebnis des Nachdenkens; Ergebnis. **2.** Flüssigkeit, in der lösliche Stoffe (z. B. Zucker) aufgelöst worden sind

Lot|se Ⓜ, der (die Lotsen): jemand, der den Weg weist

Löwe, der: **1.** (die Löwen): Raubkatze. **2.** (ohne Mehrzahl): Sternbild und Tierkreiszeichen

Lücke, die (die Lücken): Stelle, an der etwas fehlt

lud: ⇨ laden

Luft, die (ohne Mehrzahl): das, was Menschen und Tiere zum Atmen und zum Leben brauchen

Luftballon, der (die Luftballons, *auch* die Luftballone): mit Luft oder Gas gefüllter dünner Ball: *einen Luftballon steigen lassen*

Lüge, die: (die Lügen): Unwahres: *Er tischt eine faustdicke Lüge auf.*

lügen (er log, sie hat gelogen): bewusst nicht die Wahrheit sagen

Lunge, die (die Lungen): Organ, mit dem Menschen und viele Tiere atmen

Lupe, die (die Lupen): Vergrößerungsglas

Lust, die (ohne Mehrzahl): Begeisterung; Freude; Spaß

lustig: fröhlich; spaßig; zum Lachen

M

m: Abkürzung für ⇨ Meter

machen: 1. *einen Knoten machen; Kaffee machen; Hausaufgaben machen; einen Spaziergang machen.* **2.** tun: *Was machst du gerade?* **3.** (sich): mit etwas beginnen: *Sie macht sich gleich an ihre Hausaufgaben.*

mächtig: 1. *ein mächtiger Herrscher.* **2.** *ein mächtiger Berg.* **3.** sehr: *Sie hat sich mächtig angestrengt.*

Mädchen, das (die Mädchen): weibliches Kind

Made, die (die Maden): Bezeichnung für die Larve mancher Insekten (z. B. Käfer, Fliegen)

Magd, die (die Mägde): **1.** Dienerin. **2.** Helferin auf dem Bauernhof

Magen, der (die Mägen, *auch* die Magen): Verdauungsorgan

mager: 1. dünn. **2.** *ein mageres Stück Fleisch.* **3.** knapp: *Die Ernte war mager.*

Magie, die (ohne Mehrzahl): **1.** Zauberkunst. **2.** geheimnisvoll wirkende Kraft: *die Magie der Worte*

A B C D E F G H I J K L M N O P Q R S T U V W X Y Z

Ma|gier Ⓜ**,** der (die Magier): **1.** Zauberer. **2.** Zauberkünstler

Mag|net Ⓜ**,** der (die Magnete, *auch* die Magneten): Eisen- oder Stahlstück, das z. B. Eisen anzieht

mä|hen Ⓜ**:** Gras oder Getreide abschneiden

Mahl Ⓜ**,** das (die Mähler, *auch* die Mahle): Mittagessen; Abendessen

mah|len Ⓜ**:** fein zerkleinern, zerreiben: *Getreide wird zu Mehl gemahlen.*

Mäh|ne Ⓜ**,** die (die Mähnen): verstärkter Haarwuchs an Kopf, Hals und Schultern: *Löwenmähne*

Mai Ⓜ**,** der: fünfter Monat im Jahr

Mais Ⓜ**,** der (die Maise): Getreide(pflanze)

Ma|jes|tät Ⓜ**,** die (die Majestäten): Titel von Kaisern und Königen

Ma|jo|nä|se, die (die Majonäsen): ⇨ Mayonnaise

mal: 1. multipliziert: *3 mal 2 ist 6.* **2.** Kurzform für einmal; irgendwann: *Wir können uns mal wieder treffen.*

Mal, das (die Male): **1.** Fleck, besonders auf der Haut: *Muttermal.* **2.** Zeitpunkt eines sich wiederholenden Geschehens: *dieses Mal; das nächste Mal*

ma|len: mit Farbe (ein Bild) erstellen; etwas mit Farbe darstellen: *Peter malt mit Wasserfarben ein Haus.*

Ma|ler, der (die Maler): **1.** Künstler, der Bilder malt. **2.** Handwerker, der z. B. Wände streicht

Ma|ma Ⓜ**,** die (die Mamas): Mutter

Mam|mut ☺**,** das (die Mammute, *auch* die Mammuts): ausgestorbene Elefantenart

man: *Auf ihn kann man sich verlassen. Mit ihr kann man Pferde stehlen.*

man|che: einige; ein paar; mehrere unter anderen: *Manche Menschen singen gern.*

manch|mal: ab und zu; öfter, aber nicht regelmäßig

Man|da|ri|ne, die (die Mandarinen): kleine Zitrusfrucht

Man|del, die (die Mandeln): **1.** Frucht des Mandelbaums. **2.** knotenähnliches Organ im Hals: *Mandelentzündung*

Mann, der (die Männer): **1.** erwachsene männliche Person. **2.** Ehemann

man|nig|fal|tig: vielfältig

männ|lich: **1.** *eine tiefe männliche Stimme.* **2.** *der männliche Artikel „der"*

Mann|schaft, die (die Mannschaften): **1.** mehrere Sportler, die gemeinsam einen Wettkampf bestreiten. **2.** Besatzung von Flugzeugen und Schiffen

Man|tel, der (die Mäntel): **1.** Kleidungsstück zum Schutz vor Kälte und Regen. **2.** *ein Reifen mit Schlauch und Mantel*

Map|pe, die (die Mappen): **1.** Tasche. **2.** Hefter; Ordner

Ma|ra|thon, der (die Marathons): Langstreckenlauf

Mär|chen, das (die Märchen): **1.** Geschichte, die häufig von wunderbaren Dingen und Gestalten erzählt. **2.** als Ausrede erfundene Geschichte: *Erzähl doch keine Märchen!*

Mär|chen|buch, das (die Märchenbücher): Buch, in dem Märchen gesammelt sind

Mar|ga|ri|ne, die (ohne Mehrzahl): pflanzlicher Brotaufstrich

Ma|rio|net|te, die (die Marionetten): an Fäden oder Drähten aufgehängte Gliederpuppe zum Theaterspielen

Mark, das (ohne Mehrzahl): inneres Gewebe bei Pflanzen, Tieren und Menschen, das meist weich ist: *Knochenmark*

Mark, die (ohne Mehrzahl): alte deutsche Währung

Mar|ke, die (die Marken): **1.** *Von welcher Marke sind deine Schuhe?* **2.** Wertzeichen; Münze: *Essenmarke; Hundemarke.* **3.** Zeichen als Messpunkt: *Hochwassermarke*

mar|kie|ren: kennzeichnen; hervorheben; anstreichen

Markt, der (die Märkte): **1.** Marktplatz. **2.** Kauf und Verkauf von Waren: *Heute ist Markt!*

A B C D E F G H I J K L M N O P Q R S T U V W X Y Z

Marmelade, die (die Marmeladen): süßer Brotaufstrich

Mars, der (ohne Mehrzahl): **1.** Name eines römischen Gottes. **2.** Planet

marschieren: 1. schnell und mit großen Schritten gehen. **2.** im Gleichschritt gehen

März Ⓜ**,** der: dritter Monat im Jahr

Masche, die (die Maschen): Schlaufe, die z. B. beim Stricken oder Häkeln entsteht

Maschine Ⓜ**,** die (die Maschinen): **1.** Vorrichtung, die etwas selbsttätig ausführt. **2.** Kurzform, z. B. für Motorrad, Flugzeug, Schreibmaschine

Maske, die (die Masken): **1.** etwas, das man vor dem Gesicht trägt, um nicht erkannt zu werden. **2.** *Atemmaske.* **3.** Verkleidung und Geschminktsein eines Schauspielers

Maskottchen Ⓜ**,** das (die Maskottchen): Glücksbringer

maß: ⇨ messen

Maß, das (die Maße): **1.** Einheit, mit der die Größe oder Menge von etwas gemessen wird: *Metermaß.* **2.** Abmessung; Größe: *die Maße des Zimmers*

mäßig ♀**: 1.** maßvoll. **2.** höchstens durchschnittlich; nicht besonders: *ein mäßiger Schüler*

Mast, der (die Maste, *auch* die Masten): hohe Stange; hoher Pfahl: *Leitungsmast*

Mast, die (die Masten): Tiere reichlich mit Futter versorgen, damit sie schnell an Gewicht zunehmen und geschlachtet werden können

Material Ⓜ**,** das (die Materialien): **1.** Rohstoff; Werkstoff: *Aus welchem Material besteht der Tisch?* **2.** Arbeitsmittel; Hilfsmittel: *Büromaterial*

Matratze ☺**,** die (die Matratzen): **1.** weiche, dicke Unterlage, die meist in Betten liegt. **2.** *Luftmatratze*

Matrose, der (die Matrosen): Seemann

Matsch, der (ohne Mehrzahl): **1.** feuchter Schmutz; Schlamm: *Schneematsch.* **2.** weiche Masse; Brei: *Die Erdbeeren sind Matsch.*

Matte ☺**,** die (die Matten): weiche Unterlage: *Turnmatte*

Mauer, die (die Mauern): Wand aus Steinen

Maul, das (die Mäuler): Mundöffnung bei Tieren: *Fischmaul*

Maus, die (die Mäuse): **1.** Nagetier. **2.** kleines Gerät zum Bedienen des Computers: *mit der Maus anklicken*

Ma|yon|nai|se, die (die Mayonnaisen; *auch* die Majonäse, die Majonäsen): kalte, dickflüssige Soße aus Eigelb und Öl

me|ckern: 1. *Die Ziege meckert.* **2.** sich beklagen; murren

Me|dail|le, die (die Medaillen): Auszeichnung; Gedenkmünze

Me|di|en, die (Mehrzahl): ⇨ Medium

Me|di|um, das (meist Mehrzahl: die Medien): z. B. Zeitung, Rundfunk, Fernsehen

Me|di|zin, die: **1.** (ohne Mehrzahl): Wissenschaft von Krankheiten und ihrer möglichen Heilung. **2.** (die Medizinen): Arznei

Me|di|zin|ball, der (die Medizinbälle): großer, schwerer Ball

Meer, das (die Meere): große zusammenhängende Wassermasse; Ozean

Meer|schwein|chen, das (die Meerschweinchen): Nagetier

Mehl, das (die Mehle): meist sehr fein gemahlene Getreidekörner

mehr: ⇨ viel

Mehr|heit, die: **1.** (ohne Mehrzahl): der größere Teil einer bestimmten Anzahl von Personen. **2.** (die Mehrheiten): bei einer Wahl der größere Teil der abgegebenen Stimmen

mein, mei|ne, mei|ner: *mein Pullover; meine Freunde*

mei|nen: denken; glauben; vermuten

mei|nes|glei|chen: jemand, der so ist wie ich

Mei|nung, die (die Meinungen): das, was jemand meint

meis|ten (am): ⇨ viel

meis|tens: fast immer; sehr oft

Meis|ter, der (die Meister): **1.** Handwerker, der andere ausbilden darf. **2.** großer Künstler

mel|den: 1. *einen Unfall bei der Polizei melden.* **2.** (sich): sich zur Verfügung stellen. **3.** (sich): Nachricht geben

Me|lo|die, die (die Melodien): *Das Lied hat eine einfache Melodie.*

Men|ge, die (die Mengen): **1.** Anzahl; Fülle. **2.** Menschenansammlung: *Menschenmenge*

Mensch, der (die Menschen): Lebewesen

Me|nü, das (die Menüs): **1.** Essen mit mehreren Gängen (z. B. Vorspeise, Hauptgericht, Nachtisch). **2.** auf dem Bildschirm des Computers angebotene Programmauswahl

mer|ken: 1. erkennen; bemerken; feststellen. **2.** (sich): im

A B C D E F G H I J K L **M** N O P Q R S T U V W X Y Z

Gedächtnis behalten: *Ich kann mir den Text nicht merken.*

Mer|kur, der (ohne Mehrzahl): **1.** Name eines römischen Gottes. **2.** Planet

mes|sen (er maß, sie hat gemessen): eine Größe (Länge, Gewicht, Zeit) ermitteln

Mes|ser, das (die Messer): Schneidewerkzeug; Teil des Bestecks

Me|tall, das (die Metalle): chemisches Element, das sich durch Glanz, Undurchsichtigkeit und gute Leitfähigkeit auszeichnet

Me|ter, der (*auch* das Meter; die Meter): *Der Turm ist 10 Meter hoch.*

Meu|te, die (die Meuten): **1.** Gruppe von Jagdhunden. **2.** eine Gruppe Menschen

Meu|te|rei, die (die Meutereien): Aufstand: *Auf dem Schiff gab es eine Meuterei.*

mi|au|en: *Katzen miauen*

mich: *Ich sehe mich im Spiegel.*

Mie|ne, die (die Mienen): Gesichtsausdruck

Mie|te, die (die Mieten): *die Miete für die Wohnung bezahlen*

mie|ten: man darf etwas benutzen (z. B. Auto), muss dafür aber Geld bezahlen

Mi|kro|fon Ⓜ, das (die Mikrofone; *auch* das Mikrophon, die Mikrophone): Gerät, durch das Töne lauter wiedergegeben werden

Mi|kro|phon, das (die Mikrophone): ⇨ Mikrofon

Mi|kro|skop Ⓜ, das (die Mikroskope): Gerät zur Vergrößerung sehr kleiner Dinge

Milch, die (ohne Mehrzahl): z. B. von Kühen stammende Flüssigkeit: *ein Glas Milch trinken*

Milch|stra|ße, die (ohne Mehrzahl): heller Streifen am Nachthimmel, der aus sehr vielen Sternen besteht

mild: ⇨ milde

mil|de: gemäßigt; gedämpft; angenehm; schwach: *mildes Licht; milde Temperaturen*

Mi|li|tär Ⓜ, das (ohne Mehrzahl): Armee; Soldaten

Mil|li|li|ter Ⓜ, der (die Milliliter): ein tausendstel Liter

Mil|li|on Ⓜ, die (die Millionen): Zahl; 1 000 000

Mi|mik Ⓜ, die (ohne Mehrzahl): Gesichtsausdruck

Mi|na|rett, das (die Minarette): Gebetsturm einer Moschee

min|des|tens: mehr als; wenigstens

Mi|ne Ⓜ**,** die (die Minen): **1.** Bergwerk; unterirdischer Gang. **2.** Sprengkörper. **3.** dünnes Stäbchen in einem Schreibstift

Mi|ne|ral Ⓜ**,** das (die Mineralien): Stoff aus der Erdkruste

Mi|ne|ral|stoff, der (die Mineralstoffe): lebensnotwendiger Nährstoff, den wir in geringen Mengen, z. B. über die Nahrung, zu uns nehmen

Mi|nu|te Ⓜ**,** die (die Minuten): Zeitspanne von 60 Sekunden

mir Ⓜ**:** *Das Buch gehört mir. Ich kämme mir die Haare.*

mi|schen: durcheinandermengen; mixen

Mis|se|tat, die (die Missetaten): böse Tat; Verbrechen

Miss|ge|schick, das (die Missgeschicke): Panne; ärgerlicher Vorfall

miss|güns|tig: neidisch; eifersüchtig; wenn man jemand anders etwas nicht gönnt

Mist, der (ohne Mehrzahl): **1.** Streu, die mit Ausscheidungen von Stalltieren vermischt ist und als Düngemittel genutzt wird. **2.** etwas, das als schlecht, wertlos und unnütz angesehen wird

mit: 1. *Ich gehe mit Daniel zum Schwimmen.* **2.** *Den Nagel mit einem Hammer in die Wand schlagen.* **3.** *Das hast du mit Absicht getan.* **4.** *ein Glas mit Milch*

mit|brin|gen (er brachte mit, sie hat mitgebracht): *Rotkäppchen brachte der Großmutter Kuchen mit.*

mit|ei|nan|der: gemeinsam; zusammen: *Die Freunde gingen miteinander nach Hause.*

mit|ge|bracht: ⇨ mitbringen

Mit|glied, das (die Mitglieder): jemand, der einer Gemeinschaft angehört: *Er war Mitglied in drei Vereinen.*

Mit|leid, das (ohne Mehrzahl): starke Anteilnahme an der Not anderer: *Mitleid empfinden*

Mit|schü|ler, der (die Mitschüler): Schüler, der die gleiche Klasse, die gleiche Schule besucht

mit|spie|len: bei einem Spiel, beim Spielen mitmachen

Mit|tag, der (die Mittage): Zeit um 12 Uhr herum

mit|tags: regelmäßig, immer am Mittag

Mit|tags|schlaf, der (ohne Mehrzahl): kurzer Schlaf nach dem Mittagessen

Mit|te ㋡, die (die Mitten): Punkt oder Teil von etwas, der von allen Enden und Begrenzungen gleich weit entfernt ist: *in der Mitte der Straße; in der Mitte des Monats*

Mit|tei|lung ㊀, die (die Mitteilungen): Bekanntgabe; Meldung; Nachricht

Mit|tel|al|ter ㊀, das (ohne Mehrzahl): Zeitraum zwischen der Antike und der Neuzeit

Mit|tel|stadt ㊀, die (die Mittelstädte): Stadt, die zwischen 20 000 und 100 000 Einwohner hat

Mit|ter|nacht ㊀, die (ohne Mehrzahl): zwölf Uhr nachts

mitt|ler|wei|le Ⓜ: in der Zwischenzeit; im Laufe der Zeit; inzwischen

Mitt|som|mer Ⓜ, der (die Mittsommer): Zeit der Sommersonnenwende (wenn die Sonne während ihres jährlichen Laufs ihren höchsten Stand erreicht)

Mitt|woch Ⓜ, der (die Mittwoche): Wochentag; ➪ Merkkasten Dienstag auf Seite 53

mi|xen Ⓜ: vermischen; durch Mischen zubereiten

Mi|xer Ⓜ, der (die Mixer): elektrisches Gerät zum Zerkleinern und Vermischen

ml: Abkürzung für ➪ Milliliter

Mö|bel, das (meist Mehrzahl: die Möbel): Einrichtungsgegenstand, z. B. Tisch, Schrank: *Sie haben neue Möbel für das Kinderzimmer gekauft.*

moch|te: ➪ mögen

Mo|de, die (die Moden): **1.** allgemein bevorzugte Art, sich zu einer bestimmten Zeit zu kleiden und zu frisieren. **2.** zu einer bestimmten Zeit vorherrschender Geschmack

Mo|dell ㋡, das (die Modelle): Muster; Entwurf; Vorlage: *Wir bauen ein Modell des Flugzeugs.*

Mo|de|trend Ⓜ, der (die Modetrends): neueste Entwicklung in der Mode

Mo|dul, das (die Module): austauschbares Element eines Systems, eines Gerätes oder einer Maschine

mö|gen (er mochte, sie hat gemocht): **1.** *Früher habe ich keinen Spinat gemocht. Er möchte ein Skateboard zum Geburtstag.* **2.** *Ich möchte, dass du endlich aufpasst!*

mög|lich Ⓜ: denkbar; machbar; infrage kommend

Mög|lich|keit ㊀, die (die Möglichkeiten): **1.** Gelegenheit;

Chance. **2.** etwas Mögliches: *Es gibt nur eine Möglichkeit, die Aufgabe zu lösen.*

mög|lichst Ⓜ**: 1.** wenn möglich. **2.** so, wie es sich ermöglichen lässt; nach Möglichkeit: *Ich suche einen möglichst großen Briefumschlag.*

Mohn Ⓜ**,** der (die Mohne): **1.** Pflanze: *Klatschmohn.* **2.** Samen des Mohns: *Mohnbrötchen*

Möh|re Ⓜ**,** die (die Möhren): Pflanze mit roter bis gelber Wurzel, die als Gemüse verwendet wird; Karotte; Gelbe Rübe: *Möhren raspeln*

Mohr|rü|be Ⓜ**,** die (die Mohrrüben): ⇨ Möhre

Mo|ment, der (die Momente): **1.** sehr kurzer Zeitraum; Augenblick: *Es dauert nur noch einen Moment.* **2.** Zeitpunkt: *Im Moment bin ich sehr beschäftigt.*

Mo|nat, der (die Monate): Zeitraum von meist 30 oder 31 Tagen: *der Monat März*

Mönch, der (die Mönche): männlicher Angehöriger eines Ordens; Ordensmann

Mond ➔**,** der: **1.** (ohne Mehrzahl): Himmelskörper, der die Erde umkreist. **2.** (die Monde): Himmelskörper, der einen Planeten umkreist: *die Monde des Jupiters*

Mond|pha|se Ⓜ**,** die (die Mondphasen): wechselnde Erscheinungsform des Mondes (z. B. Neumond, Vollmond)

Mo|ni|tor Ⓜ**,** der (die Monitore): Bildschirm

Mon|tag ➔**,** der (die Montage): Wochentag; ⇨ Merkkasten Dienstag auf Seite 53

Moor Ⓜ**,** das (die Moore): sumpfähnliches Gelände mit einem Boden aus unvollständig zersetzten Pflanzen

Moos Ⓜ**,** das (die Moose): Polster aus kleinen, immergrünen Pflanzen

Mord ➔**,** der (die Morde): Verbrechen, bei dem ein Mensch mit Absicht getötet wird

Mör|der, der (die Mörder): jemand, der einen Mord begeht

A B C D E F G H I J K L M N O P Q R S T U V W X Y Z

A B C D E F G H I J K L M N O P Q R S T U V W X Y Z

mor|gen: an dem Tag, der dem heutigen Tag unmittelbar folgt; am nächsten Tag: *morgen früh; morgen Mittag; morgen Abend; morgen ist schulfrei.*

Mor|gen, der (die Morgen): Tageszeit um das Hellwerden nach der Nacht; Beginn des Tages: *Guten Morgen! Heute Morgen sind wir früh aufgestanden.*

Mor|gen|grau|en ⊜, das (ohne Mehrzahl): Tagesanbruch: *Wir brachen im Morgengrauen zur Wanderung auf.*

Mor|gen|rö|te ⊜, die (ohne Mehrzahl): rote bzw. rötliche Färbung des Himmels bei Sonnenaufgang

mor|gens: regelmäßig, immer am Morgen

Mo|sa|ik, das (die Mosaiken, *auch* die Mosaike): aus kleinen bunten Steinen oder Glasstücken zusammengesetztes Bild

Mo|schee Ⓜ, die (die Moscheen): islamisches Gotteshaus

Mos|lem, der (die Moslems; *auch* der Muslim, die Muslime, *auch* die Muslims): Anhänger des Islams

mos|le|misch (*auch* muslimisch): alles, was sich auf die Moslems, ihren Glauben und ihren Herrschaftsbereich bezieht

Mo|tor, der (die Motoren): Maschine, die Kraft erzeugt und etwas in Bewegung setzt: *Unser altes Auto braucht einen neuen Motor.*

Moun|tain|bike Ⓜ, das (die Mountainbikes; *auch* das Mountain-Bike, die Mountain-Bikes): Fahrrad, mit dem man in unebenem Gelände fahren kann

Mö|we, die (die Möwen): Vogel, der auch am Meer lebt

Mü|cke ☺, die (die Mücken): fliegendes Insekt

mü|de: *Das Kind war so müde, dass es sofort einschlief.*

Mü|he Ⓜ, die (die Mühen): Anstrengung; Bemühung: *Sie hat sich viel Mühe gegeben.*

Müh|le Ⓜ, die: **1.** (die Mühlen): *Kaffeemühle; Pfeffermühle.* **2.** (die Mühlen): Haus mit einer Anlage, die z. B. Getreide mahlt. **3.** (ohne Mehrzahl): Brettspiel: *Mühle spielen*

Müll Ⓜ, der (ohne Mehrzahl): fester Abfall, der gesammelt wird

Mül|ler ☺, der (die Müller): Handwerker, der in einer Mühle aus Getreide Mehl herstellt

Mund, der (die Münder): *Mit vollem Mund spricht man nicht.*

Mund|har|mo|ni|ka, die (die Mundharmonikas, *auch* die Mundharmoniken): Musikinstrument

münd|lich: gesprochen

mun|ter: 1. wach; ausgeschlafen: *Wir waren früh munter.* **2.** fröhlich; gut gelaunt

Mün|ze, die (die Münzen): Geldstück aus Metall

Münz|stät|te, die (die Münzstätten): Ort, an dem Münzen geprägt werden; Werkstatt, in der Münzen geprägt werden

Mur|mel, die (die Murmeln): kleine Glaskugel: *Wir spielen Murmeln.*

mür|risch: schlechte Laune, Unzufriedenheit erkennen lassend: *Sie macht ein mürrisches Gesicht.*

Mu|schel, die (die Muscheln): im Wasser lebendes Weichtier, das von einer Schale geschützt wird

Mu|schel|ket|te, die (die Muschelketten): Kette aus Muschelschalen

Mu|se|um, das (die Museen): Ort, wo z. B. Gemälde ausgestellt werden: *Am Sonntag gehen wir ins Museum.*

Mu|si|cal, das (die Musicals): Musiktheater, bei dem oft auch getanzt wird

Mu|sik, die: **1.** (die Musiken): *Musik hören.* **2.** (ohne Mehrzahl): *Sie steht auf Popmusik. Er mag lieber klassische Musik.*

Mus|kel, der (die Muskeln): *Nach dem Sport schmerzten meine Muskeln.*

Mus|lim, der (die Muslime, *auch* die Muslims; *auch* der Moslem, die Moslems): Anhänger des Islams

mus|li|misch (*auch* moslemisch): alles, was sich auf die Muslime, ihren Glauben und ihren Herrschaftsbereich bezieht

müs|sen (er musste, sie hat gemusst): **1.** *Wir müssen um 8 Uhr in der Schule sein.* **2.** *So muss der Unfall passiert sein.* **3.** *Gestern musste ich zum Direktor.*

muss|te: ⇨ müssen

Mut, der (ohne Mehrzahl): Furchtlosigkeit; Tapferkeit

mu|tig: furchtlos; tapfer

Mut|ter, die: **1.** (die Mütter): Frau, die mindestens ein Kind geboren hat. **2.** (die Muttern): Gegenstück zu einer Schraube: *die Schraubenmutter fest anziehen*

Mut|ter|spra|che, die (die Muttersprachen): Sprache, die ein Mensch als Kind (von den Eltern) lernt

Müt|ze, die (die Mützen): Kopfbedeckung

N

Na|bel, der (die Nabel): kleine runde Vertiefung in der Mitte des Bauches

nach: 1. *Wir müssen jetzt nach Hause gehen.* **2.** *Nach der Schule gehe ich spielen.* **3.** *Du kommst gleich nach Paul dran.*

nach-

Der Wortbaustein *nach-* kommt in vielen Wörtern vor, z. B. in *nachdenken, Nachname, nachmittags.*

Nach|bar, der (die Nachbarn): **1.** jemand, der nebenan wohnt, in der Wohnung, im Haus, das neben dem eigenen steht. **2.** jemand, der neben einem sitzt, liegt oder steht

nach Chris|tus: *Wir leben im Jahr 2007 nach Christus.*

nach|dem: 1. *Nachdem wir gegessen hatten, spülten wir das Geschirr.* **2.** *Nachdem wir unseren Text auswendig konnten, waren wir vor dem Auftritt bei der Schulfeier nicht mehr so nervös.*

nach|den|ken (er dachte nach, sie hat nachgedacht): sich mit einem Gedanken, einem Einfall gründlich beschäftigen; sehr gut überlegen

nach|ge|ben (er gab nach, sie hat nachgegeben): **1.** zurückstecken: *Es gab einen großen Streit. Susanne gab schließlich nach.* **2.** *Die Turnmatte gibt nach.*

nach|ge|dacht: ⇨ nachdenken

nach|her: später

Nach|mit|tag, der (die Nachmittage): Zeit vom Mittag bis zum Beginn des Abends

nach|mit|tags: regelmäßig, immer am Nachmittag

Nach|na|me, der (die Nachnamen): Familienname: *Peter heißt mit Nachnamen Meier.*

A B C D E F G H I J K L M N O P Q R S T U V W X Y Z

Nach|richt, die (die Nachrichten): **1.** Mitteilung: *Das sind aber gute Nachrichten.* **2.** (nur Mehrzahl): Sendung im Fernsehen: *Wir schauen noch die Abendnachrichten an.*

nach|schla|gen (er schlug nach, sie hat nachgeschlagen): *Kirsten schlug das Wort im Wörterbuch nach.*

näch|s|te, näch|s|ter, näch|s|tes Ⓜ: **1.** *Wir singen die nächste Strophe des Liedes.* **2.** *Nächste Woche sind Schulferien.*

näch|s|ten (am): ⇨ nahe

Nacht, die (die Nächte): Zeitraum von Sonnenuntergang bis Sonnenaufgang

nachts: regelmäßig, immer in der Nacht

nackt Ⓜ: nicht bekleidet; ganz ohne Kleider

Na|del, die (die Nadeln): **1.** langer, dünner und meist spitzer Gegenstand: *Nähnadel.* **2.** beweglicher Zeiger eines Messinstruments: *Kompassnadel.* **3.** *Tannennadel*

Na|gel, der (die Nägel): **1.** *einen Nagel in die Wand schlagen.* **2.** *Fingernagel; Zehennagel*

na|gen: *Der Hund nagt an seinem Knochen.*

nah: ⇨ nahe

na|he Ⓜ (näher, am nächsten): **1.** nicht weit entfernt. **2.** bald

Nä|he, die (ohne Mehrzahl): geringe räumliche oder zeitliche Entfernung: *Die Schule ist ganz in der Nähe.*

nä|hen Ⓜ: mithilfe von Nadel und Faden etwas verbinden: *Sie nähen ein Kleid mit der Hand.*

nä|her: ⇨ nahe

nä|hern (sich): **1.** sich auf jemanden oder etwas zubewegen. **2.** *Wir nähern uns dem Ende der Schulstunde.*

nahm: ⇨ nehmen

Nah|rung Ⓜ, die (die Nahrungen): Essen und Trinken

Na|me, der (die Namen): *Mein Name ist Tilo.*

näm|lich Ⓜ: **1.** *Ich habe die Aufgaben nicht, ich war nämlich krank.* **2.** *Ich gehe einmal die Woche zum Judotraining, nämlich am Montag.*

nann|te: ⇨ nennen

Napf, der (die Näpfe): kleine, flache Schüssel: *Er stellt dem Hund einen Napf mit Futter hin.*

Na|se, die (die Nasen): Geruchsorgan: *Ich muss mir die Nase putzen.*

Na|sen|bär, der (die Nasenbären): kleine Bärenart

A B C D E F G H I J K L M N O P Q R S T U V W X Y Z

A B C D E F G H I J K L M N O P Q R S T U V W X Y Z

nass (nasser, am nassesten; *auch* nässer, am nässesten): *Du musst deine nassen Haare noch trocken reiben. Er ist in den Regen gekommen und ganz nass geworden.*

Na|tur, die: **1.** (ohne Mehrzahl): Umwelt: *Er beobachtet Tiere in der freien Natur.* **2.** (die Naturen): Wesen; Charakter: *Sie ist von Natur aus neugierig.*

na|tür|lich: **1.** *Wir benutzen nur natürliche Rohstoffe.* **2.** *Jana hat eine natürliche Begabung für das Ballett.* **3.** *Tom verhielt sich ganz natürlich.* **4.** *Es ist ganz natürlich, dass du jetzt traurig bist.* **5.** *Natürlich kommen wir morgen bei dir vorbei.*

n. Chr.: Abkürzung für ⇨ nach Christus

Ne|bel, der (die Nebel): dichter weißer Dunst: *Es herrscht oft Nebel im November.*

ne|ben: 1. unmittelbar an der Seite von; dicht bei: *Sie sitzt neben ihrer Freundin. Er stellt den Stuhl neben das Fenster.* **2.** *Neben der Schere brauchen wir auch Klebstoff.*

ne|ben|ei|nan|der: eine, einer, eines neben dem anderen, der anderen: *Die Kinder stellen sich nebeneinander hin. Die Kinder legen all ihre Bilder nebeneinander.*

Nef|fe, der (die Neffen): Sohn von Schwester oder Bruder

neh|men (er nahm, sie hat genommen): **1.** mit der Hand ergreifen: *Lisa hat den Stift genommen.* **2.** *Man nehme 100 g Zucker ...* **3.** *den Bus nehmen.* **4.** *Hustensaft nehmen.* **5.** *Vater hat Urlaub genommen.*

nei|disch: eifersüchtig; missgünstig: *Lara ist neidisch, weil Tina eine neues Fahrrad hat.*

nein: *Bekomme ich ein Eis? – Nein!*

Nek|tar, der (die Nektare): **1.** *Die Bienen sammeln den Nektar der Blüten.* **2.** Getränk aus Wasser und Fruchtfleisch

Nek|ta|ri|ne, die (die Nektarinen): Pfirsich mit glatter Haut

nen|nen (er nannte, sie hat genannt): **1.** *Die Eltern nann-*

ten ihr Baby Karla. **2.** *Tom nannte dem Lehrer seinen Namen.* **3.** *Könnt ihr noch weitere Beispiele nennen?*

ner|vös Ⓜ**:** unruhig; zappelig; keine innere Ruhe habend

Nest, das (die Nester): *Die Vögel bauen im Frühling ihre Nester.*

nett: freundlich; angenehm; so, dass es gefällt

Netz, das (die Netze): **1.** *Fische mit dem Netz fangen. Der Ball geht ins Netz.* **2.** *Spinnennetz.* **3.** *das Schienennetz der Eisenbahn*

neu: **1.** *ein neues Auto; ein neuer Pullover.* **2.** *die neuesten Nachrichten.* **3.** *ein neuer Mitschüler.* **4.** *Er hat eine neue Stelle.* **5.** *Seit Neuestem habe ich kurze Haare.*

Neu|gier, die (*auch* die Neugierde; ohne Mehrzahl): Verlangen, etwas Neues zu erfahren, zu wissen

Neu|gier|de, die (ohne Mehrzahl): ⇨ Neugier

neu|gie|rig: voller Neugier; von Neugier erfüllt: *Neugierig öffneten sie das Päckchen.*

Neu|ig|keit, die (die Neuigkeiten): etwas, das noch nicht bekannt ist: *Die Neuigkeiten verbreiten sich schnell.*

neun: Zahlwort; ⇨ Merkkasten acht/Acht auf Seite 14

Neun, die (die Neunen): Ziffer; Zahl; ⇨ Merkkasten acht/Acht auf Seite 14

nicht: *Diese Pilze darf man nicht essen, sie sind giftig.*

Nich|te, die (die Nichten): Tochter von Bruder oder Schwester

nichts: **1.** *Dazu kann ich nichts sagen.* **2.** *Gibt es heute gar nichts zum Nachtisch?*

Nicht|schwim|mer, der (die Nichtschwimmer): jemand, der nicht schwimmen kann

ni|cken: den Kopf kurz senken und wieder heben

nie: zu keiner Zeit; überhaupt nicht: *Das habe ich nie gesagt.*

Nie|der|schlag, der (die Niederschläge): in flüssiger oder fester Form auf die Erde fallendes Wasser: *Niederschläge fallen als Regen und Schnee.*

nie|der|streu|en: verstreuen; auf den Boden streuen

nie|drig: nicht hoch; von geringer Höhe: *ein niedriger Tisch; das Flugzeug fliegt niedrig. Der Preis scheint niedrig zu sein.*

nie|mals: nie; zu keiner Zeit

nie|mand: *Niemand weiß, wo er steckt. Es ist niemand hier.*

nie|sen: *Er hat Heuschnupfen und muss dauernd niesen.*

Nies|pul|ver, das (ohne Mehrzahl): Pulver, das ein Niesen auslöst

Nie|te, die (die Nieten): **1.** Bolzen aus Metall: *Meine Jeans ist mit Nieten verziert.* **2.** Los, das keinen Gewinn bringt

Ni|ko|laus Ⓜ**,** der (die Nikolause): **1.** *Der Nikolaus bringt uns Geschenke.* **2.** *Am 6. Dezember ist Nikolaus.* **3.** Nikolausfigur aus Schokolade

Nil|pferd, das (die Nilpferde): großes Flusspferd: *Auf der Safari beobachteten sie Nilpferde.*

nir|gends Ⓜ**:** an keinem Ort; an keiner Stelle: *Nirgends hat man seine Ruhe!*

Ni|xe Ⓜ**,** die (die Nixen): Meerjungfrau; weiblicher Wassergeist

noch: **1.** *Sie ist noch krank.* **2.** *Eva hat nur noch 2 Euro.* **3.** *Er malt das Bild noch fertig.* **4.** *Das kann ich noch brauchen.* **5.** *Es ist heute noch kälter als gestern.* **6.** *Sie spricht weder Englisch noch Französisch.*

No|ma|de, der (die Nomaden): jemand, der zu einem Volk gehört, das umherzieht

Non|ne, die (die Nonnen): weibliche Angehörige eines Ordens; Ordensfrau

Nor|den, der (ohne Mehrzahl): **1.** Himmelsrichtung. **2.** Landesteil oder Länder, die im Norden liegen: *im Norden Deutschlands*

nörd|lich: **1.** im Norden liegend: *im nördlichen Teil der Stadt.* **2.** nach Norden gerichtet: *Das Schiff steuerte einen nördlichen Kurs.*

Nord|pol, der (ohne Mehrzahl): nördlicher Pol eines Planeten, der Erde: *Leben am Nordpol Pinguine?*

nor|mal: der Regel entsprechend: *Das ist doch ganz normal.*

Not, die: **1.** (ohne Mehrzahl): Armut; Elend. **2.** (die Nöte): schlimme Lage: *Sie wurden aus der Bergnot gerettet.*

Not|brem|se, die (die Notbremsen): Bremse in Eisenbahn- und Straßenbahnwagen, die bei Gefahr von den Fahrgästen betätigt werden kann

No|te, die (die Noten): **1.** Musiknoten: *nach Noten spielen.* **2.** Schulnote: *Er hat in Deutsch die Note „gut".*

no|tie|ren: aufschreiben; eine Notiz machen

nö|tig: unerlässlich; erforderlich

No|tiz, die (die Notizen): etwas kurz Aufgeschriebenes, damit man es nicht vergisst

not|wen|dig: unbedingt erforderlich, nötig; nicht zu vermeiden

No|vem|ber, der: elfter Monat im Jahr

Nu|del, die (die Nudeln): *Sie mag Nudeln mit Tomatensoße.*

null: Zahlwort; ⇨ Merkkasten acht/Acht auf Seite 14

Null, die (die Nullen): Ziffer; Zahl; ⇨ Merkkasten acht/Acht auf Seite 14

Num|mer, die (die Nummern): Zahl, mit der etwas gekennzeichnet wird: *Wir wohnen in Haus Nummer 4.*

num|me|rie|ren: mit fortlaufenden Nummern versehen, um eine Reihenfolge festzulegen

nun: jetzt; im Moment

nur: 1. *Ich brauche nur noch fünf Minuten.* **2.** *Ich habe nur gesagt, sie soll es nicht weitererzählen.*

Nuss, die (die Nüsse): *Nüsse knacken; Walnüsse; Erdnüsse*

Nuss|kna|cker, der (die Nussknacker): Gerät zum Öffnen von Nüssen, auch als bemaltes hölzernes Männchen

nut|zen: 1. *Die Arznei hat überhaupt nicht genutzt.* **2.** *Sie nutzt jede freie Minute für das Training.*

nüt|zen: ⇨ nutzen

O

Oa|se, die (die Oasen): Stelle mitten in der Wüste, wo es Wasser gibt und wo deshalb auch Pflanzen wachsen

ob: 1. *Peter fragt, ob ich morgen wieder in die Schule gehe.* **2.** *Alle gehen zur Schulaufführung, ob sie Lust haben oder nicht.* **3.** *Ob Schüler, ob Lehrer: Alle gehen zur Schulaufführung.*

O-Bei|ne, die (Mehrzahl): Beine, die nach außen gebogen sind

A B C D E F G H I J K L M N O P Q R S T U V W X Y Z

oben: 1. vom Sprecher aus höher gelegen. **2.** am oberen Ende. **3.** von einer Unterlage abgewandt: *Die weiße Seite des Blattes muss oben liegen.*

Ober|flä|che, die (die Oberflächen): **1.** Gesamtheit der Fläche, die etwas nach außen hin begrenzt: *Erdoberfläche.* **2.** *Wasseroberfläche*

ober|fläch|lich: 1. sich an oder auf der Oberfläche befindend; äußerlich. **2.** wenig gründlich; nicht gewissenhaft

Ober|haupt, das (die Oberhäupter): jemand, der an der Spitze von etwas steht: *Sie war das Oberhaupt der Familie.*

Ob|jekt, das (die Objekte): Gegenstand; Ding

Obst, das (ohne Mehrzahl): essbare Früchte und Samen von Pflanzen

Obst|spieß, der (die Obstspieße): klein geschnittene Obststücke, die auf einen kleinen Stab gesteckt sind

Obst|stück, das (die Obststücke): *Wir brauchen kleine Obststücke für unsere Obstspieße.*

ob|wohl: *Wir gehen spazieren, obwohl es regnet.*

Och|se, der (die Ochsen): kastriertes männliches Rind

oder: *Möchtest du lieber Apfelkuchen oder Streuselkuchen?*

Odys|seus: Held einer griechischen Sage

Ofen, der (die Öfen): Vorrichtung, mit der man heizen kann, warm machen kann, z. B. durch Anzünden von Holz oder Kohle

of|fen: 1. nicht geschlossen; so beschaffen, dass man/etwas immer hinein- und/oder herauskommen kann. **2.** noch nicht entschieden: *Der Ausgang des Fußballspiels ist noch offen.* **3.** ehrlich; seine Meinung unverstellt sagen: *Ich bin ganz offen: Die neue Hose steht dir nicht.*

öf|fent|lich: 1. für alle hörbar und sichtbar; nicht geheim; für alle da; für alle benutzbar: *öffentliche Toiletten.* **2.** die Allgemeinheit, den Staat betreffend: *Jugendgemeinderat ist ein öffentliches Amt.*

of|fi|ziell Ⓜ**: 1.** amtlich; gesetzlich. **2.** sehr förmlich und unpersönlich: *Die Queen kommt zu einem offiziellen Besuch nach Deutschland.*

öff|nen: 1. aufmachen: *Sie öffnet die Tür.* **2.** (sich): aufgehen: *Die Blüte hatte sich über Nacht geöffnet.*

oft: häufig; vielfach

oh|ne Ⓜ**: 1.** *Das hast du aber ohne Mühe geschafft.* **2.** *ein Kleid ohne Ärmel*

Ohr Ⓜ**,** das (die Ohren): Organ zum Hören

Ohr|ring, der (die Ohrringe): Schmuckstück, das am Ohr getragen wird

o. k. (*auch* O. K.): Abkürzung für → okay

okay Ⓜ**:** richtig; in Ordnung

Ok|to|ber, der: zehnter Monat im Jahr

Öl, das (die Öle): **1.** flüssiges Fett, das aus Pflanzen gemacht wird: *Speiseöl; Salatöl.* **2.** *Erdöl; Heizöl; Schmieröl*

ölen: *die Fahrradkette ölen*

Oli|ve Ⓜ**,** die (die Oliven): Frucht des Ölbaums

Olym|pia|de Ⓜ**,** die (die Olympiaden): Olympische Spiele

Olym|pi|sche Spie|le Ⓜ**,** die (Mehrzahl): alle vier Jahre stattfindende sportliche Wettkämpfe mit Sportlern, die aus der ganzen Welt kommen

Oma, die (die Omas): Großmutter

Om|ni|bus Ⓜ**,** der (die Omnibusse): sehr großes Auto (Kraftwagen) mit vielen Plätzen für Fahrgäste

On|kel, der (die Onkel): Bruder von Mutter oder Vater

Opa, der (die Opas): Großvater

Oper, die (die Opern): **1.** Bühnenstück mit Gesang und Musik. **2.** Gebäude, großes Haus, in dem Opern gezeigt werden

Oran|ge Ⓜ**,** die (die Orangen): Apfelsine; Zitrusfrucht

Or|ches|ter Ⓜ**,** das (die Orchester): viele Musiker, die unter der Leitung eines Dirigenten gemeinsam Musik machen

Or|den, der (die Orden): **1.** meist religiöse Gemeinschaft, in der Frauen (Nonnen) oder Männer (Mönche) nach bestimmten Regeln leben. **2.** Ehrenzeichen für besondere Leistungen: *einen Orden verliehen bekommen*

or|dent|lich: 1. auf Ordnung haltend. **2.** aufgeräumt; geordnet. **3.** kräftig; sehr; sehr groß: *Peter nahm sich eine ordentliche Portion Spaghetti.*

ord|nen Ⓜ**:** in eine bestimmte Reihenfolge, in einen bestimmten Zusammenhang bringen: *Du musst endlich deine Arbeitsblätter ordnen.*

Ord|nung Ⓜ**,** die (die Ordnungen): **1.** geregelter und übersichtlicher Zustand: *Lisa hat endlich Ordnung gemacht. Jetzt findet sie ihre Sachen wieder.* **2.** Einhaltung bestimmter Regeln in einer Gemeinschaft

or|ga|ni|sie|ren: planmäßig und sorgfältig etwas aufbauen, vorbereiten

Ori|ent Ⓜ**,** der (ohne Mehrzahl): die Länder in Vorder- und Mittelasien: *Sie bereisten den Orient.*

ori|en|ta|lisch Ⓜ**:** alles, was sich auf den Orient bezieht oder von dort kommt

ori|en|tie|ren Ⓜ (sich): **1.** die richtige Richtung, den richtigen Weg finden. **2.** sich ausrichten

Ori|gi|nal Ⓜ**,** das (die Originale): ursprüngliches, echtes Stück; vom Künstler, Verfasser selbst Geschaffenes

Or|kan, der (die Orkane): sehr starker Wind; Sturm

Ort, der (die Orte): **1.** Platz; Stelle. **2.** Ortschaft; Dorf; Stadt

Os|se|ti|en Ⓜ**:** eine Landschaft; ein Teil davon gehört heute zu Russland

Os|ten, der (ohne Mehrzahl): **1.** Himmelsrichtung. **2.** Landesteil oder Länder, die im Osten liegen: *im Osten Englands*

Os|tern, das (die Ostern): Fest der christlichen Kirche

Ös|ter|reich Ⓜ**:** Land in Europa

ös|ter|rei|chisch Ⓜ**:** alles, was sich auf Österreich bezieht oder von dort kommt; ⇨ Merkkasten deutsch/Deutsch auf Seite 52

östlich: **1.** im Osten liegend: *Das Museum steht im östlichen Teil der Stadt.* **2.** nach Osten gerichtet: *Wir müssen in östlicher Richtung weiterlaufen.*

oval: in der Form wie ein Ei: *Sie hat ein ovales Gesicht.*

Ozean, der (die Ozeane): sehr großes Meer zwischen den Kontinenten; Weltmeer

Ozon, das (ohne Mehrzahl): ein Gas; eine bestimmte Art des Sauerstoffes

P

paar: einige; nur wenige: *Warte noch ein paar Minuten. Es kamen nur noch ein paar Besucher.*

Paar, das (die Paare): **1.** zwei zusammengehörende Personen: *Für das Spiel müsst ihr Paare bilden.* **2.** zwei zusammengehörende Dinge: *Ich habe ein Paar neue Schuhe.*

Päckchen, das (die Päckchen): **1.** ein kleiner Packen: *Ich packe lauter kleine Päckchen zu Weihnachten ein.* **2.** kleinere Postsendung: *Er musste das Päckchen noch zur Post bringen.*

packen: **1.** *Sie muss noch ihre Schultasche packen.* **2.** *Wir fahren morgen in Urlaub und ich muss noch packen.* **3.** *Er packt ihn fest an der Hand.*

Packung, die (die Packungen): **1.** *Sie kauft eine Packung Kekse.* **2.** *Gegen ihre strohigen Haare trug sie eine (Haar-)Packung auf.*

Paddel, das (die Paddel): Stange mit einer Verbreiterung an einem oder an beiden Enden, mit der ein Boot fortbewegt werden kann

paddeln: mit dem Paddel ein Boot, Kanu fortbewegen

Paket, das (die Pakete): **1.** etwas mit Papier Verpacktes und Verschnürtes: *ein Paket mit Büchern.* **2.** *ein Paket Waschpulver.* **3.** größere Postsendung

Palast, der (die Paläste): ein großes, meist sehr schönes Gebäude; Schloss

Palme, die (die Palmen): Baum mit langem, schlankem Stamm und oft riesigen Blättern: *Kokospalme*

Panik, die (die Paniken): durch großen Schrecken entstande-

A B C D E F G H I J K L M N O P Q R S T U V W X Y Z

ne Angst: *Die Tiere gerieten in Panik und rannten los.*

Pan|ne ☺, die (die Pannen): Schaden; Störung; Missgeschick: *Wir hatten mit dem Auto eine Panne.*

Pan|ter, der (die Panter): ⇨ Panther

Pan|ther Ⓜ, der (die Panther; *auch* der Panter, die Panter): schwarze Raubkatze

Pan|tof|fel ☺, der (die Pantoffeln): Hausschuh

Pan|to|mi|me, die (die Pantomimen): Darstellung einer Szene, einer Handlung ohne Worte

Pa|pa, der (die Papas): Vater

Pa|pa|gei, der (die Papageien): Vogel

Pa|pier, das (die Papiere): **1.** *ein Blatt Papier; Einpackpapier; Toilettenpapier.* **2.** Ausweispapiere: *Ich habe meine Papiere verloren.* **3.** wichtige Unterlagen

Pa|pier|flie|ger ⊜, der (die Papierflieger): *Wir haben verschiedene Papierflieger gefaltet.*

Pap|pe ☺, die (die Pappen): sehr festes Verpackungsmaterial; Karton

Papp|ma|ché Ⓜ, das (die Pappmachés): ⇨ Pappmaschee

Papp|ma|schee Ⓜ, das (die Pappmaschees; *auch* das Pappmaché, die Pappmachés): *Die Schüler formten aus Pappmaschee Köpfe für die Puppen.*

Pap|ri|ka, der: **1.** (die Paprikas): Gewürz- und Gemüsepflanze. **2.** (ohne Mehrzahl): Gewürz

Papst, der (die Päpste): Oberhaupt der katholischen Kirche

Pa|ra|dies, das: **1.** (ohne Mehrzahl): *Adam und Eva lebten im Paradies.* **2.** (die Paradiese): sehr schöner Ort

Park, der (die Parks): großer Garten, oft mit alten Bäumen

par|ken: ein Fahrzeug für längere Zeit abstellen: *Hier darf ich nur eine Stunde parken.*

Park|platz ⊜, der (die Parkplätze): Platz, auf dem ein Auto abgestellt werden kann

Par|la|ment, das (die Parlamente): **1.** gewählte Vertretung des Volkes, die auch Gesetze erlässt. **2.** Gebäude, in dem die Volksvertretung untergebracht ist

Part|ner, der (die Partner): jemand, mit dem ich zusammen lebe, arbeite oder spiele: *Partnerarbeit*

Pass ☺, der (die Pässe): **1.** Ausweis: *Reisepass.* **2.** das

Zuspielen: *einen steilen Pass spielen.* **3.** im Gebirge Stelle, die man als Übergang benutzen kann

Pas|sa|gier Ⓜ, der (die Passagiere): Reisender, Fahrgast in Flugzeugen und auf Schiffen

pas|sen: **1.** *Die Hose passt nicht. Sie ist zu eng.* **2.** *15 Uhr? Der Termin passt gut.*

pas|sie|ren: **1.** überqueren; durchfahren: *Wir passieren gerade die Grenze.* **2.** sich ereignen: *Es ist nichts passiert.*

pas|siv: **1.** nicht tätig: *Er ist passives Mitglied im Musikverein.* **2.** etwas auf sich einwirken lassend

Pa|te, der (die Paten): Patenonkel; Taufpate

Pa|tent, das (die Patente): **1.** das bestätigte Recht an einer Erfindung. **2.** Ernennungsurkunde: *Er hat sein Patent als Schiffskapitän.*

Pa|ti|ent Ⓜ, der (die Patienten): jemand, der z. B. von einem Arzt behandelt wird

Pa|tin, die (die Patinnen): Patentante; Taufpatin

Pa|tro|ne, die (die Patronen): **1.** *Tintenpatrone.* **2.** *Druckerpatrone.* **3.** Munition für Pistolen und Gewehre

Pau|se, die (die Pausen): kürzere Unterbrechung einer Tätigkeit: *Es hat geklingelt. Pause!*

PC, der (die PCs): Abkürzung für ⇨ Personal Computer

Pech, das: **1.** (ohne Mehrzahl): Verkettung unglücklicher Umstände. **2.** (die Peche): eine schwarze, teerartige Masse: *Sie halten zusammen wie Pech und Schwefel.*

Pe|dal, das (die Pedale): Fußhebel; Tretkurbel: *Bremspedal*

Pe|gel, der (die Pegel): **1.** Wasserstand. **2.** Messgerät, Messlatte zur Feststellung des Wasserstands

pein|lich: unangenehm; in Verlegenheit bringend

Pe|li|kan, der (die Pelikane): großer Wasservogel

Pelz, der (die Pelze): **1.** dicht behaartes Fell bestimmter Tiere. **2.** bearbeitetes Fell, bearbeiteter Pelz für Bekleidung: *Pelzmütze; Pelzmantel*

Per|ga|ment|sei|te, die (die Pergamentseiten): Seite aus bearbeiteter Tierhaut, auf die man schreiben kann

Per|le, die (die Perlen): kleines Kügelchen, das in einer Perlmuschel entsteht und als Schmuck verwendet wird

Per|son, die (die Personen): Mensch: *Das Auto ist für fünf Personen zugelassen.*

Per|so|nal Com|pu|ter, der (die Personal Computer): kleinerer Computer

per|sön|lich: in eigener Person; selbst; die eigene Person betreffend, kennzeichnend: *Ich kenne sie persönlich.*

Pe|rü|cke, die (die Perücken): Haarersatz; Kappe aus unechtem oder nicht eigenem Haar: *Er trägt eine Perücke.*

Pest, die (ohne Mehrzahl): sehr ansteckende Krankheit, an der man sterben kann

pet|zen: verraten

Pfad, der (die Pfade): schmaler Weg: *Ein Pfad führt von der Hütte ins Dorf hinunter.*

Pfahl, der (die Pfähle): dicke Stange, die meist an einem Ende zugespitzt ist: *Pfähle in den Boden rammen*

Pfand, das (die Pfänder): **1.** Gegenstand, der als Sicherheit z. B. für eine geliehene Geldsumme gegeben wird. **2.** *Flaschenpfand*

Pfan|ne, die (die Pfannen): großes Gefäß zum Braten

Pfann|ku|chen, der (die Pfannkuchen): Mehlspeise: *Till hat 10 Pfannkuchen gegessen.*

Pfar|rer, der (die Pfarrer): jemand, der in einer kirchlichen Gemeinde Seelsorger ist: *Der Pfarrer gab auch Religionsunterricht.*

Pfau, der (die Pfauen): Vogel mit prächtigen Schwanzfedern

Pfef|fer, der (die Pfeffer): scharfes Gewürz

Pfef|fer|min|ze, die (ohne Mehrzahl): Heilpflanze

Pfei|fe, die (die Pfeifen): **1.** Gegenstand, der Pfeiftöne erzeugt: *Trillerpfeife.* **2.** *Tabakspfeife*

pfei|fen (er pfiff, sie hat gepfiffen): *Sarah kann sogar auf den Fingern pfeifen.*

Pfeil, der (die Pfeile): **1.** *Die Indianer schossen ihre Pfeile ab.* **2.** grafisches Zeichen: ⇨

Pferd, das (die Pferde): **1.** *Thea reitet mit ihrem Pferd aus.* **2.** Turngerät

pfiff: ⇨ pfeifen

Pfir|sich, der (die Pfirsiche): Steinobst

Pflan|ze, die (die Pflanzen): *Sie gießt die Pflanzen im Garten.*

pflan|zen: *Sie haben viele bunte Blumen im Garten gepflanzt.*

Pflas|ter, das (die Pflaster): **1.** *Er bekam ein Pflaster auf seine Platzwunde.* **2.** Straßenbelag: *Kopfsteinpflaster*

Pflau|me, die (die Pflaumen): Steinobst

pfle|gen: betreuen; sich kümmern um: *Er pflegt seine kranke Schwester. Vater pflegt den Rasen im Garten.*

Pfle|ge, die (ohne Mehrzahl): Betreuung; Versorgung: *Lisa hat Omas Wellensittich in Pflege.*

Pfle|ger, der (die Pfleger): ein Mann, der nach einer bestimmten Ausbildung z. B. Kranke oder Tiere versorgt: *Krankenpfleger*

Pflicht, die (die Pflichten): notwendige Aufgabe

pflü|cken: *Blumen pflücken; Äpfel pflücken*

Pfos|ten, der (die Pfosten): Pfahl; Stütze; Träger: *Türpfosten; Torpfosten*

Pfo|te, die (die Pfoten): *Der Hund legt mir seine Pfote aufs Knie.*

Pfund, das (die Pfunde): **1.** *ein Pfund Mehl (500 g).* **2.** Währungseinheit in Großbritannien: *Die Fahrkarte kostet zwei Pfund.*

Pfüt|ze, die (die Pfützen): kleine Ansammlung von Wasser: *Lachend sprangen sie in die Pfützen.*

Phan|ta|sie, die (die Phantasien): ⇨ Fantasie

phan|tas|tisch: ⇨ fantastisch

Pha|rao, der (die Pharaonen): ägyptischer König

pi|cken: *Die Hühner pickten nach den Körnern. Der Vogel pickte mich in den Finger.*

Pick|nick, das (die Picknicke, *auch* die Picknicks): *Wir machen ein Picknick im Park mit vielen leckeren Sachen zum Essen.*

Pil|le, die (die Pillen): Medikament in Form eines Kügelchens zum Einnehmen: *Pillen schlucken*

Pi|lot, der (die Piloten): jemand, der ein Flugzeug steuert

A B C D E F G H I J K L M N O P Q R S T U V W X Y Z

Pilz, der (die Pilze): Pflanze, meist mit Stiel und Hut: *Wir gehen in den Wald, um Pilze zu sammeln; Giftpilz*

Pinguin, der (die Pinguine): aufrecht gehender Seevogel, der nicht fliegen kann

Pinnwand, die (die Pinnwände): *Notizzettel an die Pinnwand heften*

Pinsel, der (die Pinsel): Werkzeug zum Auftragen von Tusche oder Farbe

Pirat, der (die Piraten): Seeräuber

Pirogge Ⓜ**,** die (die Piroggen): russische Pastete, die z. B. mit Fleisch gefüllt ist

Piste, die (die Pisten): **1.** Strecke für Skiabfahrten. **2.** Rennstrecke, besonders für Rad- und Autorennen. **3.** Rollbahn für Flugzeuge: *Landepiste.* **4.** nicht befestigter Verkehrsweg, z. B. durch die Wüste

Pistole, die (die Pistolen): Schusswaffe mit kurzem Lauf

Pizza Ⓜ**,** die (die Pizzas, *auch* die Pizzen): *Pizza backen*

plagen: 1. jemandem lästig werden; quälen: *Ihn plagen Zahnschmerzen.* **2.** (sich): schwer arbeiten müssen; abmühen

Plakat, das (die Plakate): Aushang: *Sie malen Plakate für den Weihnachtsbasar.*

Plan, der (die Pläne): **1.** Entwurf: *Bauplan für ein Haus.* **2.** Absicht; Vorhaben

planen: 1. einen Plan machen. **2.** etwas vorhaben; sich vornehmen

Planet, der (die Planeten): Himmelskörper, der sich um eine Sonne dreht: *Die Erde ist ein Planet.*

planschen (*auch* plantschen): Wasser mit Armen und Beinen in Bewegung bringen; umherspritzen

plantschen: ⇨ planschen

Plastik, das (ohne Mehrzahl): Kunststoff: *eine Schüssel aus Plastik; Plastiktüte*

platt ☺**:** ganz flach: *Der Reifen ist platt.*

Plat|te, die (die Platten): **1.** flaches, dünneres Stück eines harten Materials: *Holzplatte; Tischplatte.* **2.** größerer Teller für Speisen: *Kuchenplatte*

Platz, der (die Plätze): **1.** *Spielplatz.* **2.** *Sitzplatz.* **3.** *Marktplatz.* **4.** *ein Buch an seinen Platz stellen.* **5.** *Im Malkurs ist noch ein Platz frei.* **6.** *Wir haben keinen Platz für noch mehr Bücher.* **7.** *Beim Wettkampf erreichte sie den zweiten Platz.*

plat|zen: **1.** *Der Reifen platzte plötzlich. Ich platze gleich vor Neugier.* **2.** *Unsere Urlaubspläne sind geplatzt; wir bleiben zu Hause.*

plötz|lich Ⓜ: auf einmal; unerwartet; von einem Augenblick zum anderen

plump: 1. dick und unförmig; klotzig. **2.** aufdringlich; sehr ungeschickt: *ein plumpe Ausrede*

Plüsch, der (ohne Mehrzahl): sehr weicher samtartiger Stoff: *Plüschtier*

plü|schen: aus Plüsch

Po, der: **1.** (die Pos): Popo; Gesäß. **2.** (ohne Mehrzahl): Fluss in Italien

Po|kal, der (die Pokale): **1.** Auszeichnung bei sportlichen Wettkämpfen. **2.** meist kostbar verziertes Trinkgefäß

Pol, der (die Pole): **1.** Endpunkt der Erdachse: *Nordpol; Südpol.* **2.** bei Magneten: *positiver Pol; negativer Pol.* **3.** Anschlussklemme einer Stromquelle: *Pluspol; Minuspol*

Po|lar|stern, der (ohne Mehrzahl): hellster Stern im Sternbild Kleiner Bär

Po|len: Land in Europa

Pole|po|si|tion Ⓜ, die (ohne Mehrzahl; *auch* die Pole-Position): bei Autorennen bester Startplatz

po|lie|ren: blank reiben; glänzend machen: *das Auto polieren*

Po|li|zei Ⓜ, die (die Polizeien): **1.** *die Polizei, dein Freund und Helfer.* **2.** Dienststelle der Polizei: *auf die Polizei gehen*

Po|li|zist Ⓜ, der (die Polizisten): *Der Polizist regelt den Verkehr.*

pol|nisch: alles, was sich auf Polen bezieht oder von

A B C D E F G H I J K L M N O P Q R S T U V W X Y Z

dort kommt; ➪ Merkkasten deutsch/Deutsch auf Seite 52

Pols|ter, das (die Polster): weiche Auflage auf Sitz- und Liegemöbeln: *Sitzpolster*

pol|tern: 1. Lärm machen. **2.** laut schimpfen: *Großvater poltert: Was ist denn hier los?*

Pommes frites Ⓜ**,** die (Mehrzahl): *Einmal Pommes frites mit Mayonnaise und Ketchup!*

Po|ny Ⓜ**,** das (die Ponys): kleines Pferd

Pop|corn Ⓜ**,** das (ohne Mehrzahl): *Lena isst im Kino immer Popcorn.*

Porte|mon|naie Ⓜ**,** das (die Portemonnaies; *auch* das Portmonee, die Portmonees): Geldbörse; Geldbeutel

Por|ti|on Ⓜ**,** die (die Portionen): *Er isst eine Portion Spaghetti.*

Port|mo|nee, das (die Portmonees): ➪ Portemonnaie

Por|to, das (die Portos, *auch* die Porti): Gebühr für Postsendung: *Der Brief kostet 55 ct Porto.*

Por|trät Ⓜ**,** das (die Porträts): Bild eines Menschen, das meistens nur den Oberkörper zeigt: *ein Porträt malen*

Post, die (ohne Mehrzahl): **1.** *einen Brief mit der Post schicken.* **2.** *Ich habe heute noch keine Post bekommen.* **3.** *Oma bringt einen Brief zur Post.*

Pos|ter, das (*auch* der Poster; die Poster, *auch* die Posters): großes gedrucktes Bild: *Sie hängt ein Poster in ihrem Zimmer auf.*

Post|kar|te, die (die Postkarten): Karte, um kurze Grüße oder Nachrichten zu verschicken

präch|tig: 1. *ein prächtiges Schloss.* **2.** *Lisa und Natalie verstehen sich prächtig.*

prah|len Ⓜ**:** angeben: *Er prahlt mit seinem neuen Fahrrad.*

prak|tisch: 1. zweckmäßig: *Die Tasche hat praktische Fächer.* **2.** geschickt: *Sie ist praktisch veranlagt und kann gut mit Werkzeug umgehen.*

Pran|ke, die (die Pranken): große (Tier-)Pfote; Tatze: *Löwenpranke*

prä|sen|tie|ren Ⓜ**:** darstellen; vorstellen: *Die Schüler präsentieren das Ergebnis ihrer Recherchen über Hunde.*

Pra|xis Ⓜ**,** die: **1.** (die Praxen): *Arztpraxis.* **2.** (ohne Mehrzahl): Wirklichkeit; Anwendung; Erfahrung

Preis, der (die Preise): **1.** *Der Preis beträgt 15 Euro.* **2.** *Suse hat den ersten Preis beim Turnier gewonnen.*

Pres|se ☺**,** die: **1.** (die Pressen): *Saftpresse.* **2.** (ohne Mehrzahl): Gesamtheit der Zeitungen und Zeitschriften

Pres|se|kon|fe|renz, die (die Pressekonferenzen): Treffen, bei dem viele Journalisten Schauspielern, Politikern oder Sportlern Fragen stellen

pres|sen ☺**:** **1.** *Sie presst den Saft aus der Orange.* **2.** *Blumen pressen.* **3.** *den Teddy an sich pressen*

Prinz, der (die Prinzen): Sohn eines Königs, einer Königin

Prin|zes|sin ☺**,** die (die Prinzessinnen): weibliche Form zu ⇨ Prinz

Pri|se, die (die Prisen): eine zwischen zwei Fingerspitzen greifbare Menge: *eine Prise Salz*

pri|vat Ⓜ**:** nicht öffentlich; persönlich: *ein privates Fest mit Freunden und der Familie*

pro: *Sie fuhr mit einer Geschwindigkeit von 100 km pro Stunde. Der Eintritt kostet zwei Euro pro Person.*

Pro|be, die (die Proben): **1.** *Theaterprobe; Kostümprobe.* **2.** *Mutprobe.* **3.** *Wasserprobe*

pro|ben: einüben: *ein Theaterstück proben*

pro|bie|ren: **1.** *die Suppe probieren.* **2.** etwas ausprobieren: *Er probierte, das Fenster zu öffnen.* **3.** eine Szene, z. B. in einem Theaterstück, einüben

Pro|blem, das (die Probleme): **1.** schwierige Aufgabe: *Sie muss das Problem lösen.* **2.** Schwierigkeit(en): *Er hat in diesem Jahr keine Probleme in der Schule.*

Pro|dukt, das (die Produkte): Ware; Erzeugnis: *Im Supermarkt gibt es viele Produkte zu kaufen.*

pro|du|zie|ren: etwas anfertigen; herstellen; machen: *Die Fabrik produziert Süßigkeiten.*

Pro|fi, der (die Profis): **1.** Fachmann. **2.** jemand, der als Sportler seine Sportart gegen Bezahlung betreibt: *Fußballprofi; Profisportler*

Pro|gramm ☺**,** das (die Programme): **1.** *Wir haben das*

Programm für die Schulfeier festgelegt. **2.** *Theaterprogramm; Programmzeitschrift.* **3.** Fernsehsender. **4.** *Computerprogramm*

Pro|jekt, das (die Projekte): *Mira recherchiert im Internet für ein Projekt über Wölfe.*

Pro|jek|tor, der (die Projektoren): Gerät, mit dem man Bilder auf einer hellen Fläche vergrößert wiedergeben kann

Pros|pekt, der (die Prospekte): Broschüre; Faltblatt: *Reiseprospekte*

Pro|to|koll ☺**,** das (die Protokolle): Aufzeichnung; Bericht: *Versuchsprotokoll*

Pro|vi|ant Ⓜ**,** der (die Proviante): Essen und Trinken, das man auf eine Wanderung oder auf eine Reise mitnimmt

Pro|zent, das (die Prozente): Hundertstel: *Bei der Wahl erhält sie 70 Prozent (%) der Stimmen.*

Pro|zes|si|on Ⓜ**,** die (die Prozessionen): feierlicher Umzug

prü|fen: 1. kontrollieren; untersuchen: *Mutter prüft, ob das Obst frisch ist.* **2.** *Heute werden wir mündlich geprüft.*

prus|ten: 1. *Als sie den Witz hörten, prusteten sie los.* **2.** *Prustend tauchte David aus dem Schwimmbecken auf.*

Pub|li|kum Ⓜ**,** das (ohne Mehrzahl): Zuschauer; Zuhörer: *Das Publikum klatscht Beifall.*

Pud|ding ☺**,** der (die Puddinge, *auch* die Puddings): *Schokoladenpudding*

Pud|ding|pul|ver ⊜**,** das (die Puddingpulver): *Leo rührt das Puddingpulver in die Milch.*

Pu|der, der (die Puder): *Sie streut Puder auf ihr aufgeschrammtes Knie.*

Pulk, der (die Pulks, *auch* die Pulke): z. B. viele Menschen, die sehr dicht zusammenstehen

Pul|li ☺**,** der (die Pullis): Kurzform für ⇨ Pullover

Pul|lo|ver Ⓜ**,** der (die Pullover): *Suse zieht einen dicken Pullover an, denn es ist draußen kalt.*

Puls, der (die Pulse): *Nach dem 50-m-Lauf haben wir unseren Puls am Handgelenk gemessen.*

Pul|ver, das (die Pulver): *etwas zu Pulver zermahlen; Kaffeepulver; Waschpulver*

Punkt, der (die Punkte): **1.** *ein T-Shirt mit Punkten.* **2.** *einen Punkt am Ende des Satzes setzen.* **3.** Stelle; Ort: *Das ist der höchste Punkt in Deutschland.* **4.** *Ich muss Punkt sieben Uhr zu Hause sein.* **5.** *Wir müssen die Einkaufsliste Punkt für Punkt durchgehen.* **6.** *Nach Punkten liegen sie beim Turnier vorn.*

pünkt|lich: genau zur verabredeten, festgelegten Zeit: *Der Zug kam pünktlich.*

Pu|pil|le, die (die Pupillen): als schwarzer Punkt erscheinende Öffnung im Auge, durch die das Licht eindringt

Pup|pe, die (die Puppen): **1.** *mit Puppen spielen.* **2.** Insektenlarve im Ruhestadium: *die Puppe eines Schmetterlings*

Pü|ree, das (die Pürees): Brei: *Kartoffelpüree*

pü|rie|ren: zu Brei, zu Püree rühren

Pur|zel|baum, der (die Purzelbäume): *Vor Freude macht sie einen Purzelbaum.*

pus|ten: *Tom muss pusten; die Suppe ist noch heiß.*

put|zen: reinigen; sauber machen

puz|zeln: ein Puzzle zusammensetzen

Puz|zle, das (die Puzzles): Zusammensetzspiel

Py|ja|ma, der (die Pyjamas): Schlafanzug

Py|ra|mi|de, die (die Pyramiden): Grab- und Tempelbau, z. B. der ägyptischen Könige

Q

Qua|drat, das (die Quadrate): Viereck; Rechteck mit vier gleich langen Seiten

qua|ken: *Die Frösche quaken laut in ihrem Teich.*

quä|len: **1.** misshandeln. **2.** (sich): *Wir quälen uns den steilen Weg hinauf.* **3.** (sich): sich mit etwas sehr beschäftigen; sich abmühen: *Ich quäle mich mit den Hausaufgaben herum.*

Qual|le, die (die Quallen): im Meer schwimmendes Tier mit Fangarmen, das fast durchsichtig aussieht

Qualm, der (ohne Mehrzahl): dichter Rauch

qual|men: Qualm entwickeln: *Der Kamin qualmt.*

Quark, der (ohne Mehrzahl): *Quark mit Kirschen essen*

Quar|tett, das (die Quartette): **1.** Kartenspiel. **2.** vier Karten, die beim Quartettspiel zusammengehören: *Ich habe ein Quartett.* **3.** Komposition für vier Instrumente. **4.** Musikgruppe mit vier Musikern

Quar|tier, das (die Quartiere): Unterkunft; Ort zum Bleiben

Quatsch, der (ohne Mehrzahl): Blödsinn; Unsinn

quat|schen: **1.** viel reden und dabei hauptsächlich Unsinn. **2.** sich unterhalten

Quel|le, die (die Quellen): **1.** *die Quelle des Flusses; heiße Quellen.* **2.** Ursprung; Ursache. **3.** alter Text: *historische Quellen*

quel|len (er quoll, sie ist gequollen): **1.** hervordringen: *Rauch quoll aus dem Kamin.* **2.** *Die Kichererbsen müssen zuerst quellen.*

quen|geln: mit weinerlicher Stimme klagen: *Das Kind quengelte, weil es noch einen Lutscher wollte.*

quer: **1.** rechtwinklig zu einer angenommenen Linie: *quer gestreift.* **2.** von einer Seite zur anderen; von einem Ende zum anderen: *Sie fuhren quer durch die ganze Stadt, um die neue CD zu kaufen.*

quer ge|streift (*auch* quergestreift): *Lexi trägt ein quer gestreiftes T-Shirt.*

quet|schen: **1.** *Luca quetscht das Buch in das volle Regal.* **2.** *Ich habe mir den Finger gequetscht.* **3.** (sich): *Er quetscht sich noch zu seinen Freunden auf die Bank.*

quie|ken: *Ferkel quieken; die Mädchen quieken laut vor Vergnügen.*

quiet|schen: *Die Tür quietscht. Die Bremsen quietschen.*

Quirl, der (die Quirle): Küchengerät, das zum Verrühren von

Flüssigkeiten dient: *Sie verrührt Eier, Milch und Mehl mit dem Quirl.*

quir|len: mit einem Quirl rühren

Quiz Ⓜ**,** das (die Quiz): Frage-Antwort-Spiel: *Sie haben bei einem Quiz mitgemacht.*

quoll: ⇨ quellen

R

Ra|be, der (die Raben): großer schwarzer Vogel

Ra|che, die (ohne Mehrzahl): Abrechnung; Vergeltung: *Rache nehmen*

Ra|chen, der (die Rachen): **1.** *Sein Rachen war entzündet.* **2.** *Der Löwe riss den Rachen auf.*

rä|chen: **1.** etwas heimzahlen; vergelten. **2.** (sich): jemandem etwas heimzahlen: *Er rächt sich für den Streich, den sie ihm gespielt haben.*

Rad, das (die Räder): **1.** Kurzform für ⇨ Fahrrad. **2.** *Wagenrad.* **3.** *Zahnrad.* **4.** Turnübung. **5.** *Der Pfau schlägt ein Rad.*

Ra|dar|kon|trol|le, die (die Radarkontrollen): Geschwindigkeitskontrolle: *Er kam in eine Radarkontrolle hinein und musste eine Strafe bezahlen.*

Rad fah|ren (er fuhr Rad, sie ist Rad gefahren): *Lea fährt am Nachmittag gern Rad.*

ra|die|ren: etwas Geschriebenes oder Gezeichnetes (mit einem Radiergummi) entfernen

Ra|dier|gum|mi, der (die Radiergummis): Gegenstand zur Entfernung von etwas Geschriebenem oder Gezeichnetem

Ra|dies|chen, das (die Radieschen): *Sie isst gern Radieschen zu ihrem Butterbrot.*

Ra|dio Ⓜ**,** das: **1.** (die Radios): Gerät, mit dem man Radiosendungen hören kann: *Das Radio ausschalten.* **2.** (ohne Mehrzahl): Rundfunk; Hörfunk: *Sie will im Radio die Nachrichten hören.*

ra|gen: reichen; aufstreben: *Die Bäume ragen in den Himmel.*

Rah|men Ⓜ**,** der (die Rahmen): **1.** Einfassung; Rand: *Fenster-*

rahmen. **2.** Fahrgestell, z. B. beim Fahrrad

Ra|ke|te, die (die Raketen): **1.** *Mondrakete.* **2.** Feuerwerkskörper: *Leuchtrakete*

Ral|lye Ⓜ**,** die (die Rallyes): Autorennen mit Sonderprüfungen: *die Rallye Paris–Dakar*

Rand, der (die Ränder): **1.** *ein Glas bis zum Rand füllen; am Rand der Wiese.* **2.** *Die Lehrerin hat die Fehler an den Rand geschrieben.*

rand|voll: bis zum Rand voll; sehr voll: *Das Glas ist randvoll.*

rang: ⇨ ringen

Rang, der (die Ränge): **1.** Platz im Kino oder Theater: *„Rang oder Loge?", wurden sie an der Kinokasse gefragt.* **2.** Dienstgrad: *Offiziersrang*

ran|gie|ren Ⓜ**:** Eisenbahnwagen auf ein anderes Gleis fahren

Ran|gier|gleis, das (die Rangiergleise): Gleis, auf dem Eisenbahnwagen umgesetzt und neue Züge zusammengestellt werden

rann: ⇨ rinnen

rann|te: ⇨ rennen

Ran|zen, der (die Ranzen): Schultasche

rar: selten

rasch: schnell; zügig; flink

ra|scheln: **1.** *Die Blätter rascheln im Wind.* **2.** *Opa raschelt mit seiner Zeitung.*

ra|sen: sehr schnell fahren, laufen: *Ein Auto kam um die Ecke gerast.*

Ra|sen, der (die Rasen): Grasfläche: *den Rasen mähen*

ra|sie|ren: Haare entfernen: *Vater muss sich noch rasieren.*

ras|peln: mit einem Gerät etwas in kleine Stücke schneiden: *Schokolade raspeln*

Ras|sel, die (die Rasseln): **1.** einfaches Musikinstrument. **2.** Spielzeug für kleine Kinder

Rat, der: **1.** (ohne Mehrzahl): Empfehlung; Hinweis: *einen guten Rat geben.* **2.** (die Räte): *der Rat der Stadt; Gemeinderat.* **3.** (die Räte): *Am Sonntag werden die Räte für den Stadtrat gewählt.*

ra|ten: **1.** einen Rat, einen Ratschlag geben. **2.** enträtseln; erraten: *falsch geraten*

Rat|schlag, der (die Ratschläge): ein einzelner Hinweis, Rat

Rät|sel, das (die Rätsel): **1.** Denkaufgabe. **2.** etwas, hinter dessen Geheimnis man kommen möchte

rät|seln: knobeln; sich Gedanken machen; eine Erklärung suchen: *Wir rätseln, welchen Weg wir nehmen sollen.*

Rat|te, die (die Ratten): Nagetier

rat|tern: **1.** knattern: *Die Nähmaschine rattert.* **2.** *Mit dem Motorrad sind sie durch die engen Straßen gerattert.*

rau: 1. rissig; nicht glatt: *raue Haut.* **2.** eisig; kalt: *rauer Wind; raues Klima.* **3.** heiser, kratzig: *raue Stimme.* **4.** *raue Landschaft.* **5.** unhöflich: *raue Sitten; rauer Umgangston*

rau|ben: 1. mit Gewalt stehlen: *Schmuck rauben.* **2.** *Die Kinder rauben der Mutter den letzten Nerv.*

Räu|ber, der (die Räuber): Dieb; Verbrecher: *Die Räuber entkamen der Polizei.*

Raub|tier, das (die Raubtiere): Säugetier mit scharfen Zähnen, das sich meist von anderen Tieren ernährt: *Löwen sind Raubtiere.*

Rauch, der (ohne Mehrzahl): *Rauch kam aus dem Schornstein.*

Raum, der (die Räume): **1.** Zimmer: *Abstellraum.* **2.** Platz. **3.** Weltall

räu|men: etwas beseitigen; leer machen: *die Straße räumen*

Raum|fahrt, die (ohne Mehrzahl): alle Anstrengungen der Menschen mit Flugkörpern ins Weltall zu kommen

Rau|pe, die (die Raupen): Larve des Schmetterlings: *die kleine Raupe Nimmersatt*

Rau|reif, der (ohne Mehrzahl): Niederschlag aus feinen, gut erkennbaren Eisteilchen

raus: ⇨ heraus

rau|schen: *Bäche rauschen; das Rauschen in den Bäumen; das Rauschen der Meeresbrandung*

räus|pern Ⓜ (sich): durch leichtes Husten die Kehle frei machen: *Bevor er anfing zu singen, räusperte er sich.*

Re|chen|feh|ler, der (die Rechenfehler): Fehler beim Rechnen

re|cher|chie|ren Ⓜ**:** nachforschen; nach Informationen suchen: *Lucas recherchiert im Internet.*

rech|nen: 1. *im Kopf rechnen; richtig gerechnet!* **2.** schätzen; ausgehen von: *Er rechnet damit, dass der Brief 2 Tage braucht, bis er ankommt.* **3.** für wahrscheinlich halten: *Sie rechnen mit schönem Wetter.*

Rech|nung, die (die Rechnungen): **1.** Rechenaufgabe. **2.** Kassenzettel; Kaufbeleg: *Herr Ober, die Rechnung bitte!*

recht: 1. *jetzt erst recht; keine rechte Lust haben.* **2.** ziemlich: *Die Klassenarbeit fiel recht gut aus.* **3.** *Alles, was recht ist, das ist zu viel. Das geschieht ihm recht!*

Recht, das (die Rechte): **1.** Gesamtheit der Gesetze: *das römische Recht; das deutsche Recht.* **2.** Anspruch; Berechtigung: *Das ist ihr gutes Recht!; das Recht des Stärkeren*

rechts: auf der rechten Seite: *rechts abbiegen*

recht|zei|tig: zur rechten Zeit, sodass es noch früh genug ist: *Sie konnte noch rechtzeitig bremsen, sodass es zu keinem Unfall kam.*

re|cy|celn Ⓜ**:** *Blechdosen werden recycelt, deshalb müssen wir sie sammeln.*

Re|dak|teur Ⓜ**,** der (die Redakteure): jemand, der z. B. für eine Zeitung oder Zeitschrift Texte auswählt, bearbeitet oder selbst schreibt

Re|dak|ti|on Ⓜ**,** die (die Redaktionen): **1.** Gesamtheit der Redakteure. **2.** Arbeitsräume der Redakteure: *Die Redaktion ist im 3. Stock.*

Re|de, die: **1.** (die Reden): Ansprache; Vortrag: *eine Rede halten.* **2.** (ohne Mehrzahl): das Sprechen: *Wovon war gerade die Rede?* **3.** (ohne Mehrzahl): *Die direkte Rede wird in Anführungszeichen gesetzt.*

reden: 1. sprechen: *Du musst langsamer reden.* **2.** *Rede doch keinen Unsinn.* **3.** *miteinander reden.* **4.** eine Rede, einen Vortrag halten: *Sie ist ganz aufgeregt, weil sie vor Publikum reden muss.*

reffen: Segel einholen, einrollen

Refrain, der (die Refrains): Kehrreim in einem Lied: *Den Refrain singen wir gemeinsam.*

Regal, das (die Regale): *Paul stellt ein Buch ins Regal.*

Regatta, die (die Regatten): Wettfahrt für Boote

Regel, die (die Regeln): Übereinkunft; Vorschrift: *die Regeln der Rechtschreibung; Verkehrsregeln; Gesprächsregeln*

regelmäßig: 1. gleichmäßig: *eine regelmäßige Schrift.* **2.** *David kommt regelmäßig zu spät.*

Regen, der (ohne Mehrzahl): *Heftiger Regen trommelt gegen die Scheiben.*

Regenbogen, der (die Regenbogen): *Am Himmel ist ein bunter Regenbogen zu sehen.*

Regenbogenhaut, die (die Regenbogenhäute): Iris; farbiger Teil des Auges, in dessen Mitte die Pupille liegt

Regentropfen, der (die Regentropfen): einzelner Wassertropfen des Regens: *Die ersten Regentropfen fielen bereits, als sie das Auto erreichten.*

Regie, die (die Regien): Spielleitung bei Theater, Film, Fernsehen: *Sie hat bei dem neuen Film Regie geführt.*

regieren: einen Staat leiten; herrschen: *Der König regierte sein Land milde.*

Region, die (die Regionen): Gegend; Bereich; Gebiet

Regisseur, der (die Regisseure): Spielleiter im Theater oder bei Filmaufnahmen

regnen: *Diesen Sommer hat es häufig geregnet. Es regnet aufs Dach.*

Reh, das (die Rehe): Tier, das im Wald lebt: *ein scheues Reh*

Reibe, die (die Reiben): Gerät, mit dem man z. B. Kartoffeln oder Möhren klein reibt

reiben (er rieb, sie hat gerieben): **1.** *Eva hat sich die*

Augen gerieben. **2.** *Du musst noch Käse für die Spaghetti reiben.*

reich: 1. *Er ist ein reicher Mann.* **2.** *Kiwis sind reich an Vitamin C.* **3.** *An Weihnachten werden die Kinder reich beschert mit Äpfeln und Nüssen.*

Reich, das (die Reiche): Herrschaftsbereich; Land; Staat: *das Römische Reich*

rei|chen: 1. geben: *Reichst du mir bitte das Glas?* **2.** auskommen; genügen: *Timos Geld reicht nicht für den neuesten Comic.* **3.** sich erstrecken; gehen bis: *Das Regal reicht bis zur Decke.*

reif: voll entwickelt; ausgereift; fertig: *Die Kirschen sind reif.*

Rei|fen, der (die Reifen): **1.** *Ein Reifen ist geplatzt; Fahrradreifen.* **2.** *Im Zirkus springt der Löwe durch einen brennenden Reifen.*

Rei|he Ⓜ, die: **1.** (die Reihen): *Die Kinder stellen sich in einer Reihe auf.* **2.** (ohne Mehrzahl): *Jetzt bist du an der Reihe.* **3.** (ohne Mehrzahl): *Wir dürfen dem Autor eine ganze Reihe Fragen stellen.*

Rei|hen|fol|ge, die (die Reihenfolgen): geordnete Abfolge: *in alphabetischer Reihenfolge*

Reim, der (die Reime): **1.** Gleichklang zweier oder mehrerer Wörter, besonders am Versende. **2.** *Kinderreim*

rein: 1. nicht vermischt; echt: *reines Gold.* **2.** nichts anderes als: *nichts als die reine Wahrheit.* **3.** sauber; frei von Schmutz. **4.** ohne Schuld: *ein reines Gewissen haben.* **5.** Kurzform für ⇨ herein

rei|ni|gen: sauber machen

Reis, der (die Reise): Pflanze, deren Frucht gegessen wird: *Sie isst gern Milchreis.*

Rei|se, die (die Reisen): *In den Ferien machten wir eine Reise ans Mittelmeer.*

Rei|se|füh|rer, der (die Reiseführer): **1.** jemand, der am jeweiligen Ort die Sehenswürdigkeiten zeigt. **2.** Buch, in dem der Reiseort beschrieben ist und in dem Tipps zu dem Ort zu finden sind

rei|sen: eine Reise machen: *Wir reisen ans Meer.*

reißen (er riss, sie hat/ist gerissen): **1.** auseinandergehen: *Das Seil ist gerissen.* **2.** *Der Sturm hat die Bäume aus der Erde gerissen.* **3.** *Ella riss ihrer Freundin das Tagebuch aus der Hand.* **4.** (sich): *Die Fans haben sich um ein Autogramm des Fußballers gerissen.*

reißend: wild; stark; heftig: *ein reißender Fluss*

Reißverschluss, der (die Reißverschlüsse): Verschluss meist an Kleidungsstücken: *Der Reißverschluss klemmt schon wieder.*

reiten (er ritt, sie hat/ist geritten): sich auf einem Reittier (z. B. Pferd, Esel) fortbewegen

reizen: 1. ärgern: *Wir dürfen den Löwen nicht reizen.* **2.** *Der Qualm reizt die Augen.* **3.** *Das neue Buch reizt ihn. Am liebsten würde er gleich anfangen zu lesen.*

Rekord, der (die Rekorde): Höchstleistung: *einen neuen Rekord aufstellen*

relaxen: sich entspannen

Relief, das (die Reliefs, *auch* die Reliefe): **1.** aus einer Fläche herausgearbeitetes plastisches Bildwerk: *Der Bildhauer arbeitet an einem Relief.* **2.** Nachbildung der Erdoberfläche

rennen (er rannte, sie ist gerannt): sehr schnell laufen: *Sie muss rennen, damit sie noch pünktlich kommt.*

Rennen, das (die Rennen): Wettkampf im Laufen, Reiten oder Fahren: *Autorennen*

reparieren: ausbessern; in Ordnung bringen; ganz machen: *das Auto reparieren*

Reportage, die (die Reportagen): aktueller Bericht auch mit Interviews, z. B. im Fernsehen oder im Radio

Reporter, der (die Reporter): jemand, der Berichte, Reportagen z. B. für Zeitung,

Fernsehen oder Radio macht; Journalist

Rep|til Ⓜ, das (die Reptilien): Kriechtier, z. B. Schlange, Krokodil, Schildkröte

Re|qui|sit Ⓜ, das (die Requisiten): Gegenstand, der während einer (Theater-)Aufführung oder einer Filmszene gebraucht wird

re|ser|vie|ren Ⓜ: *Eintrittskarten für die Vorstellung am Samstag reservieren lassen*

Rest, der: **1.** (die Reste): etwas, was übrig geblieben ist: *Kuchenreste.* **2.** (ohne Mehrzahl): *Den Rest des Tages blieb Simon einfach im Bett.*

Re|stau|rant Ⓜ, das (die Restaurants): Speiselokal: *ein italienisches Restaurant*

re|tour Ⓜ: zurück

ret|ten ☺: **1.** *jemandem das Leben retten.* **2.** *Er konnte sich gerade noch an Land retten, bevor der Sturm losbrach.*

Reue, die (ohne Mehrzahl): tiefes Bedauern; Schuldbewusstsein: *Die Übeltäter zeigen keine Reue.*

Re|vier Ⓜ, das (die Reviere): **1.** *Hunde markieren ihr Revier.* **2.** Polizeidienststelle: *Polizeirevier*

Re|zept, das (die Rezepte): **1.** *Kochrezept; Backrezept.* **2.** *Der Arzt stellt ein neues Rezept aus.*

Rhyth|mus Ⓜ, der (die Rhythmen): *Sie wippen mit ihren Füßen im Rhythmus der Musik.*

rich|ten: 1. ein Urteil fällen. **2.** *Wir müssen noch die Betten für unseren Besuch richten.* **3.** *eine Frage an jemanden richten.* **4.** *den Scheinwerfer auf sie richten.* **5.** (sich): *Ich habe mich ganz genau nach der Anweisung gerichtet.*

rich|tig ⊕: **1.** *die richtige Lösung.* **2.** *Joes richtiger Name lautet Johann.*

Rich|tung, die (die Richtungen): *In welche Richtung müssen wir jetzt gehen?; Fahrtrichtung*

rieb: ⇨ reiben

rie|chen (er roch, sie hat gerochen): **1.** *an einer Blume riechen.* **2.** *Die Suppe riecht aber gut.*

Ried ⊕, das (die Riede): mit Riedgräsern und Schilf bewachsenes mooriges Gebiet

rief: ⇨ rufen

Rie|gel, der (die Riegel): **1.** Verschluss: *Du musst noch den Riegel an der Tür vorlegen.* **2.** *Schokoriegel*

Rie|se, der (die Riesen): *In Märchen kommen oft Riesen und Zwerge vor.*

rie|sig: **1.** sehr groß. **2.** ausgezeichnet; großartig: *Ich freue mich riesig, dass du mich besuchen kommst.*

Rind, das (die Rinder): Nutztier: *Die Rinder stehen auf der Weide.*

Rin|de, die (die Rinden): **1.** äußere Schicht am Stamm von Bäumen. **2.** *Käserinde; Brotrinde*

Ring, der (die Ringe): **1.** kreisförmiges Gebilde: *Fingerring; Rettungsring.* **2.** *Die Kinder bilden einen Ring.* **3.** Kampfplatz beim Boxen

rin|gen (er rang, sie hat gerungen): **1.** kämpfen. **2.** *Nach dem Wettrennen rang er heftig nach Luft.*

rin|nen (er rann, sie ist geronnen): *Die Tränen rinnen ihr über die Wangen.*

Ri|si|ko, das (die Risiken, *auch* Risikos): *Fußballer haben ein hohes Verletzungsrisiko.*

ris|kie|ren: sich trauen; wagen; sich einer Gefahr aussetzen: *Ich würde es nicht riskieren, mit deiner Mutter Ärger zu bekommen.*

riss: ⇨ reißen

Riss, der (die Risse): Schlitz; Spalt; Bruch: *Der Riss in der Hose wurde immer länger.*

ritt: ⇨ reiten

Rit|ter, der (die Ritter): im Mittelalter ein Kämpfer zu Pferde

Rit|ze, die (die Ritzen): schmale Spalte

rit|zen: **1.** *Er hat ein Herz in den Baum geritzt.* **2.** (sich): sich leicht verletzen; sich aufschürfen: *Felix hat sich an einem Nagel geritzt.*

Rob|be, die (die Robben): Säugetier, das im und am Meer lebt

Ro|bo|ter, der (die Roboter): Maschine mit beweglichen Gliedern, Armen und Beinen

roch: ⇨ riechen

Rock, der (die Röcke): Kleidungsstück

ro|deln: Schlitten fahren

roh: **1.** nicht gekocht: *ein rohes Ei.* **2.** derb; grob: *ein roher Mensch*

Rohr Ⓜ, das (die Rohre): **1.** *die Rohre der Wasserleitung; das Rohr ist verstopft.* **2.** Pflanze mit langem Stängel: *Schilfrohr.*

Röh|re Ⓜ, die (die Röhren): **1.** *ein Röhrchen mit Tabletten.* **2.** *eine neue Neonröhre einsetzen*

Roh|stoff, der (die Rohstoffe): Stoff, den die Natur liefert und der verarbeitet werden kann: *pflanzliche Rohstoffe; Erdöl ist ein wichtiger Rohstoff.*

Rol|le, die (die Rollen): **1.** Walze; Spule. **2.** ein zusammengerolltes Schriftstück. **3.** Turnübung; Purzelbaum. **4.** Figur, die ein Schauspieler im Theater oder Fernsehen darstellt. **5.** Aufgabe eines Menschen; Stellung im Leben: *Mutterrolle*

rol|len: **1.** *Der Ball rollt davon.* **2.** *Das Flugzeug ist zur Startbahn gerollt.* **3.** etwas zusammenrollen. **4.** *mit den Augen rollen.* **5.** (sich): *Das alte Papier hat sich schon an den Seiten gerollt.*

Rol|ler|blades Ⓜ, die (Mehrzahl): bestimmte Inlineskates

Roll|la|den, der (die Rollläden, *auch* die Rollladen; *auch* der Roll-Laden): Jalousie zum Verdunkeln von Räumen

Roll|stuhl, der (die Rollstühle): *Der gelähmte Junge sitzt im Rollstuhl.*

Rom: Stadt in Italien

Rö|mer, der (die Römer): Einwohner Roms

ro|sa: Farbadjektiv; ➪ Merkkasten blau/Blau auf Seite 40

Ro|sa, das (ohne Mehrzahl): Farbe; ➪ Merkkasten blau/Blau auf Seite 40

Ro|se, die (die Rosen): Blume mit einer schönen Blüte und Stacheln: *einen Strauß Rosen schenken*

Ro|si|ne Ⓜ, die (die Rosinen): getrocknete Weintraube: *Wir wollen einen Kuchen mit Rosinen backen.*

Ross, das (die Rosse): Pferd: *Der Ritter saß auf einem stolzen Ross.*

Rost, der: **1.** (die Roste): Gitter: *Wir braten unsere Würstchen auf dem Grillrost.* **2.** (ohne Mehrzahl): braunrote Schicht, die sich auf Eisen bilden kann: *Sie schmirgeln den Rost am Eisentor ab.*

rot (roter, am rotesten; *auch* röter, am rötesten): Farbadjektiv; ⇨ Merkkasten blau/Blau auf Seite 40

Rot, das (ohne Mehrzahl): Farbe; ⇨ Merkkasten blau/Blau auf Seite 40

Rou|te Ⓜ, die (die Routen): festgelegte Wegstrecke: *Sie haben ihre Reiseroute geplant.*

Rou|ti|ne|ar|beit Ⓜ, die (die Routinearbeiten): Arbeit, die man immer wieder macht

rub|beln ☺: kräftig reiben

Rü|be, die (die Rüben): Pflanze, deren dicke Wurzel man isst: *Gelbe Rübe; Zuckerrübe*

Ru|brik Ⓜ, die (die Rubriken): Spalte, in der etwas nach einer bestimmten Ordnung eingetragen wird: *die Rubriken einer Tabelle*

Rü|cken ☺, der (die Rücken): **1.** *einen krummen Rücken haben; auf dem Rücken eines Pferdes sitzen.* **2.** *Buchrücken*

Ruck|sack Ⓜ, der (die Rucksäcke): Beutel, den man an zwei Riemen auf dem Rücken trägt: *den Rucksack packen*

Rück|sicht Ⓜ, die (die Rücksichten): *Sie sollen auf die jüngeren Mitschüler Rücksicht nehmen.*

rück|wärts Ⓜ: nach hinten; zurück: *Rückwärts zu buchstabieren ist schwierig. Der Bus ist rückwärtsgefahren.*

Rü|de, der (die Rüden): männlicher Wolf, Fuchs, Hund, Marder

Ru|del, das (die Rudel): eine Gruppe wild lebender Säugetiere: *ein Rudel Wölfe*

Ru|der, das (die Ruder): **1.** Vorrichtung zum Steuern eines Bootes: *am Ruder stehen.* **2.** Stange mit flachen Enden zum Fortbewegen eines Bootes

ru|dern: *Sie sind über den See gerudert.*

ru|fen (er rief, sie hat gerufen): **1.** *laut rufen.* **2.** *um Hilfe rufen.* **3.** *„Herein!", rief es aus dem Zimmer.* **4.** *die Polizei rufen.* **5.** *Er wird nur mit seinem Spitznamen gerufen.*

Ru|he Ⓜ, die (ohne Mehrzahl): **1.** Stille: *Im Wald herrscht Ruhe.* **2.** Entspannung: *sich*

A B C D E F G H I J K L M N O P Q R S T U V W X Y Z

etwas Ruhe nach einem anstrengenden Tag gönnen. **3.** ohne Eile: *Er malt sein Bild in Ruhe fertig.* **4.** kein Streit; keine Störung: *Könnt ihr mal wieder Ruhe geben?* **5.** Gelassenheit: *Er bewahrt die Ruhe.*

ru|hig ➔**: 1.** ohne störende Geräusche: *Seid doch endlich mal ruhig!* **2.** fast bewegungslos: *ruhig dasitzen.* **2.** friedlich; geruhsam. **3.** ohne Hektik und Eile: *Iss dein Brot ruhig zu Ende auf.* **4.** ohne Streit; ohne Störung: *Die Diskussion verlief ruhig.* **5.** gelassen; rein: *ein ruhiges Gewissen.* **6.** *Du kannst ruhig ins Kino gehen, ich habe nichts dagegen.*

Ruhm Ⓜ**,** der (ohne Mehrzahl): hohes Ansehen: *als Sportler Ruhm erlangen*

rüh|ren Ⓜ**: 1.** z. B. mit einem Löffel etwas vermischen: *Puddingpulver in die Milch rühren.* **2.** bewegen: *keinen Finger rühren; sie konnte sich nicht mehr rühren, sie war wie gelähmt.* **3.** innerlich bewegen: *Die Nachricht hat ihn zu Tränen gerührt.*

rüh|rend ➔**:** zu einer inneren Bewegung führend: *Die Kinder sorgen rührend für ihre Katze.*

Rui|ne Ⓜ**,** die (die Ruinen): verfallenes oder zerstörtes älteres Bauwerk: *Burgruine*

rum: ⇨ herum

ru|mo|ren: poltern; ein dumpfes Geräusch verursachen: *Im Nebenzimmer höre ich Paul rumoren.*

rund ➔**: 1.** *ein runder Tisch; die Erde ist rund.* **2.** dick: *Das Baby hat runde Bäckchen.* **3.** *in achtzig Tagen rund um die Erde reisen.* **4.** ungefähr: *Ich besitze rund 50 Sammelbilder.*

run|ter: ⇨ herunter

rup|fen: herausziehen; ausreißen: *Unkraut rupfen; eine Gans rupfen*

Ruß, der (die Ruße): schwarze, schmierige Substanz: *Mit dem Ruß aus dem Kamin machen sie sich die Kleider dreckig.*

Rüs|sel ☺**,** der (die Rüssel): röhrenförmige Verlängerung am Kopf: *Elefantenrüssel; Saug- und Stechrüssel bei Insekten*

rus|sisch ☺**:** alles, was sich auf Russland bezieht oder von dort kommt; ⇨ Merkkasten deutsch/Deutsch auf Seite 52

Russ|land ⊜**:** sehr großes Land, das teilweise in Europa liegt, aber zum größten Teil in Asien

rüs|ten: sich bewaffnen: *Sie rüsten sich für den Kampf.*

rut|schen: 1. gleiten: *Auf dem Schnee rutscht man. Sophia rutscht unruhig auf dem Stuhl hin und her.* **2.** Platz machen; zur Seite rücken: *Rutsch mal bitte ein Stück!* **3.** nicht fest sitzen: *Die Hose rutscht. Sie ist mir zu groß.*

rut|schig ➔**:** glatt; so, dass jemand leicht ausrutschen kann: *Der Fußweg war nach dem Regen rutschig.*

rüt|teln ☺**:** schütteln; heftig hin und her bewegen: *Er rüttelt an der verschlossenen Tür. Sie rüttelten mich aus dem Schlaf.*

S

Saal Ⓜ**,** der (die Säle): großer Raum: *Festsaal*

Saat Ⓜ**,** die (die Saaten): **1.** Samenkörner, die ausgesät werden, damit daraus neue Pflanzen wachsen. **2.** junge Getreidepflanzen

sab|bern ☺**:** Speichel ausfließen lassen: *Der Hund sabbert.*

Sa|che, die (die Sachen): **1.** Gegenstand; Ding; Etwas: *Ich muss noch meine Sachen packen.* **2.** Angelegenheit: *Das geht dich nichts an, das ist meine Sache.*

Sack ☺**,** der (die Säcke): größerer Behälter aus Stoff, Papier oder Plastik: *ein Sack Mehl*

sä|en Ⓜ**:** Samenkörner in die Erde bringen

Sa|fa|ri, die (die Safaris): Reise durch Afrika, bei der wilde Tiere gejagt oder beobachtet werden: *auf Safari gehen*

Saft, der (die Säfte): Getränk aus ausgepressten Früchten: *Orangensaft*

Sä|ge Ⓜ**,** die (die Sägen): Werkzeug zum Zerteilen von hartem Material: *die Säge an den Baum setzen; Laubsäge*

A B C D E F G H I J K L M N O P Q R S T U V W X Y Z

sa|gen: 1. *etwas laut sagen.* **2.** *Ich muss meiner Tante nur noch Auf Wiedersehen sagen.* **3.** *Wie kann man es treffender sagen?* **4.** *Von den Lehrern lässt er sich nichts sagen.*

sä|gen: mit einer Säge arbeiten: *ein Loch in das Brett sägen; Holz sägen*

sah: ⇨ sehen

Sah|ne, die (ohne Mehrzahl): **1.** fetthaltiger Teil der Milch, der oben schwimmt; Rahm. **2.** Schlagsahne: *Eis mit Sahne*

Sai|te, die (die Saiten): **1.** dünner Strang, z. B. auf Geigen und Gitarren: *Die Gitarrensaite ist gerissen.* **2.** dünner Strang zum Bespannen von Tennis- oder Federballschlägern

Sa|lat, der: **1.** (ohne Mehrzahl): Pflanze: *Kopfsalat.* **2.** (die Salate): kalte Speise: *Kartoffelsalat; italienischer Salat*

Sal|be, die (die Salben): Heilmittel, das auf die Haut aufgetragen wird: *Wundsalbe*

Salz, das (die Salze): *Ich gebe noch eine Prise Salz an die Suppe.*

Salz|bre|zel, die (die Salzbrezeln): Brezel, die mit Salz bestreut ist

sal|zen: mit Salz würzen

sal|zig: Salz enthaltend; nach Salz schmeckend: *Die Suppe schmeckt salzig.*

Salz|stan|ge, die (die Salzstangen): Knabbergebäck

Sa|men, der: **1.** (die Samen): Teil der Pflanze, aus dem eine neue Pflanze entstehen kann. **2.** (ohne Mehrzahl): Absonderung des männlichen Geschlechtsteils, die zur Fortpflanzung dient

Sa|men|zel|le, die (die Samenzellen): reife männliche Keimzelle bei Mensch und Säugetieren, die zur Fortpflanzung dient

sam|meln: 1. *Heidelbeeren, Pilze, Briefmarken sammeln; Altpapier sammeln.* **2.** (sich): *Vor dem Ausflug sammeln wir uns auf dem Schulhof.*

Samm|lung, die (die Sammlungen): **1.** *Die Klasse beteiligt sich an einer Sammlung für das Rote Kreuz.* **2.** *Till ist stolz auf seine große Briefmarkensammlung.*

Sams|tag, der (die Samstage): Wochentag; Sonnabend; ⇨ Merkkasten Dienstag auf Seite 53

Sand, der (die Sande, *auch* die Sände): *Kinder spielen im Sand; Wüstensand*

Sand|burg, die (die Sandburgen): aus Sand gebauter Wall am Strand: *Die Kinder bauen am Strand eine Sandburg.*

San|da|le, die (die Sandalen): flacher, leichter Schuh

sand|te: ⇨ senden

Sand|wich Ⓜ, das (*auch* der Sandwich; die Sandwiches, *auch* die Sandwiche): zwei zusammengeklappte belegte Brotscheiben

sanft: **1.** *Das Pferd ist ganz sanft.* **2.** *sanft streicheln.* **3.** *ein sanfter Wind.* **4.** *eine sanfte Ermahnung*

sang: ⇨ singen

Sän|ger Ⓜ, der (die Sänger): jemand, der (als Beruf) singt

Sa|ni|tä|ter Ⓜ, der (die Sanitäter): jemand, der in Erster Hilfe besonders ausgebildet ist

sank: ⇨ sinken

San|ta Cruz Ⓜ: Stadt in Chile

Sa|phir Ⓜ, der (die Saphire): blauer Schmuckstein

Sar|di|ne Ⓜ, die (die Sardinen): kleiner Fisch

saß: ⇨ sitzen

Sa|tel|lit Ⓜ, der (die Satelliten): **1.** Himmelskörper, der einen Planeten umkreist. **2.** *Wettersatellit; einen Satelliten in die Umlaufbahn schießen*

Sa|tel|li|ten|bild, das (die Satellitenbilder): Bildaufnahme, die von einem künstlichen Satelliten aus gemacht wurde: *Das Satellitenbild zeigt ein Tiefdruckgebiet über Europa.*

satt: nicht mehr hungrig

Sat|tel, der (die Sättel): **1.** Sitz zum Reiten: *einem Pferd den Sattel auflegen.* **2.** *Fahrradsattel*

Satz, der (die Sätze): **1.** *Wir müssen 3 Sätze mit „laufen“ bilden.* **2.** Teil eines Musikstückes. **3.** Spielabschnitt, z. B. beim Volleyball. **4.** Gruppe zusammengehörender Gegenstände: *ein Satz Reifen.* **5.** ein großer Sprung: *Vor Schreck macht sie einen Riesensatz.* **6.** Ablagerung: *Vom Tee blieb ein brauner Satz in der Tasse.*

Satz|spie|gel, der (die Satzspiegel): Anordnung von Text und Bildern auf einer Seite

sau|ber: **1.** frei von Schmutz. **2.** ordentlich: *Er hat eine saubere Heftführung.*

säu|bern: Schmutz oder etwas, das man nicht möchte, entfernen: *die Fingernägel säubern*

sau|er: **1.** nicht süß: *sauer wie eine Zitrone.* **2.** verdorben: *Die*

Milch ist sauer. **3.** verärgert: *Opa ist sauer auf mich. Sie macht ein saures Gesicht.*

Sau|er|stoff, der (ohne Mehrzahl): farb- und geruchloses Gas: *Die Luft enthält Sauerstoff.*

sau|gen: 1. (er saugte, sie hat gesaugt; *auch* er sog, sie hat gesogen): *Das Baby saugt am Daumen. Zecken saugen Blut.* **2.** (er saugte, sie hat gesaugt): *staubsaugen.* **3.** (sich) (er saugte sich, sie hat sich gesaugt; *auch* er sog sich, sie hat sich gesogen): *Das Löschblatt sog sich voll Tinte.*

säu|gen: *Die Hündin säugt ihre 6 Wochen alten Welpen.*

Säu|ge|tier, das (die Säugetiere): Tier, das Junge zur Welt bringt, die gesäugt werden: *Hunde sind Säugetiere.*

Säug|ling, der (die Säuglinge): Baby; ganz kleines Kind

Saum, der (die Säume): festgenähter Umschlag am Stoffrand, z. B. bei Hosen und Röcken: *den Hosensaum auslassen*

sau|sen: 1. schnell laufen, fahren: *Ich muss noch schnell in den Supermarkt sausen, bevor er schließt.* **2.** rauschen: *das Sausen des Windes*

S-Bahn, die (die S-Bahnen): Kurzform für ⇨ Schnellbahn

sch

Du sprichst ein Wort am Anfang wie *sch* aus, kannst es aber unter *sch* nicht finden. Dann suche auch unter *sh.* Beispiele: *shoppen; das Shampoo; die Show*

schä|big: 1. abgenutzt; alt und gebraucht: *ein schäbiger Sessel.* **2.** gemein: *So ein schäbiger Kerl.*

Scha|blo|ne, die (die Schablonen): ausgeschnittene Vorlage; Muster: *die Schablone anlegen*

Schach|tel, die (die Schachteln): **1.** Behälter aus dünner Pappe: *Laura sucht eine Schachtel für ihre Urlaubsandenken.* **2.** *eine Schachtel Pralinen*

scha|de: leider: *Schade, dass du nicht mit zum Baden kommst.*

Schaf, das (die Schafe): Tier mit wolligem Fell

schaf|fen (er schuf, sie hat geschaffen): **1.** entstehen lassen; hervorbringen. **2.** bewältigen; fertig werden

Schal, der (die Schals): Kleidungsstück für den Hals

Scha|le, die (die Schalen): **1.** Haut; Hülle: *Apfelschale.* **2.** Gehäuse: *Muschelschale.* **3.** Gefäß: *In der Schale lag Obst.*

schä|len: *einen Apfel schälen*

Schall, der (die Schalle, *auch* die Schälle): Schwingungen, die vom menschlichen Gehör erfasst werden

Schall|wel|le, die (die Schallwellen): *Wenn ein Gegenstand in Schwingung versetzt wird, sendet er Schallwellen aus.*

schal|ten: 1. *Die Ampel schaltet auf Rot.* **2.** bei einem Fahrzeug einen anderen Gang einlegen: *in den dritten Gang schalten.* **3.** veröffentlichen: *eine Anzeige in einer Zeitung schalten*

Schal|ter, der (die Schalter): **1.** *Lichtschalter.* **2.** *Postschalter; Fahrkartenschalter*

Schalt|jahr, das (die Schaltjahre): jedes 4. Jahr im Kalender, in dem der 29. Februar eingeschaltet wird

schä|men Ⓜ (sich): ein Gefühl der Schuld, Reue oder Peinlichkeit haben; verlegen sein: *Ulli hat gelogen, deshalb schämt er sich jetzt.*

scharf: 1. *ein scharfes Messer.* **2.** kräftig gewürzt: *eine scharfe Suppe.* **3.** *ein scharfes Reinigungsmittel.* **4.** *ein scharfer Wind.* **5.** angestrengt: *scharf nachdenken.* **6.** deutlich: *scharf sehen.* **7.** *scharf bremsen*

schar|ren: 1. kratzen: *Der Hund scharrt an der Tür.* **2.** kratzen und wühlen: *Hühner scharren im Dreck.*

Schat|ten, der: **1.** (die Schatten): *Die Sonne geht bald unter, die Bäume werfen schon lange Schatten.* **2.** (ohne Mehrzahl): *Wir gingen aus der Sonne in den Schatten.* **3.** (die Schatten): Gestalt, Figur, die nur in ihren Umrissen zu erkennen ist: *Ein dunkler Schatten taucht auf.*

Schatz, der (die Schätze): Ansammlung vieler kostbarer Dinge, z. B. Goldmünzen: *einen Schatz vergraben*

Schatz|tru|he, die (die Schatztruhen): Kiste, Truhe, in der ein Schatz aufbewahrt wird

A B C D E F G H I J K L M N O P Q R S T U V W X Y Z

schauen: blicken; sehen

Schauer, der (die Schauer): **1.** kurzer Regen, Niederschlag. **2.** Schrecken; Grusel

Schaufel, die (die Schaufeln): Werkzeug zum Graben und Aufnehmen von Erde

Schaufenster, das (die Schaufenster): Raum eines Geschäftes mit Glasscheiben zur Straße, in dem Waren gezeigt werden

Schaukel, die (die Schaukeln): Brett, das an zwei Seilen oder Ketten aufgehängt ist

schaukeln: 1. hin und her schwingen; auf und nieder schwingen: *Die Kinder schaukeln im Hof.* **2.** *ein Kind in der Wiege schaukeln*

Schaum, der (die Schäume): *Eiweiß zu Schaum schlagen; Rasierschaum; Schaumbad*

Schauspieler, der (die Schauspieler): jemand, der auf der Bühne, im Film oder Fernsehen Rollen übernimmt; Darsteller

Scheibe, die (die Scheiben): **1.** *Fensterscheibe.* **2.** flacher, runder Gegenstand: *Frisbeescheibe.* **3.** *Brotscheibe*

scheiden (er schied, sie hat/ist geschieden): eine Ehe gesetzlich trennen: *Seine Eltern ließen sich scheiden.*

scheinen (er schien, sie hat geschienen): **1.** *Die Sonne schien den ganzen Tag.* **2.** den Eindruck erwecken; wirken: *Er scheint schon zu schlafen.*

Scheinwerfer, der (die Scheinwerfer): Lampe mit sehr hellem Licht, das weit strahlt: *die Scheinwerfer des Autos*

schellen: 1. läuten. **2.** die Klingel betätigen; klingeln

Schenkel, der (die Schenkel): Teil des Beines: *Hähnchenschenkel*

schenken: 1. *Opa schenkt ihm eine Tafel Schokolade.* **2.** *Sie schenken dem Vogel die Freiheit.* **3.** (sich): sich ersparen: *Die Mühe können wir uns schenken.*

Schere, die (die Scheren): **1.** Schneidewerkzeug. **2.** scherenartige Füße, z. B. bei Krebsen

Scherenschnitt, der (die Scherenschnitte): Bild, das durch Herausschneiden bestimmter Formen aus einem Blatt Papier hergestellt wird

Scherz, der (die Scherze): Spaß; Witz; Streich: *Er hat nur einen Scherz gemacht.*

scheu: ängstlich; schüchtern; zurückhaltend: *Sie ist wasserscheu; das scheue Reh*

Scheu|ne, die (die Scheunen): Gebäude, in dem Heu und Stroh gelagert wird

Schi, der (die Schier, *auch* die Schi): ⇨ Ski

schi|cken ☺: **1.** *Mia schickt mir ein Päckchen.* **2.** *Mutter schickt Tom einkaufen.*

Schick|sal Ⓜ, das (die Schicksale): Bestimmung; Fügung: *Er fügte sich in sein Schicksal und schrieb den Deutschtest mit.*

schie|ben (er schob, sie hat geschoben): **1.** *das Fahrrad schieben.* **2.** *einen Riegel vor die Tür schieben.* **3.** *Er schiebt die Schuld immer auf andere.*

schied: ⇨ scheiden

Schieds|rich|ter Ⓜ, der (die Schiedsrichter): jemand, der für die Einhaltung der Spielregeln bei einem Mannschaftsspiel verantwortlich ist

schief: schräg; nicht gerade

Schie|fer|ta|fel ⊜, die (die Schiefertafeln): kleine Tafel aus Schieferstein, auf die man z. B. mit Kreide schreiben kann

schien: ⇨ scheinen

Schie|ne, die (die Schienen): **1.** *Eisenbahnschiene; Straßenbahnschiene.* **2.** Stütze zum Ruhigstellen von Gliedmaßen, z. B. nach einem Beinbruch: *eine Schiene anlegen*

schie|ßen (er schoss, sie hat/ist geschossen): **1.** mit einem Gewehr, einer Pistole einen Schuss abfeuern. **2.** mit einem Schuss treffen: *Aus Versehen hat er sich selbst ins Bein geschossen.* **3.** mit einer Schusswaffe erlegen: *Der Jäger hat einen Hasen geschossen.* **4.** (beim Fußball) *ein Tor schießen.* **5.** *Vor Schreck ist sie aus dem Bett geschossen.* **6.** *Sie hatte Nasenbluten, dabei ist ihr das Blut nur so aus der Nase geschossen.* **7.** *Auf dem Ausflug haben wir viele Fotos geschossen.*

Schiff ☺, das (die Schiffe): *Letzten Sonntag fuhren wir mit dem Schiff über den Bodensee.*

Schiff|brü|chi|ge ⊜, der (die Schiffbrüchigen): jemand, der nach einem Schiffsuntergang Rettung sucht

A B C D E F G H I J K L M N O P Q R S T U V W X Y Z

A B C D E F G H I J K L M N O P Q R S T U V W X Y Z

Schild, das (die Schilder): Tafel mit Aufschrift oder Zeichen: *Namensschild; Verkehrsschild*

Schild, der (die Schilde): Schutz: *Die Ritter trugen Schwert und Schild zum Schutz.*

schil|dern: anschaulich und ausführlich berichten, beschreiben

Schild|krö|te, die (die Schildkröten): Kriechtier mit Bauch- und Rückenpanzer

Schilf, das (die Schilfe): hohe grasähnliche Pflanze, die am Wasser wächst

schim|mern: **1.** leicht durchscheinen: *Das Licht schimmert durch den Vorhang.* **2.** einen leichten Glanz haben: *Ihr Kleid schimmert silbern.*

schimp|fen: **1.** *Wir schimpften über die vielen Hausaufgaben.* **2.** *Der Vater schimpft mit den Kindern, weil sie nicht aufgeräumt haben.*

Schin|ken, der (die Schinken): hintere Keule des Schweines: *gekochter Schinken*

Schirm, der (die Schirme): **1.** *Regenschirm; Sonnenschirm.* **2.** *Lampenschirm.* **3.** *Fallschirm*

Schlaf, der (ohne Mehrzahl): *Sie fiel in einen tiefen Schlaf. Er hat einen leichten Schlaf.*

Schlaf|an|zug, der (die Schlafanzüge): *Sie trägt meist gestreifte Schlafanzüge.*

schla|fen (er schlief, sie hat geschlafen): **1.** *Um Mitternacht ging Fritz endlich schlafen.* **2.** übernachten: *Sina schläft heute Nacht bei Kira.*

Schlaf|lied, das (die Schlaflieder): Lied, mit dem man Kinder in den Schlaf singt

schla|gen (er schlug, sie hat geschlagen): **1.** *Die Schüler wurden früher mit dem Stock geschlagen.* **2.** *Sie schlägt den Nagel mit dem Hammer in die Wand.* **3.** *die Trommel schlagen.* **4.** in einem Wettkampf besiegen: *Der Gegner ist geschlagen.* **5.** *Der Vogel schlägt heftig mit seinen Flügeln.* **6.** (sich): sich prügeln: *Früher hat er sich immer mit anderen Kindern geschlagen.*

Schlag|zei|le, die (die Schlagzeilen): fett gedruckte Überschrift in einer Zeitung

schlak|sig: dünn und lang und etwas ungeschickt: *ein schlaksiger Junge*

Schlamm, der (die Schlamme, *auch* die Schlämme): aufgeweichte Erde: *Die Kutsche blieb im Schlamm stecken.*

Schlan|ge, die (die Schlangen): **1.** lang gestrecktes Kriechtier ohne Beine. **2.** *Für die Konzertkarten mussten wir in einer langen Schlange anstehen.*

schlank: dünn; schmal

schlau: klug; gescheit

Schlauch, der (die Schläuche): biegsame, elastische Röhre: *Gartenschlauch; Fahrradschlauch*

Schlau|fe, die (die Schlaufen): **1.** eine Schlinge als Griff: *die Schlaufe am Skistock.* **2.** *Gürtelschlaufe*

schlecht: 1. *Er hat seine Hausaufgaben schlecht erledigt.* **2.** *Ich habe heute Nacht schlecht geschlafen.* **3.** verdorben: *Die Milch ist schlecht.* **4.** unwohl: *Mir ist schlecht.* **5.** böse; gemein: *ein schlechter Mensch.* **6.** *Wir haben schlechtes Wetter.* **7.** eher nicht; kaum: *Am Samstag kann ich schlecht kommen.*

schle|cken ☺**: 1.** lecken: *Eis schlecken.* **2.** naschen; Süßigkeiten essen

schlei|chen (er schlich, sie hat/ist geschlichen): **1.** leise und vorsichtig gehen: *auf Zehenspitzen schleichen.* **2.** (sich): sich heimlich entfernen: *Sie hat sich heimlich aus dem Haus geschlichen.* **3.** *Müde und hungrig ist er nach Hause geschlichen.*

Schlei|er, der (die Schleier): **1.** feines, durchsichtiges Tuch. **2.** Dunstschicht; Nebel: *Ein leichter Schleier lag über der Landschaft.*

Schlei|fe, die (die Schleifen): **1.** besonders gebundenes Band: *eine Schleife binden.* **2.** Biegung; Kurve: *Das Flugzeug drehte noch eine Schleife, bevor es landete.*

schlep|pen ☺**: 1.** etwas Schweres tragen: *Er schleppt die schweren Koffer.* **2.** hinter sich herziehen: *ein kaputtes Auto in die Werkstatt schleppen.* **3.** *Sie schleppte ihre Freundin mit ins Kino.* **4.** (sich): *Mit letzter Kraft schleppte er sich noch zum Bett.*

schlich: ⇨ schleichen

schlich|ten: einen Streit beilegen; vermitteln

schlief: ⇨ schlafen

A B C D E F G H I J K L M N O P Q R S T U V W X Y Z

schlie|ßen (er schloss, sie hat/ist geschlossen): **1.** zumachen: *ein Fenster schließen; das Geschäft schließt um 20 Uhr.* **2.** *Frieden schließen.* **3.** *den Stromkreis schließen.* **4.** *Die Lehrerin schließt aus ihren Antworten, dass sie nichts gelernt haben.* **5.** (sich): *Die Blüten der Pflanze schließen sich am Abend.*

schließ|lich: am Schluss; endlich; am Ende; zuletzt

schlimm: arg; böse; unangenehm: *Das ist halb so schlimm!*

Schlin|ge, die (die Schlingen): besonders gebundenes Band, das zusammengezogen werden kann

Schlit|ten, der (die Schlitten): *Wenn es frisch geschneit hat, fahren wir gern Schlitten.*

Schlitt|schuh, der (die Schlittschuhe): *Im Winter gehen wir in die Eissporthalle und laufen dort Schlittschuh.*

schloss: ⇨ schließen

Schloss, das (die Schlösser): **1.** Verschluss; Riegel: *Fahrradschloss; Türschloss.* **2.** Palast; prächtiges Gebäude

schlot|tern: **1.** zittern: *vor Angst schlottern.* **2.** lose herabhängen; schlabbern: *Die Hose schlottert ihm um die Beine.*

schluch|zen: heftig weinen

Schluck, der (die Schlucke): so viel, wie man mit einem Mal hinunterschluckt: *ein Schluck Wasser*

schlu|cken: **1.** *Ich habe beim Schwimmen Wasser geschluckt.* **2.** *Unser Lehrer hat die Ausrede geschluckt.*

schlug: ⇨ schlagen

schlüp|fen: **1.** *Der Hund schlüpft unbemerkt unter dem Zaun hindurch.* **2.** anziehen: *in eine Hose schlüpfen.* **3.** *Das Küken schlüpft aus dem Ei.*

schlur|fen: gehen und dabei die Schuhe hörbar über den Boden schleifen lassen

schlür|fen: etwas geräuschvoll trinken

Schluss, der: **1.** (ohne Mehrzahl): Ende: *Damit ist jetzt endgültig Schluss.* **2.** (die Schlüsse): gedankliche Folgerung: *Wir sollten aus seinem*

Verhalten keine voreiligen Schlüsse ziehen.

Schlüs|sel ㋡**,** der (die Schlüssel): **1.** *den Schlüssel ins Schloss stecken.* **2.** verabredete Regel zur Ver- und Entschlüsselung einer Botschaft. **3.** Zeichen am Anfang der Notenlinien zur Bestimmung der Tonhöhe: *Notenschlüssel.* **4.** Werkzeug: *Schraubenschlüssel*

schmäch|tig Ⓜ**:** zart und schwächlich wirkend: *ein schmächtiges Kerlchen*

schmal (schmaler, am schmalsten; *auch* schmäler, am schmälsten): dünn; eng: *eine schmale Gasse*

schmat|zen ㋡**:** geräuschvoll essen

schme|cken ㋡**: 1.** *Ich kann gar nichts schmecken, ich habe Schnupfen.* **2.** *Die Suppe schmeckt salzig.*

schmei|ßen (er schmiss, sie hat geschmissen): werfen

schmel|zen (er schmolz, sie hat/ist geschmolzen): **1.** *Der Schnee schmilzt schnell in der Sonne.* **2.** durch Wärme flüssig machen

Schmerz, der (die Schmerzen): **1.** *Kopfschmerzen.* **2.** Kummer; Leid

Schmet|ter|ling ㋡**,** der (die Schmetterlinge): Insekt mit vier Flügeln

schmie|den: glühendes Metall bearbeiten und formen: *ein Schwert schmieden*

schmie|ren: 1. ölen; einfetten. **2.** *Marie schmiert sich noch ein Butterbrot.* **3.** unsauber schreiben. **4.** *Timos Filzstift schmiert.*

schmin|ken: Schminke, Make-up, z. B. Lippenstift, auftragen: *Der Schauspieler wird vor seinem Auftritt noch geschminkt.*

schmiss: ⇨ schmeißen

schmö|kern: gemütlich und nur zum Vergnügen lesen

schmolz: ⇨ schmelzen

Schmuck ㋡**,** der (ohne Mehrzahl): **1.** Schmuckstücke wie Ringe, Ketten, Armbänder. **2.** Verschönerung; Ausschmückung

schmü|cken ㋡**:** schön herrichten; dekorieren: *den Weihnachtsbaum schmücken*

A B C D E F G H I J K L M N O P Q R S T U V W X Y Z

Schmutz, der (ohne Mehrzahl): Dreck; Unrat

schmut|zig: dreckig

Schna|bel, der (die Schnäbel): *Papageien haben einen kräftigen Schnabel.*

Schnal|le, die (die Schnallen): Vorrichtung zum Verschließen: *Gürtelschnalle*

schnap|pen: **1.** *Der Hund hat nach ihr geschnappt.* **2.** *Ich schnapp mir noch schnell einen Apfel, dann können wir los.* **3.** einen Täter ergreifen

Schnapp|schuss, der (die Schnappschüsse): schnell gemachtes Foto

schnar|chen: im Schlaf geräuschvoll atmen

schnat|tern: *Gänse und Enten schnattern.*

Schnau|ze, die (die Schnauzen): Nasen- und Mundbereich bestimmter Tiere: *eine warme Hundeschnauze*

Schne|cke, die (die Schnecken): Weichtier: *Die Schnecke kriecht langsam über den Weg.*

Schnee, der (ohne Mehrzahl): Niederschlag als kleine weiße Flocken: *Leise fällt Schnee.*

Schnee|ball, der (die Schneebälle): zu einer Kugel geformter Schnee

Schnee|be|sen, der (die Schneebesen): Küchengerät zum Schlagen von Eiweiß oder Schlagsahne

Schnee|flo|cke, die (die Schneeflocken): einzelne Flocke, wenn es schneit: *Schneeflocken fallen*

Schnee|glöck|chen, das (die Schneeglöckchen): weiß blühende Frühlingsblume

Schnee|ha|se, der (die Schneehasen): Hase, dessen Fell sich im Winter weiß färbt

Schnee|mann, der (die Schneemänner): menschenähnliche Figur, die aus Schnee geformt wird: *einen Schneemann bauen*

Schnee|schau|fel, die (die Schneeschaufeln): besonders breite Schaufel, mit der man Schnee gut wegräumen kann

schnei|den (er schnitt, sie hat geschnitten): **1.** mit einem Messer, einer Schere etwas zerteilen oder abtrennen: *Brot schneiden.* **2.** scharf sein: *Die Schere schneidet gut.* **3.** jemanden absichtlich übersehen. **4.** *sich die Haare schneiden lassen.* **5.** (sich): sich verletzen: *Eva hat sich in den Finger geschnitten.*

schneien: Schnee fällt
schnell: rasch; flink; flott; eilig
Schnellbahn, die (die Schnellbahnen): elektrisch betriebene Eisenbahn, die meist in Großstädten fährt (S-Bahn)
schnitt: ⇨ schneiden
Schnitt, der (die Schnitte): **1.** das Schneiden. **2.** Einschnitt; offene Stelle: *ein glatter Schnitt.* **3.** *Haarschnitt.* **4.** Durchschnitt: *Klassenschnitt*
Schnittstelle, die (die Schnittstellen): Verbindungsstelle zwischen Datenverarbeitungs- und Datenübertragungsstellen
schnitzen: etwas, eine Figur aus einem Stück Holz durch Schneiden formen: *eine Maske schnitzen*
Schnörkel, der (die Schnörkel): gewundene Linie, die als Verzierung dienen soll
schnüffeln: 1. hörbar einatmen: *Der Hund schnüffelt an der Tür.* **2.** herumsuchen: *Sie schnüffelte in meinen Sachen.*
Schnupfen, der (die Schnupfen): *Bei der Kälte haben sich alle einen Schnupfen geholt.*
schnuppern: an etwas riechen
Schnur, die (die Schnüre): zusammengedrehte Fäden
schnurren: leise brummen: *Katzen schnurren, wenn sie sich wohlfühlen.*
schob: ⇨ schieben
Schokolade, die (die Schokoladen): **1.** Süßigkeit. **2.** *eine Tasse heiße Schokolade*
Schokoladenkuchen, der (die Schokoladenkuchen): Kuchen mit Schokolade
schon: 1. *Die Großeltern kommen schon um 17 Uhr.* **2.** *Ich bin schon zehn Jahre alt.* **3.** *Das haben wir schon einmal durchgenommen.*
schön: 1. *ein schönes Kind.* **2.** *ein schöner Pullover.* **3.** *Das war nicht schön von ihm.* **4.** beträchtlich; ziemlich: *ein schönes Stück Arbeit*
Schönheit, die (die Schönheiten): **1.** *Er zeigt ihnen die Schönheiten der Stadt.* **2.** *Sie war schon als Kind eine Schönheit.*
schöpfen: 1. z. B. mit einer Schöpfkelle, einem Eimer Flüssigkeit herausholen. **2.** *Wir wollen draußen frische Luft schöpfen.* **3.** *neuen Mut schöpfen*
schoss: ⇨ schießen

A B C D E F G H I J K L M N O P Q R S T U V W X Y Z

schp

Du sprichst ein Wort am Anfang wie *schp* aus, kannst es aber unter *schp* nicht finden. Dann suche auch unter *sp.* Beispiele: *sparen; spät; der Spatz*

Schöss|ling Ⓜ, der (die Schösslinge): junger Spross, Trieb einer Pflanze

schräg Ⓜ**:** geneigt; schief

Schram|me, die (die Schrammen): Kratzer; Abschürfung

Schrank, der (die Schränke): *die Kleider in den Schrank hängen*

Schran|ke, die (die Schranken): Stange, mit der man einen Weg absperren kann: *die Schranke herunterlassen*

Schrau|be, die (die Schrauben): Befestigungsmittel aus Metall

schrau|ben: 1. *ein Schild an die Tür schrauben.* **2.** *den Deckel auf die Flasche schrauben*

Schreck, der (die Schrecke): Entsetzen: *Lilo hat Jan einen riesigen Schreck eingejagt.*

schreck|lich: 1. entsetzlich; furchtbar; grauenvoll: *ein schreckliches Unglück.* **2.** unangenehm: *Es herrscht eine schreckliche Hitze.* **3.** sehr: *Es war ihnen schrecklich peinlich.*

Schrei, der (die Schreie): meist sehr lauter Ausruf

schrei|ben (er schrieb, sie hat geschrieben): **1.** *Sie lernt jetzt schreiben.* **2.** *Der Stift schreibt gut.* **3.** *einen Brief schreiben.* **4.** *David schreibt ein Referat über Wölfe.* **5.** *Sie schreibt für die Schülerzeitung.* **6.** (sich): *Die Freundinnen schreiben sich lange Briefe.*

Schrei|ber, der (die Schreiber): **1.** jemand, der etwas schreibt. **2.** jemand, der früher als Beruf für andere geschrieben hat

Schreib|schrift, die (die Schreibschriften): Schrift, bei der die Buchstaben zusammenhängend geschrieben werden

Schreib|tisch, der (die Schreibtische): ein Tisch zum Schreiben

schrei|en (er schrie, sie hat geschrien): **1.** laut rufen; einen Schrei von sich geben. **2.** laut sprechen: *Schrei nicht so!*

schrie: ⇨ schreien

schrieb: ⇨ schreiben

Schrift, die (die Schriften): **1.** *Wir benutzen die lateinische*

Schrift; Keilschrift. **2.** *Deine Schrift kann ich kaum lesen, du musst deutlicher schreiben.*

Schrift|stel|ler, der (die Schriftsteller): Autor; Verfasser: *Der Schriftsteller hat schon viele Bücher geschrieben.*

Schritt, der: **1.** (die Schritte): *Er macht ein paar Schritte.* **2.** (die Schritte): Entfernung: *Sie stehen nur wenige Schritte von uns weg.* **3.** (ohne Mehrzahl): Art und Weise, wie jemand geht: *Ich erkannte sie sofort an ihrem Schritt.*

schrub|ben: mit einer Bürste sauber machen, abreiben: *den Fußboden schrubben*

scht

Du sprichst ein Wort am Anfang wie *scht* aus, kannst es aber unter *scht* nicht finden. Dann suche auch unter *st.* Beispiele: *steigen; stark; die Straße*

Schub|kar|re Ⓜ, die (die Schubkarren): Hilfsmittel, um schwere Lasten zu transportieren

Schub|la|de Ⓜ, die (die Schubladen): Schubfach: *Leg deine Strümpfe in die unterste Schublade des Schrankes.*

schüch|tern: zurückhaltend

schuf: ⇨ schaffen

Schuh Ⓜ, der (die Schuhe): *Sie probiert ein Paar neue Schuhe.*

Schuld, die: **1.** (ohne Mehrzahl): *Er hat Schuld an dem Unfall, weil er unaufmerksam war.* **2.** (die Schulden): Geldbetrag, den man zurückgeben muss: *Du musst deine Schulden noch zurückzahlen.*

Schu|le, die: **1.** (die Schulen): *Wir gehen noch in die Schule.* **2.** (ohne Mehrzahl): Unterricht: *Heute ist keine Schule.*

schum|meln: unehrlich handeln; mogeln: *beim Kartenspiel schummeln*

Schup|pe, die (die Schuppen): **1.** *Fische haben Schuppen.* **2.** sehr kleines Hautteilchen, das von der Kopfhaut abgestoßen wird: *Sie hat Schuppen.*

Schüp|pel, der (die Schüppel): Büschel

Schup|pen, der (die Schuppen): einfaches Häuschen,

A B C D E F G H I J K L M N O P Q R S T U V W X Y Z

A B C D E F G H I J K L M N O P Q R S T U V W X Y Z

z. B. aus Holzbrettern zum Unterstellen von Gegenständen

Schuss ☺, der (die Schüsse): **1.** *Es fielen Schüsse. Der Schuss traf mitten ins Schwarze.* **2.** das Treten, Werfen, Schlagen eines Balles: *ein Schuss gegen die Latte*

Schüs|sel ☺, die (die Schüsseln): Gefäß: *eine Schüssel Reis*

schüt|teln ☺: 1. etwas, jemanden kräftig und schnell hin und her bewegen. **2.** (sich): *Der Hund schüttelt sich.* **3.** (sich): *sich ekeln*

schüt|ten ☺: 1. eingießen; fließen lassen. **2.** sehr stark regnen: *Es schüttet.*

Schutz ☺, der (ohne Mehrzahl): *Die Hütte bietet Schutz vor dem Regen.*

schüt|zen ☺: *jemanden vor Gefahr schützen; die Augen schützen*

schwach (schwächer, am schwächsten): **1.** ohne Kraft. **2.** *Das Eis auf dem See war noch zu schwach zum Schlittschuhlaufen.* **3.** *Er ist ein schwacher Schüler.* **4.** *Das Konzert war schwach besucht.* **5.** *schwaches Licht; ein schwacher Wind*

Schwal|be, die (die Schwalben): Singvogel

schwamm: ⇨ schwimmen

Schwamm ☺, der (die Schwämme): Gegenstand, den man zum Saubermachen braucht: *mit dem Schwamm die Tafel wischen*

Schwan, der (die Schwäne): großer Vogel mit langem Hals

schwang: ⇨ schwingen

schwan|ken: 1. sich hin und her, auf und nieder bewegen: *Das Boot schwankt.* **2.** wechseln: *Die Temperaturen schwanken.* **3.** unsicher bei einer Entscheidung sein: *Simone schwankt zwischen dem blauen und dem roten Pulli.*

Schwanz, der (die Schwänze): *Der Hund wedelt vor Freude mit dem Schwanz.*

schwän|zen Ⓜ: fehlen; nicht hingehen: *Sie haben gestern die Schule geschwänzt.*

schwär|men ♀: 1. *Die Bienen schwärmen aus.* **2.** begeistert sein; verehren: *für eine Sängerin schwärmen*

schwarz (schwärzer, am schwärzesten): Farbadjektiv; ➪ Merkkasten blau/Blau auf Seite 40

Schwarz, das (ohne Mehrzahl): Farbe; ➪ Merkkasten blau/Blau auf Seite 40

schwat|zen: sich unterhalten; leise miteinander tuscheln

Schwät|zer, der (die Schwätzer): jemand, der gern und viel redet, schwatzt

schwe|ben: sich in der Luft, im Wasser halten oder langsam bewegen, ohne zu Boden zu sinken

Schwe|den: Land in Europa

schwe|disch: alles, was sich auf Schweden bezieht oder von dort kommt; ➪ Merkkasten deutsch/Deutsch auf Seite 52

Schweif, der (die Schweife): **1.** langer Schwanz, z. B. beim Pferd. **2.** *Kometenschweif*

schwei|gen (er schwieg, sie hat geschwiegen): nichts sagen; keine Geräusche machen

Schwein, das (die Schweine): Nutztier: *Die Schweine quiekten.*

Schweiß, der (die Schweiße): Körperflüssigkeit, die bei körperlicher Anstrengung und Hitze abgesondert wird

schwen|ken: 1. hin und her, auf und ab bewegen: *eine Fahne schwenken.* **2.** die Richtung ändern; abbiegen

schwer: 1. von großem Gewicht. **2.** ein bestimmtes Gewicht habend: *Das Päckchen ist 500 g schwer.* **3.** mühsam; schwierig: *eine schwere Aufgabe.* **4.** *ein schweres Gewitter*

schwer|hö|rig: nicht gut hörend

Schwert, das (die Schwerter): Waffe: *Der Ritter trug ein Schwert.*

Schwes|ter, die (die Schwestern): **1.** weibliches Geschwisterkind. **2.** Nonne. **3.** *Krankenschwester*

schwieg: ➪ schweigen

schwie|rig: nicht einfach; mit Schwierigkeiten, Problemen verbunden: *Das ist eine schwierige Frage.*

Schwimm|bad, das (die Schwimmbäder): **1.** Becken zum Schwimmen und Baden. **2.** Anlage, Gebäude mit Schwimmbecken: *Heute Mittag gehen wir ins Schwimmbad.*

schwim|men (er schwamm, sie hat/ist geschwommen): **1.** *Sie kann gut schwimmen.* **2.** *Sie sind 10 Bahnen*

A B C D E F G H I J K L M N O P Q R S T U V W X Y Z

geschwommen. **3.** *Kork schwimmt.* **4.** im Überfluss haben: *Dagobert Duck schwimmt im Geld.*

Schwim|mer, der (die Schwimmer): Sportler

schwin|deln: 1. schwanken; taumeln. **2.** nicht die Wahrheit sagen; lügen

schwin|gen (er schwang, sie hat/ist geschwungen): **1.** pendeln; hin und her bewegen: *Die Schaukel schwingt leicht hin und her.* **2.** *ein Lasso schwingen.* **3.** *Der Cowboy hat sich in den Sattel seines Pferdes geschwungen.*

schwit|zen: Schweiß absondern

schwor: ⇨ schwören

schwö|ren (er schwor, sie hat geschworen): fest versprechen; sein Wort geben; einen Eid, einen Schwur ablegen: *Ich schwöre.*

sechs Ⓜ**:** Zahlwort; ⇨ Merkkasten acht/Acht auf Seite 14

Sechs Ⓜ, die (die Sechsen): Ziffer; Zahl; ⇨ Merkkasten acht/Acht auf Seite 14

See Ⓜ, der (die Seen): größeres Gewässer: *im See baden*

See Ⓜ, die (ohne Mehrzahl): das Meer: *Der Matrose fuhr lange Jahre zur See.*

See|stern, der (die Seesterne): sternförmiges Tier, das im Meer lebt

Se|gel, das (die Segel): großes, starkes Tuch: *Die Segel wurden gesetzt und das Schiff nahm Kurs aufs offene Meer.*

Se|gel|flug|zeug, das (die Segelflugzeuge): Flugzeug, das ohne Motor fliegen kann

se|geln: 1. *Das Schiff segelt nach Dover.* **2.** *In ihrer Freizeit segeln sie oft stundenlang.*

se|hen Ⓜ (er sah, sie hat gesehen): **1.** mit den Augen erfassen: *Uropa sieht nicht mehr so gut.* **2.** *Wir haben ihn gerade noch im Umkleideraum gesehen.* **3.** *aus dem Fenster sehen.* **4.** *Es ist sehr neblig, man kann kaum noch die Berge sehen.* **5.** *Den Film hat er schon dreimal im Kino gesehen.* **6.** *Wie ich sehe, habt ihr nicht aufgeräumt.* **7.** *Ich will noch rasch nach den Kindern sehen, damit sie auch nichts anstellen.*

Se|hens|wür|dig|keit, die (die Sehenswürdigkeiten):

etwas Besonderes, z. B. ein Gebäude, das sich an einem Ort befindet, der für Touristen interessant ist

sehr Ⓜ**:** *Bitte sehr! Tut es sehr weh? Sie sind sehr reich.*

seid: ➪ sein

Sei|fe, die (die Seifen): Mittel zum Waschen: *Nimm Seife, wenn du dir die Hände wäschst!*

Sei|fen|bla|se, die (die Seifenblasen): kugelartiges Gebilde, das man mit Seifenwasser und Trinkhalm machen kann

Seil, das (die Seile): starke Schnur: *ein Seil spannen; das Seil ist gerissen.*

sein (er war, sie ist gewesen): **1.** *Ich war müde. Wie alt bist du?* **2.** *Sie ist Lehrerin.* **3.** *Es ist 10 Uhr.* **4.** *Sie waren in Mannheim.* **5.** *Das ist mein Buch.* **6.** *Es war einmal ...*

sein, sei|ne: *Peter zieht sein Hemd und seine Hose an.*

seit: von da an: *Seit gestern regnet es. Seit sie einen Hund haben, gehen sie jeden Tag spazieren.*

seit|dem: seit damals: *Seitdem du umgezogen bist, sehen wir uns nur selten.*

Sei|te, die (die Seiten): **1.** *Das Auto ist auf der linken Seite verbeult.* **2.** *Heftseite; das Buch hat 100 Seiten.* **3.** *Sie kommen von allen Seiten herbeigelaufen.* **4.** *Geh mal zur Seite, damit ich durchgehen kann.* **5.** *Ein Quadrat hat vier gleich lange Seiten.* **6.** Eigenschaft: *Er hat auch gute Seiten.* **7.** *Auf welcher Seite ist er? Freund oder Feind?*

Sei|ten|zahl, die (die Seitenzahlen): **1.** alle Seiten, z. B. eines Buches. **2.** Zahl, mit der z. B. eine Buchseite nummeriert ist

seit|lich: auf, an der Seite

Se|kun|de, die (die Sekunden): Zeitspanne: *Sechzig Sekunden ergeben eine Minute.*

sel|ber: ➪ selbst

selbst Ⓜ**: 1.** in eigener Person: *Den Kuchen habe ich selbst gebacken.* **2.** sogar: *Das kann selbst ich.*

selb|stän|dig: ➪ selbstständig

selbst|stän|dig Ⓜ (*auch* selbständig): allein; ohne Hilfe; in seinen Handlungen frei

selten: nicht oft
seltsam: eigenartig; merkwürdig
senden (er sendete, sie hat gesendet; *auch* er sandte, sie hat gesandt): **1.** schicken. **2.** *einen Funkspruch senden*
Sendung ✉, die (die Sendungen): **1.** Brief; Paket; Päckchen; Ladung. **2.** *Fernsehsendung; Radiosendung*
Senf, der (die Senfe): Gewürz: *Bratwurst mit Senf*
senken: 1. nach unten bewegen: *den Kopf senken.* **2.** *Mit Wadenwickeln konnten sie das Fieber senken.* **3.** (sich): *Die Schranke senkt sich.*
senkrecht: gerade von oben nach unten, von unten nach oben
Sensation Ⓜ, die (die Sensationen): unerwartetes Ereignis, das Aufsehen erregt
September, der: neunter Monat im Jahr
Serie Ⓜ, die (die Serien): **1.** Reihe gleichartiger zusammengehörender Dinge; Satz: *eine neue Serie Briefmarken mit Vogelbildern.* **2.** *Fernsehserie*
Serviette Ⓜ, die (die Servietten): Tuch zum Abwischen des Mundes beim Essen und zum Schutz der Kleidung
servus Ⓜ**:** freundlicher Gruß
Sessel ☺, der (die Sessel): *Der neue Sessel ist sehr bequem.*
Set Ⓜ, das (*auch* der Set; die Sets): **1.** mehrere zusammengehörende Dinge: *Werkzeugset.* **2.** Platzdeckchen. **3.** Szenenaufbau beim Film
setzen ☺**: 1.** *ein Kind auf den Stuhl setzen.* **2.** einpflanzen: *Salat setzen.* **3.** (sich): Platz nehmen: *Setz dich doch neben mich.* **4.** (sich): in einer Flüssigkeit zu Boden sinken: *Das Kaffeepulver setzt sich.*
seufzen: *Sie seufzt traurig, als sie sich von ihrer Freundin verabschieden muss.*
Shampoo Ⓜ, das (die Shampoos; *auch* das Shampoon, die Shampoons): Haarwaschmittel
Shampoon, das (die Shampoons): ⇨ Shampoo
shoppen Ⓜ**:** einkaufen, einen Einkaufsbummel machen
Show Ⓜ, die (die Shows): Unterhaltungsprogramm; Veranstaltung: *Fernsehshow*
sich: *sich waschen; er kam von sich aus auf die Idee.*
Sichel, die (die Sicheln): gebogenes Messer zum Schneiden, z. B. von Gras

A B C D E F G H I J K L M N O P Q R S T U V W X Y Z

si|cher: **1.** gefahrlos. **2.** glaubhaft; zuverlässlich: *Er hat die Information aus einer sicheren Quelle.* **3.** *Sie ist eine sichere Autofahrerin.* **4.** ohne Zweifel: *Der Sieg ist ihnen sicher.* **5.** *Sie kommen sicher bald zurück.*

sie: *Sie* (Julia) *ist müde; sie* (Julia und Tim) *gehen nach Hause; du darfst sie* (die Bücher) *nicht vergessen.*

Sie: *Er redete uns mit Sie an. Herr Lorenz, nehmen Sie bitte Platz!*

Sieb, das (die Siebe): *Tee durch ein Sieb gießen; Mehlsieb*

sie|ben: etwas durch ein Sieb geben: *Mehl, Sand sieben*

sie|ben: Zahlwort; ⇨ Merkkasten acht/Acht auf Seite 14

Sie|ben, die (die Siebenen, *auch* die Sieben): Ziffer; Zahl; ⇨ Merkkasten acht/Acht auf Seite 14

Sieg, der (die Siege): Erfolg; Gewinn: *einen Sieg erringen*

Sie|gel, das (die Siegel): **1.** Stempel, mit dem man ein Zeichen in eine weiche Masse eindrückt: *das kaiserliche Siegel.* **2.** Stempelzeichen: *An der alten Urkunde hängt ein großes Siegel.*

sie|gen: einen Wettstreit oder Wettbewerb gewinnen: *Unsere Mannschaft hat mit einem klaren Vorsprung gesiegt.*

Sie|ger, der (die Sieger): Gewinner: *Er wurde Sieger beim Sackhüpfen.*

Sig|nal Ⓜ, das (die Signale): Zeichen mit einer festen Bedeutung: *ein Signal geben; das Signal an der Bahnstrecke steht auf „Halt!"*

Sil|ber, das (ohne Mehrzahl): weißlich schimmerndes Edelmetall

sil|bern: aus Silber oder wie Silber aussehend

Sil|ves|ter Ⓜ, der (*auch* das Silvester; die Silvester): letzter Tag im Jahr; 31. Dezember: *Wir haben Silvester gefeiert.*

A B C D E F G H I J K L M N O P Q R S T U V W X Y Z

sind: ➪ sein

sin|gen (er sang, sie hat gesungen): *Sie singt laut ein Lied.*

sin|ken (er sank, sie ist gesunken): **1.** sich langsam abwärtsbewegen: *Das Schiff sinkt.* **2.** weniger werden: *Die Temperatur ist gesunken.*

Sinn, ☺ der: **1.** (die Sinne): *Der Mensch hat 5 Sinne: Hören, Sehen, Riechen, Schmecken, Tasten.* **2.** (ohne Mehrzahl): Bedeutung: *Er versteht den Sinn des Textes nicht.* **3.** (ohne Mehrzahl): Ziel; Zweck: *Es hat keinen Sinn, weiterzugehen.*

Sitz ☺**,** der (die Sitze): etwas zum Daraufsitzen: *Die Sitze in meinem Auto sind bequem.*

sit|zen ☺ (er saß, sie hat gesessen): **1.** *am Schreibtisch sitzen; auf einer Bank sitzen.* **2.** passen: *Die Hose sitzt gut.* **3.** etwas beherrschen: *Die Englischvokabeln sitzen.*

Sitz|flä|che ⊜**,** die (die Sitzflächen): Teil, z. B. des Stuhles, auf dem man sitzt

Ska|la, die (die Skalen, *auch* die Skalas): Maßeinteilung an Messinstrumenten

Skate|board Ⓜ**,** das (die Skateboards): *Ich fahre gern Skateboard.*

Ske|lett ☺**,** das (die Skelette): Gerüst aus Knochen: *Im Museum war das vollständige Skelett eines Dinosauriers ausgestellt.*

Sketch Ⓜ**,** der (die Sketche): kurze, meist witzige Szene: *Die Schüler führten einen Sketch auf.*

Ski Ⓜ**,** der (die Skier, *auch* die Ski; *auch* der Schi, die Schier, *auch* die Schi): *Im Winter fahren wir in die Berge und laufen Ski; ein Paar Ski*

Skiz|ze Ⓜ**,** die (die Skizzen): einfache, mit wenigen Strichen gemachte Zeichnung; Entwurf

Skla|ve Ⓜ**,** der (die Sklaven): Mensch ohne Rechte und ohne persönliche Freiheit

so: 1. auf diese Weise: *Das kannst du so nicht machen.* **2.** *Du bist ja so gemein!* **3.** ungefähr: *Es waren so hundert Leute da.* **4.** *Sie erschrak so, dass sie kein Wort herausbrachte.* **5.** *Ich hatte mein Geld vergessen, da durfte ich so ins Kino.* **6.** *So, wir müssen gehen.*

So|cke ☺**,** die (die Socken): kurzer Strumpf

so|dass Ⓜ (*auch* so dass): mit der Folge: *Er hatte das Gedicht nicht oft genug geübt,* *sodass er beim Vortrag stecken geblieben ist.*

so|fort: auf der Stelle; gleich: *Hör sofort damit auf!*

sog: ⇨ saugen

so|gar: *Sie hat sogar am Wochenende lernen müssen.*

so|ge|nannt (*auch* so genannt): allgemein so bezeichnet: *Deine sogenannten Freunde haben dich hereingelegt.*

Soh|le Ⓜ, die (die Sohlen): **1.** untere Fläche des Fußes. **2.** untere Fläche des Schuhes

Sohn Ⓜ, der (die Söhne): *Timo ist der Sohn von Herrn und Frau Müller.*

Sol|dat, der (die Soldaten): jemand, der beim Militär, bei der Armee ist und zum Kämpfen eingesetzt werden kann

sol|len: 1. *Du sollst den Müll rausbringen.* **2.** *Was soll das?*

Söl|ler, der (die Söller): eine Art großer Balkon, der auf Mauern, Pfeilern oder Säulen steht

Som|mer, der (die Sommer): Jahreszeit

Som|mer|fe|ri|en, die (Mehrzahl): unterrichtsfreie Zeit im Sommer

Sonn|abend, der (die Sonnabende): Wochentag; Samstag; ⇨ Merkkasten Dienstag auf Seite 53

Son|ne, die: **1.** (ohne Mehrzahl): *Die Sonne scheint. Du sollst nicht so lange in der Sonne sitzen.* **2.** (die Sonnen): zentraler Stern eines Sonnensystems

son|nen (sich): in der Sonne liegen; ein Sonnenbad nehmen

Son|nen|brand, der (ohne Mehrzahl): Hautrötung durch zu viel Sonne

Son|nen|strahl, der (die Sonnenstrahlen): von der Sonne ausgehende Strahlen: *Ein Sonnenstrahl kitzelt sie in der Nase.*

Son|nen|sys|tem, das (die Sonnensysteme): System, das von der Sonne und den Himmelskörpern gebildet wird, die sie umkreisen

son|nig: von der Sonne beschienen: *ein sonniger Platz; sonniges Wetter*

Sonn|tag, der (die Sonntage): Wochentag; ⇨ Merkkasten Dienstag auf Seite 53

A B C D E F G H I J K L M N O P Q R S T U V W X Y Z

sonst: 1. *Sonst ist er pünktlich, heute nicht.* **2.** *Wer kommt sonst noch mit?* **3.** *Zieh lieber etwas Warmes an, sonst erkältest du dich.*

Sorge, die: **1.** (die Sorgen): bedrückendes Gefühl. **2.** (ohne Mehrzahl): *Lass das nur meine Sorge sein.*

sorgen: 1. jemanden, etwas betreuen; sich kümmern: *Ich sorge für meinen Hund. Er sorgt für Ruhe in der Klasse.* **2.** (sich): sich Sorgen machen

sorgfältig: genau; gewissenhaft

Sorte, die (die Sorten): Art; Qualität: *mehrere Sorten Äpfel*

Soße, die (die Soßen): *Braten mit einer scharfen Soße*

Souffleur Ⓜ, der (die Souffleure): jemand im Theater, der den Schauspielern den Rollentext leise vorspricht, wenn sie ihren Text vergessen haben

Souffleuse Ⓜ, die (die Souffleusen): weibliche Form zu ⇨ Souffleur

Souvenir Ⓜ, das (die Souvenirs): kleiner Gegenstand als Erinnerung an eine Reise

Spagetti, die (Mehrzahl): ⇨ Spaghetti

Spaghetti Ⓜ, die (Mehrzahl; *auch* die Spagetti): *Ich esse am liebsten Spaghetti mit Tomatensoße.*

spähen Ⓜ**:** suchend blicken; Ausschau halten

Spalt, der (die Spalte): schmaler Zwischenraum: *Türspalt*

Spalte, die (die Spalten): **1.** längerer Riss in einem festen Material: *Felsspalte.* **2.** *Die Tabelle hat vier Spalten zum Ausfüllen. Der Zeitungsartikel geht über zwei Spalten.*

Spange, die (die Spangen): Klammer: *Haarspange*

Spanien Ⓜ**:** Land in Europa

spanisch: alles, was sich auf Spanien bezieht oder von dort kommt; ⇨ Merkkasten deutsch/Deutsch auf Seite 52

spann: ⇨ spinnen

spannen: 1. *ein Seil zwischen zwei Pfosten spannen.* **2.** *die Zeltschnüre spannen.* **3.** *Pferde vor den Wagen spannen.* **4.** *Ich habe zu viel gegessen, meine Hose spannt.*

spannend: fesselnd; mitreißend: *Das Buch ist spannend.*

sparen: 1. Geld zurücklegen. **2.** wenig brauchen. **3.** (*auch* sich): *Spar dir doch deine Ausreden!*

Spaß, der: **1.** (die Späße): Scherz. **2.** (ohne Mehrzahl): *Englisch macht ihr Spaß.*

spät Ⓜ**: 1.** gegen Ende: *Es ist schon spät.* **2.** später als erwartet: *Ich komme eine halbe Stunde später als verabredet.*

spät|abends: am späten Abend: *Sie kamen spätabends zurück.*

Spa|tel, der (die Spatel): *Der Arzt drückt mit dem Spatel meine Zunge nach unten.*

Spa|ten, der (die Spaten): *Er gräbt mit dem Spaten das Salatbeet um.*

Spatz, der (die Spatzen): kleiner graubrauner Vogel

spa|zie|ren Ⓜ**:** *Sonntags gehen wir immer im Park spazieren.*

Speer, Ⓜ der (die Speere): **1.** Waffe zum Stoßen und Werfen mit langem Stab und scharfer Spitze. **2.** Sportgerät zum Werfen

Spei|chel, der (ohne Mehrzahl): *Dem Hund tropft der Speichel aus dem Maul.*

Spei|cher, der (die Speicher): **1.** Gebäude, das als Lager dient: *Getreidespeicher.* **2.** Arbeitsspeicher des Computers

spei|chern: 1. *Sie speichern einen Teil des Getreides für den Winter.* **2.** *Daten auf der Festplatte speichern*

Spei|se, die (die Speisen): zubereitete Nahrung; Gericht: *Lieblingsspeise*

Spei|se|kar|te, die (die Speisekarten): Verzeichnis der Speisen und Getränke, die in einer Gaststätte angeboten werden

Spe|zia|list Ⓜ**,** der (die Spezialisten): Fachmann auf einem begrenzten Gebiet: *Er ist Spezialist im Kopfrechnen.*

spe|ziell Ⓜ**:** besonders; hauptsächlich: *ein spezielles Gerät zum Zeichnen*

Spie|gel, der (die Spiegel): *Spieglein, Spieglein an der Wand, wer ist die Schönste im ganzen Land?*

Spie|gel|bild, das (die Spiegelbilder): seitenverkehrtes Abbild auf der Spiegeloberfläche

A B C D E F G H I J K L M N O P Q R S T U V W X Y Z

Spiel, das (die Spiele): **1.** *Brettspiel; Kartenspiel.* **2.** *Mannschaftsspiel; Fußballspiel.* **3.** *Hörspiel; Stabpuppenspiel*

spie|len: 1. *mit Puppen spielen; Schach spielen.* **2.** *Handball spielen.* **3.** *Er spielt Flöte.* **4.** *Sie spielt die Fee in der Schulaufführung.*

Spie|ler, der (die Spieler): *Fußballspieler; Schachspieler*

Spiel|sa|chen, die (Mehrzahl): Spielzeug

Spiel|zeug, das: **1.** (ohne Mehrzahl): alle Spielsachen: *Spielzeug aus Holz.* **2.** (die Spielzeuge): einzelner zum Spielen verwendeter Gegenstand

Spieß, der (die Spieße): Stab mit einem spitzen Ende: *Fleisch auf einen Spieß stecken*

Spin|ne, die (die Spinnen): *Eine große Spinne saß in ihrem Netz.*

spin|nen (er spann, sie hat gesponnen): **1.** *Wolle spinnen.* **2.** *Du spinnst ja!*

spio|nie|ren: heimlich beobachten und herumsuchen, um etwas herauszufinden

spitz: 1. *ein spitzer Nagel.* **2.** *spitze Schuhe*

Spit|ze, die (die Spitzen): **1.** *Die Spitze des Bleistifts ist abgebrochen.* **2.** *Kirchturmspitze.* **3.** *Fingerspitze.* **4.** vordere, führende Stellung, Position: *Im Rennen setzt er sich an die Spitze.* **5.** *eine gehäkelte Spitze*

Spit|zer, der (die Spitzer): Gerät zum Anspitzen von Stiften

Sport, der (ohne Mehrzahl): *Sport machen; Schwimmen ist ihr Lieblingssport.*

Sport|ler, der (die Sportler): jemand, der Sport macht

sport|lich: 1. *eine sportliche Leistung.* **2.** durchtrainiert. **3.** fair

Sport|ver|ein, der (die Sportvereine): *Im Sportverein trainiere ich mit anderen Kindern Leichtathletik.*

sprach: ⇨ sprechen

Spra|che, die: **1.** (ohne Mehrzahl): *die menschliche Sprache.* **2.** (ohne Mehrzahl): *Heraus mit der Sprache!* **3.** (die Sprachen): *die deutsche Sprache*

sprang: ⇨ springen

spre|chen (er sprach, sie hat gesprochen): **1.** *sprechen lernen.*

2. *Sie spricht zwei Sprachen.* **3.** sich unterhalten. **4.** *Hallo Frau Meier, kann ich mit Tim sprechen?*

Spring|brun|nen, der (die Springbrunnen): Brunnen, bei dem das Wasser mit einem hohen Strahl aufsteigt

sprin|gen (er sprang, sie ist gesprungen): **1.** *Sie springt vor Freude in die Höhe.* **2.** zersplittern: *Das Glas ist gesprungen.*

Sprit|ze, die (die Spritzen): **1.** Gegenstand, Gerät, mit dem man etwas verteilen kann: *Wasserspritze.* **2.** *Beim Arzt bekam sie eine Spritze gegen die Schmerzen.*

sprit|zen: **1.** *Wasser ins Gesicht spritzen; das heiße Fett spritzt.* **2.** eine Spritze geben

Sprung, der (die Sprünge): **1.** *einen Sprung über den Graben machen.* **2.** *Das Glas hat einen Sprung.*

spu|cken: *Er spuckt die Kirschkerne einfach ins Gras.*

Spuk, der (die Spuke): Geistererscheinung

spu|ken: *In dem alten Schloss spukt ein Gespenst.*

Spu|le, die (die Spulen): Rolle, auf die etwas gewickelt wird: *eine Spule Garn*

spü|len: *das Geschirr spülen*

Spur, die (die Spuren): **1.** Abdruck; Fährte. **2.** Anhaltspunkt; Anzeichen. **3.** Fahrstreifen. **4.** ein wenig: *Es fehlt noch eine Spur Salz in der Suppe.*

spü|ren: bemerken; empfinden, fühlen; wahrnehmen

Stab, der (die Stäbe): Stange; Stock: *die Stäbe des Gitters; Zauberstab*

stach: ⇨ stechen

Sta|chel, der (die Stacheln): **1.** *Der Kaktus hat Stacheln.* **2.** *Ein Igel hat Stacheln.*

sta|che|lig (*auch* stachlig): mit Stacheln; voller Stacheln

stach|lig: ⇨ stachelig

Sta|di|on, das (die Stadien): große Anlage für Wettkämpfe: *ins Sportstadion gehen*

Stadt, die (die Städte): *Berlin ist eine große Stadt.*

Stadt|mu|si|kant, der (die Stadtmusikanten): Musiker, der früher von einer Stadt angestellt wurde: *die Bremer Stadtmusikanten*

Stadt|plan, der (die Stadtpläne): Plan, Karte von einer Stadt: *Wir sahen im Stadtplan nach, wo die Ringstraße ist.*

Stadt|staat, der (die Stadtstaaten): Stadt, die auch wie ein Bundesland einzustufen ist: *Berlin ist ein Stadtstaat.*

stahl: ⇨ stehlen

Stall, der (die Ställe): Raum oder Gebäude, in dem z. B. Pferde oder Kühe untergebracht sind

Stamm, der (die Stämme): **1.** *Baumstamm.* **2.** *Volksstamm; Indianerstamm.* **3.** *Wortstamm*

Stammbaum, der (die Stammbäume): Aufstellung, oft auch Darstellung von Verwandtschaftsverhältnissen: *Der Stammbaum seiner Familie reicht weit zurück.*

stand: ⇨ stehen

Stand, der: **1.** (ohne Mehrzahl): Standfestigkeit. **2.** (ohne Mehrzahl): *Beim Stand von 2:2 wurde das Spiel abgebrochen.* **3.** (die Stände): *Marktstand; Verkaufsstand.* **4.** (die Stände): *der Stand des Adels*

Ständer, der (die Ständer): **1.** Gestell: *Kleiderständer.* **2.** senkrecht stehender Balken bei Fachwerkhäusern

ständig: sehr oft und immer wieder; andauernd

Stange, die (die Stangen): Stab; Stock

Stängel, der (die Stängel): *Die Rosen haben lange Stängel mit vielen Dornen.*

stank: ⇨ stinken

Stapel, der (die Stapel): ordentlich aufgeschichteter Stoß, Haufen: *Holzstapel*

stapeln: aufschichten; ordentlich aufeinanderlegen

Star, der: **1.** (die Stare): Singvogel. **2.** (die Stare): Augenkrankheit. **3.** (die Stars): jemand, der sehr berühmt ist

starb: ⇨ sterben

stark (stärker, am stärksten): **1.** *starke Arme.* **2.** *Sie hat starke Nerven.* **3.** dick; fest: *eine starke Mauer.* **4.** *Das Auto hat einen starken Motor.* **5.** *Der Kaffee ist aber stark.* **6.** *Marie ist stark erkältet.*

Stärke, die: **1.** (ohne Mehrzahl): körperliche Kraft. **2.** (die Stärken): *Stifte in verschiedenen Stärken.* **3.** (die Stärken): *Ich brauche eine Brille mit meiner neuen Sehstärke.* **4.** (die Stärken): *Meine Stärke liegt nicht in Mathematik.* **5.** (die Stärken): *Kartoffelstärke*

starr: steif; bewegungslos

star|ren: immer in eine Richtung sehen: *Sie starrt uns schon die ganze Zeit an.*

Start, der (die Starts): **1.** Beginn, z. B. eines Wettrennens. **2.** Stelle, an der ein Start stattfindet. **3.** Abflug: *Der Start des Flugzeugs verzögert sich.*

star|ten: 1. *Tina ist gut bei dem Rennen gestartet.* **2.** *Lilo startet für den TSV Hildesheim.* **3.** abfliegen. **4.** z. B. ein Auto anlassen

Sta|ti|on, die (die Stationen): **1.** Haltestelle; kleiner Bahnhof. **2.** wichtiger Punkt, Abschnitt in einem Vorgang: *wichtige Stationen in seinem Leben.* **3.** *Paul liegt im Krankenhaus auf der Kinderstation.* **4.** *In der Antarktis gibt es internationale Forschungsstationen.*

Sta|ti|ons|vor|ste|her, der (die Stationsvorsteher): jemand, der einen kleineren Bahnhof leitet

Sta|tiv, das (die Stative): bewegliches Gestell, z. B. für Fotoapparate und Filmkameras

statt|fin|den (es fand statt, es hat stattgefunden): *Unsere Theatervorführung findet heute um 18.00 Uhr in der Aula statt.*

statt|ge|fun|den: ⇨ stattfinden

Staub, der (die Staube, *auch* die Stäube): *Auf den Büchern liegt Staub; Staub wischen; Staub saugen*

stau|big: voll Staub: *Die Möbel sind staubig.*

stau|nen: überrascht sein; beeindruckt sein; verwundert sein

Steak, das (die Steaks): nur kurz angebratenes Stück Fleisch

ste|chen (er stach, sie hat gestochen): **1.** (*auch* sich): *sich an den Dornen der Rose stechen.* **2.** *Eine Wespe hat mich gestochen.* **3.** *mit einer Nadel durch den Stoff stechen*

Steck|brief, der (die Steckbriefe): **1.** Plakat, auf dem jemand beschrieben wird, der etwas Ungesetzliches getan haben soll. **2.** kurze Beschreibung einer Sache, einer Person

ste|cken: 1. *einen Brief in den Umschlag stecken.* **2.** *im Schlamm stecken bleiben.* **3.** *Blumenzwiebel (in die Erde) stecken; der Schlüssel steckt im Schloss.*

A B C D E F G H I J K L M N O P Q R S T U V W X Y Z

A B C D E F G H I J K L M N O P Q R S T U V W X Y Z

Steg, der (die Stege): schmale, kleine Brücke

ste|hen (er stand, sie hat/ist gestanden): **1.** in aufrechter Körperhaltung sein: *auf einem Bein stehen.* **2.** *Das Buch steht im Regal.* **3.** *Die Ampel steht auf Rot.* **4.** *Die Uhr ist stehen geblieben.* **5.** *Die neue Hose steht dir gut.*

steh|len (er stahl, sie hat gestohlen): etwas, das anderen gehört, ohne deren Erlaubnis an sich bringen

steif: wenig biegsam, beweglich: *Er hat einen steifen Hals. Wir brauchen einen steifen Karton.*

stei|gen (er stieg, sie ist gestiegen): **1.** *auf einen Berg steigen; in eine Grube steigen; über einen Zaun steigen; aufs Fahrrad steigen.* **2.** *Das Fieber ist gestiegen.*

stei|gern: 1. erhöhen; vergrößern: *das Tempo steigern.* **2.** (sich): zunehmen; stärker werden: *Sie hat sich in der Schule gesteigert.*

steil: stark ansteigend oder stark abfallend: *Es führt nur ein steiler Weg den Berg hinunter.*

Stein, der (die Steine): **1.** Gesteinsstück: *Steine ins Wasser werfen.* **2.** Baustein: *mit Steinen eine Wand mauern.* **3.** Kern: *den Stein aus der Aprikose entfernen.* **4.** Spielstein, z. B. beim Mühlespiel

stei|nig: mit vielen Steinen bedeckt: *Der Weg war steinig.*

Stel|le, die (die Stellen): **1.** bestimmter Ort, Platz: *Das ist eine gute Stelle, um ein Picknick zu machen.* **2.** Arbeit; Arbeitsplatz: *Mein Papa hat eine neue Stelle.*

stel|len: 1. *das Buch ins Regal stellen.* **2.** *den Wecker stellen.* **3.** *Fragen stellen.* **4.** (sich): *Stell dich zu den anderen Kindern.* **5.** (sich): *Er stellt sich einfach dumm.* **6.** (sich): *Der Dieb hat sich der Polizei gestellt.*

Stem|pel, der (die Stempel): **1.** Gerät mit einer Metall-, Gummi- oder Holzplatte mit spiegelbildlichem, z. B. auf Papier übertragbarem Bild. **2.** Abdruck eines Stempels. **3.** mittlerer Teil einer Blüte

Step|pe, die (die Steppen): weite Ebene, wo meist keine Bäume wachsen, sondern nur Sträucher und Gras

ster|ben (er starb, sie ist gestorben): aufhören zu leben

ste|ril: keimfrei: *Die Spritzen sind steril verpackt.*

Stern, der (die Sterne): **1.** *Die Sterne leuchten am Himmel.* **2.** *Wir müssen noch Weihnachtssterne basteln.*

Stern|kar|te, die (die Sternkarten): Darstellung des Sternenhimmels auf einer Karte

Stern|schnup|pe, die (die Sternschnuppen): *Wenn man eine Sternschnuppe sieht, darf man sich etwas wünschen.*

stets: immer; jederzeit

Steu|er, das (die Steuer): Vorrichtung, mit der man ein Fahrzeug steuern, lenken kann: *am Steuer eines Autos sitzen*

steu|ern: **1.** die Richtung eines Fahrzeugs bestimmen; lenken: *ein Boot steuern.* **2.** *Der Computer steuert das Fließband.*

Steu|er|rad, das (die Steuerräder): Lenkrad

Stich, der (die Stiche): **1.** Stoß mit einem spitzen Gegenstand, mit etwas Spitzem: *Mückenstich.* **2.** *Er hat die zwei Teile mit großen Stichen zusammengenäht.*

Stich|wort, das: **1.** (die Stichworte): Gedächtnishilfe, die man sich aufschreibt. **2.** (die Stichworte): im Theater Wort, mit dem ein Schauspieler veranlasst wird, aufzutreten oder seinen Text zu sprechen. **3.** (die Stichwörter): Wort, das in einem Lexikon oder Wörterbuch behandelt wird und meist in alphabetischer Reihenfolge steht

Sti|cker, der (die Sticker): selbstklebendes Abziehbild

Stick|stoff, der (ohne Mehrzahl): farb- und geruchloses Gas, das nicht brennt

Stie|fel, der (die Stiefel): Schuh, dessen Oberteil mindestens bis über den Fußknöchel reicht: *Im Winter trage ich Stiefel.*

stieg: ⇨ steigen

Stie|ge, die (die Stiegen): enge, steile Treppe

Stiel, der (die Stiele): **1.** besonders bei Blumen der Stängel: *Rosen mit langen Stielen.* **2.** langer Griff; Stange: *Die heiße Pfanne musst du am Stiel anfassen. Im Sommer esse ich Eis am Stiel.*

stieß: ⇨ stoßen

Stift, der (die Stifte): **1.** Schreib- und Zeichengerät: *Bleistift.* **2.** dünner länglicher Teil aus Metall oder Holz, mit dem etwas befestigt oder gesichert werden kann

Stil, der (die Stile): **1.** Ausdrucksweise beim Reden und Schreiben. **2.** Kunstrichtung einer bestimmten Zeit, eines bestimmten Künstlers: *Die Kirche ist im gotischen Stil erbaut.*

still: ohne ein Geräusch; ruhig

Stil|le, die (ohne Mehrzahl): Zustand, der nicht von lauten und unangenehmen Geräuschen gestört wird; Ruhe

Stim|me, die (die Stimmen): **1.** *Fische haben keine Stimme.* **2.** *Opa hat eine tiefe Stimme.* **3.** Entscheidung bei einer Wahl oder Abstimmung: *Sie gab dem Kandidaten ihre Stimme.*

stim|men: **1.** den Tatsachen entsprechen: *Das Ergebnis der Rechnung stimmt.* **2.** *Die Aussicht auf einen Klassenausflug stimmt uns alle fröhlich.* **3.** *Das Klavier muss gestimmt werden. Es ist ganz verstimmt.* **4.** seine Stimme abgeben: *Ich stimme für den Vorschlag.*

Stim|mung, die (die Stimmungen): *Max ist heute in schlechter Stimmung. Auf dem Fest herrscht eine fröhliche Stimmung.*

Stimm|zet|tel, der (die Stimmzettel): Zettel für die schriftliche Stimmabgabe bei einer Wahl

stin|ken (es stank, es hat gestunken): einen üblen Geruch verbreiten; sehr schlecht riechen

Stirn, die (*auch* die Stirne; die Stirnen): oberer Teil des Gesichts zwischen Augenbrauen und Haaransatz

Stirn|band, das (die Stirnbänder): um den Kopf getragenes, anliegendes Band

Stir|ne, die (die Stirnen): ⇨ Stirn

stö|bern: durchwühlen; herumsuchen

Stock, der (die Stöcke): **1.** Knüppel; Stab; Stange: *Spazierstock; Zeigestock.* **2.** Etage, die höher liegt als das Erdgeschoss: *Familie Meier wohnt im 4. Stock.*

Stoff, der (die Stoffe): **1.** *Sie trägt eine Hose aus dünnem Stoff.* **2.** Material: *wasserlösliche Stoffe; Rohstoff; Klebstoff; Kunststoff*

stöh|nen: *Der Kranke stöhnt laut vor Schmerzen.*

stol|pern: 1. beim Gehen oder Laufen mit dem Fuß hängen bleiben: *Er ist über seine eigenen Füße gestolpert.* **2.** *Ich bin in diesem Text über ein Wort gestolpert, das ich nicht kenne.*

stolz: 1. *Paul ist stolz auf sein gutes Zeugnis.* **2.** eingebildet; überheblich

stop|fen: 1. *ein Loch im Strumpf stopfen.* **2.** z. B. eine Lücke mit etwas ausfüllen und dadurch schließen: *ein Loch im Zaun stopfen.* **3.** *Er stopft sein Hemd in die Hose.* **4.** *Das Kind stopft sich eine Handvoll Bonbons in den Mund.*

Stopp, der (die Stopps): das Anhalten: *Zwischenstopp*

stop|pen: 1. anhalten: *Er stoppt das Auto an der roten Ampel. Die Schiffsmotoren stoppten.* **2.** die Zeit messen bei einem Wettlauf, bei einem Rennen

Storch, der (die Störche): weißer Schreitvogel

stö|ren: 1. *Wir dürfen Papa nicht bei der Arbeit stören. Bitte nicht stören!* **2.** *Der Empfang unseres Handys ist gestört.* **3.** nicht gefallen: *Mich stört es, wenn es hier so laut ist.*

sto|ßen (er stieß, sie hat/ist gestoßen): **1.** *Er hat Tim zur Seite gestoßen.* **2.** *das Messer in den Holzpfosten stoßen.* **3.** zufällig begegnen: *Auf dem Weg nach Hause ist sie auf Freunde gestoßen.* **4.** *Die Polizei ist auf eine heiße Spur gestoßen.*

stot|tern: abgehackt sprechen; stockend reden; stammeln

Stra|fe, die (die Strafen): Maßregelung; Sühne; Vergeltung

straff: 1. eng; fest anliegend: *Der Gurt sitzt straff.* **2.** auf das Wesentliche beschränkt: *ein straffes Programm*

Strahl, der (die Strahlen): *Sonnenstrahl; Wasserstrahl*

strah|len: 1. leuchten; scheinen. **2.** sich freuen; glücklich sein. **3.** *radioaktiv strahlen*

Sträh|ne, die (die Strähnen): Haarbüschel; Haarstrang

stram|peln: 1. zappeln; herumhampeln. **2.** beim Fahrradfahren in die Pedale treten

Strand, der (die Strände): Rand eines Gewässers

stran|den: mit einem Schiff auf Grund laufen: *Das Schiff ist vor der Küste gestrandet.*

Strand|korb, der (die Strandkörbe): Sitzmöbel aus Korb, das am Strand steht

Straße, die (die Straßen): *mit dem Auto auf einer Straße fahren*

Strategie, die (die Strategien): genauer Plan, wie man vorgehen will: *die richtige Strategie anwenden*

sträuben Ⓜ**: 1.** (*auch* sich): *Vor Angst sträuben sich ihm die Haare.* **2.** (sich): sich gegen etwas wehren, widersetzen

Strauch, der (die Sträucher): Busch: *dornige Sträucher; Rosenstrauch*

Strauß, der: **1.** (die Sträuße): *Blumenstrauß.* **2.** (die Strauße): flugunfähiger, großer, langbeiniger Laufvogel

Strebe, die (die Streben): schräge Stütze; schräg stehender Balken

Strecke, die (die Strecken): Stück, Abschnitt eines Weges: *Sie haben schon eine ganz schöne Strecke des Weges zurückgelegt.*

strecken: 1. *Die Schüler strecken eifrig die Finger.* **2.** (sich): *Der Hund reckt und streckt sich, bevor er aufsteht.*

Streich, der (die Streiche): *Die Schüler spielen ihrem Lehrer einen Streich, aber er fällt nicht darauf rein.*

streicheln: sanft berühren; zart mit der Hand über etwas gleiten: *den Hund streicheln*

streichen (er strich, sie hat/ist gestrichen): **1.** Farbe auftragen: *die Wände frisch streichen.* **2.** *Butter aufs Brot streichen.* **3.** durchstreichen; ausstreichen: *Ihr könnt die Aufgabe streichen.*

streifen: 1. etwas nur leicht und kurz berühren. **2.** *den Ring über den Finger streifen.* **3.** *Sie haben das Thema im Unterricht nur gestreift.* **4.** ohne Ziel herumlaufen

Streifen, der (die Streifen): **1.** langes, schmales Stück: *ein Streifen Papier.* **2.** *Die Bluse hat bunte Streifen.*

Streit, der (die Streite): Auseinandersetzung; Unstimmigkeit

streiten (er stritt, sie hat gestritten): **1.** (*auch* sich): *Sie stritt sich mit ihrem kleinen Bruder.* **2.** heftig diskutieren

Streitschlichter, der (die Streitschlichter): jemand, der sich dafür einsetzt, dass andere keinen Streit mehr haben (z. B. in der Schule)

streng: keine Milde zeigend; auf Ordnung und Disziplin bedacht: *ein strenger Lehrer*

strich: ⇨ streichen

Strich, der (die Striche): eine mit einem Stift gezogene Linie

stri|cheln: 1. eine durchbrochene Linie zeichnen: - - -. **2.** einen Umriss mit dünnen Linien füllen; schraffieren

Strick ☺**,** der (die Stricke): dickeres Seil; dickere Schnur

stritt: ⇨ streiten

Stroh Ⓜ**,** das (ohne Mehrzahl): getrocknete Halme von ausgedroschenem Getreide: *frisches Stroh für den Stall*

Strom, der (die Ströme): **1.** elektrischer Strom: *ein schwacher Strom.* **2.** großer Fluss, der in ein Meer mündet

Strö|mung, die (die Strömungen): *Der Fluss hat eine starke Strömung, deshalb können wir darin nicht baden.*

Stro|phe Ⓜ**,** die (die Strophen): Abschnitt eines Gedichts, eines Liedes

strub|be|lig ☺ (*auch* strubblig): nach allen Seiten abstehend; ungekämmt

strub|blig: ⇨ strubbelig

Strumpf Ⓜ**,** der (die Strümpfe): *Er muss frische Strümpfe anziehen. Sie hat ein Loch im Strumpf.*

Stu|be, die (die Stuben): Zimmer; Wohnraum

Stu|ben|flie|ge ⊜**,** die (die Stubenfliegen): Fliege, die vor allem in Wohnräumen vorkommt

Stück ☺**,** das (die Stücke): **1.** Teil von einem Ganzen: *ein Stück Brot; ein Stück Stoff.* **2.** *vier Stück Zucker; Beweisstück.* **3.** *Theaterstück*

Stu|fe, die (die Stufen): **1.** *Treppenstufe.* **2.** *Schwierigkeitsstufe*

Stuhl Ⓜ**,** der (die Stühle): Sitzmöbel mit Lehne

stumm ☺**: 1.** nicht sprechen können: *Sie ist von Geburt an stumm.* **2.** ohne Worte; wortlos

stumpf Ⓜ**: 1.** nicht scharf; nicht spitz; nicht gut schneidend: *Das Messer ist stumpf.* **2.** glanzlos; nicht glatt: *Ihr Haar ist ganz stumpf.*

Stun|de, die (die Stunden): **1.** Zeitspanne von 60 Minuten. **2.** *Unterrichtsstunde*

stur: eigensinnig; störrisch: *ein sturer Esel*

Sturm, der (die Stürme): **1.** starker Wind. **2.** Andrang; Ansturm

A B C D E F G H I J K L M N O P Q R S T U V W X Y Z

Sturm|flut ⊜, die (die Sturmfluten): durch einen Sturm verursachtes Ansteigen des Wassers am Meer und an Flüssen

stür|misch ⊜: **1.** sehr windig. **2.** begeistert; sehr leidenschaftlich

Sturz, der (die Stürze): das Fallen; das Stürzen: *ein Sturz mit dem Fahrrad*

stür|zen: 1. hinfallen; hinunterfallen. **2.** *Sie stürzten an die Tür, als es klingelte.* **3.** *Die Hunde stürzen sich auf ihr Fressen.* **4.** etwas umkippen

Sturz|helm ⊜, der (die Sturzhelme): Kopfbedeckung zur Absicherung bei Unfällen

stüt|zen ☺: **1.** abstützen; Halt geben; unterstützen. **2.** (sich): *Großvater stützt sich auf seinen Stock.*

Su|che, die (die Suchen): *Sie sind auf der Suche nach ihrem entlaufenen Hund.*

su|chen: 1. versuchen, jemanden oder etwas Verlorenes, Verstecktes zu finden: *Pilze suchen; den verlorenen Schlüssel suchen.* **2.** *Rat suchen; Schutz suchen; Streit suchen*

Sü|den, der (ohne Mehrzahl): **1.** Himmelsrichtung. **2.** Landesteil oder Länder, die im Süden liegen: *Italien liegt im Süden Europas.*

süd|lich ⊜: **1.** im Süden liegend: *Das Schloss steht am südlichen Rand der Stadt.* **2.** nach Süden gerichtet: *Wir müssen uns südlicher orientieren.*

Süd|pol ⊜, der (ohne Mehrzahl): südlicher Pol eines Planeten, der Erde

Sum|me ☺, die (die Summen): **1.** Ergebnis einer Addition, beim Zusammenzählen. **2.** *Beim Weihnachtsbasar haben sie die Summe von 100 Euro eingenommen.*

sum|men ☺: **1.** *Bienen summen.* **2.** eine Melodie ohne Wörter und mit geschlossenen Lippen singen

Sumpf Ⓜ, der (die Sümpfe): nasses, weiches Gebiet

Sup|pe ☺, die (die Suppen): Speise: *Nudelsuppe*

sur|fen Ⓜ: **1.** eine Wassersportart betreiben: *Sie sind ans andere Ufer des Sees gesurft.* **2.** im Internet nach Informationen suchen

süß: 1. *Diese Schokolade schmeckt süß.* **2.** *Ist das Baby nicht süß?*

Sys|tem Ⓜ, das (die Systeme): Ordnung, nach der etwas

gegliedert, geordnet ist: *Nach welchem System hast du deine Karteikarten geordnet?*

Sze|ne, die (die Szenen): **1.** kurzer Abschnitt, z. B. eines Filmes, eines Bühnenstücks. **2.** *Immer wenn sich die beiden Hunde trafen, gab es stürmische Begrüßungsszenen.*

T

t

Du sprichst ein Wort am Anfang wie *t* aus, kannst es aber unter *t* nicht finden. Dann suche auch unter *th.* Beispiele: *das Theater; das Thermometer; der Thron*

t: Abkürzung für ⇨ Tonne

Ta|bel|le, die (die Tabellen): Zusammenstellung, z. B. von Zahlen, in Spalten: *die Ergebnisse in eine Tabelle eintragen*

Ta|fel, die (die Tafeln): **1.** *Der Lehrer schreibt mit Kreide an die Tafel.* **2.** *eine Tafel Schokolade.* **3.** festlich gedeckter Tisch: *Kaffeetafel*

Tag, der (die Tage): **1.** Zeitraum von Sonnenaufgang bis Sonnenuntergang. **2.** Zeitraum von 24 Stunden

Ta|ge|buch, das (die Tagebücher): Buch, in dem man täglich besondere Ereignisse und persönliche Gedanken aufschreibt

Ta|ges|grau|en, das (ohne Mehrzahl): Tagesanbruch; Morgengrauen

täg|lich: jeden Tag: *Tobias trainiert täglich.*

Takt, der: **1.** (ohne Mehrzahl): *den Takt einer Melodie mitklatschen.* **2.** (die Takte): *Sie hören die ersten Takte eines Liedes.* **3.** (die Takte): *Der Bus fährt im 20-Minuten-Takt.* **4.** (ohne Mehrzahl): Gefühl für Höflichkeit; Feingefühl

Tal, das (die Täler): *Zwischen zwei Bergen liegt ein Tal.*

Ta|lent, das (die Talente): **1.** angeborene besondere Begabung: *Simone hat ein Talent für Sprachen.* **2.** jemand, der Talent hat: *Sie ist ein Talent auf dem Gebiet der Musik.*

Ta|ler, der (die Taler): altes Geldstück; Münze

Ta|lis|man, der (die Talismane): Glücksbringer

A B C D E F G H I J K L M N O P Q R S T U V W X Y Z

Talk|show Ⓜ**,** die (die Talkshows): Unterhaltungssendung im Fernsehen, in der Personen von einem Gesprächsleiter z. B. über ihr Leben befragt werden

Tan|dem, das (die Tandems): Fahrrad für zwei Personen, die hintereinandersitzen können

Tan|ne, die (die Tannen): Nadelbaum

Tan|te, die (die Tanten): Schwester der Mutter oder des Vaters

Tanz, der (die Tänze): meist Bewegung zu Musik

tan|zen: meist sich zu Musik bewegen

Ta|pe|te, die (die Tapeten): meistens Papier, mit dem Wände beklebt werden, um sie zu verschönern

tap|fer: 1. ohne Furcht; mutig: *ein tapferer Held.* **2.** *Sophia war beim Arzt sehr tapfer.*

tar|nen: etwas oder jemanden verhüllen, unkenntlich machen, vor dem Gesehenwerden schützen

Ta|sche, die (die Taschen): **1.** *Einkaufstasche; Handtasche.* **2.** *Hosentasche*

Tas|se, die (die Tassen): kleines Trinkgefäß

Tas|ta|tur, die (die Tastaturen): **1.** Anordnung der Drucktasten bei Schreib- und Rechenmaschinen. **2.** die nebeneinander angeordneten Tasten, z. B. eines Klaviers

Tas|te, die (die Tasten): etwas Längliches zum Drücken bei Musikinstrumenten oder beim Computer

tas|ten: 1. mit der Hand vorsichtig befühlen, berühren. **2.** (sich): sich vorsichtig irgendwohin bewegen: *Sie tastet sich im Dunkeln ins Bad.*

tat: ⇨ tun

Tat, die (die Taten): **1.** etwas, das jemand tut, getan hat. **2.** Verbrechen: *Er wurde auf frischer Tat ertappt.*

Tat|sa|che, die (die Tatsachen): etwas, das wirklich geschehen ist; etwas Wirkliches

tat|säch|lich: wirklich; in der Tat

Tat|ze, die (die Tatzen): Pfote, z. B. bei Katzen und Hunden

Tau, das (die Taue): starkes Seil, besonders zum Festmachen von Schiffen

Tau, der (ohne Mehrzahl): Feuchtigkeit, die sich meist frühmorgens auf Wiesen und Bäumen niederschlägt

taub ➔**: 1.** gehörlos. **2.** ohne Gefühl; abgestorben: *Meine Hand fühlt sich taub an.*

Tau|be, die (die Tauben): Vogel

tau|chen: 1. unter Wasser gehen: *Stefan ist nach dem verlorenen Ring getaucht.* **2.** *den Pinsel in die Farbe tauchen; jemanden tauchen*

tau|en: schmelzen; zu Wasser werden: *Der Schnee taut in der Sonne. Es taut.*

tau|fen: 1. *Das Baby wird von unserem alten Pfarrer getauft.* **2.** *Sie tauften den kleinen Hund auf den Namen Bobby.*

tau|schen: 1. etwas hergeben und dafür etwas anderes bekommen. **2.** *Für heute tauschen wir die Plätze.*

täu|schen Ⓜ**: 1.** absichtlich einen falschen Eindruck entstehen lassen; irreführen: *Lass dich nicht durch sein Lächeln täuschen.* **2.** (sich): sich irren: *Wenn ich mich nicht täusche, klingelt gerade das Telefon.*

tau|send ➔**:** Zahlwort; ⇨ Merkkasten tausend/Tausend

Tau|send ➔**,** die (die Tausende): ⇨ Merkkasten tausend/Tausend

Tau|sen|der, der (die Tausender): ein Geldschein

tausend/ Tausend

Kleinschreibung
In diesen Fällen schreibst du *tausend* klein, z. B. *tausend Knöpfe; bis tausend zählen; tausend Dank.*

Klein- und Großschreibung
In vielen Fällen kannst du klein- oder großschreiben, z. B. *ein paar Tausend,* auch *ein paar tausend; viele Tausend Glühwürmchen,* auch *viele tausend Glühwürmchen.*

Zusammenschreibung
In Verbindung mit anderen Zahlwörtern schreibst du zusammen, z. B. *zweitausend; eintausendundeins.*

A B C D E F G H I J K L M N O P Q R S T U V W X Y Z

Tau|zie|hen ⊜, das (ohne Mehrzahl): Spiel, Wettkampf, bei dem sich meist zwei Mannschaften gegenüberstehen

Ta|xi Ⓜ, das (die Taxis): Auto, in dem Personen gegen Bezahlung an einen bestimmten Ort gebracht werden

Team Ⓜ, das (die Teams): **1.** Gruppe von Personen, die gemeinsam an etwas arbeitet. **2.** Sportmannschaft

Ted|dy Ⓜ, der (die Teddys): ⇨ Teddybär

Ted|dy|bär ⊜, der (die Teddybären): Stoffbär

Tee Ⓜ, der (die Tees): *ein Päckchen Tee; heißer Tee mit Zitrone; Kamillentee*

Teer Ⓜ, der (die Teere): aus Holz oder Kohle hergestellte dunkle Masse, die sehr übel riecht

Teich, der (die Teiche): kleiner See

Teig ⊖, der (die Teige): weiche Masse, die aus verschiedenen Zutaten hergestellt wird: *den Kuchenteig rühren*

Teil, der (*auch* das Teil; die Teile): ein Stück vom Ganzen

tei|len: 1. etwas in kleinere Stücke zerlegen: *Ich teile den Apfel in zwei Hälften.* **2.** *Sie teilt die Bonbons mit ihrem Bruder.* **3.** *eine Zahl durch eine andere teilen.* **4.** *Die Schwestern teilen ein Zimmer.* **5.** (sich): *Lena und Sophie haben sich die Schokolade geteilt.*

teil|ge|nom|men: ⇨ teilnehmen

teil|neh|men ⊜ (er nahm teil, sie hat teilgenommen): mitmachen; dabei sein: *an einem Vorlesewettbewerb teilnehmen*

Te|le|fax Ⓜ, das (die Telefaxe): **1.** Fernkopie. **2.** Fernkopierer; Faxgerät

Te|le|fon, das (die Telefone): **1.** Gerät zum Telefonieren. **2.** Telefonanschluss: *Sie sind gerade umgezogen und haben noch kein Telefon.*

te|le|fo|nie|ren: über das Telefon mit jemandem sprechen: *Tom telefoniert mit David.*

Tel|ler ◡, der (die Teller): kleinere Platte für Speisen: *Suppenteller; Kuchenteller*

Tem|pel, der (die Tempel): Gebäude zur Verehrung von

nicht christlichen Göttern: *ein griechischer Tempel*

Tem|pe|ra|ment Ⓜ**,** das: **1.** (die Temperamente): Wesensart; Charakter. **2.** (ohne Mehrzahl): Lebhaftigkeit; Schwung: *Manchmal geht das Temperament mit ihr durch.*

Tem|pe|ra|tur Ⓜ**,** die (die Temperaturen): Wärme der Luft oder eines Körpers: *Die Wassertemperatur beträgt 18 °C. Sie hat etwas Temperatur* (Fieber).

Tem|po, das (die Tempos): Geschwindigkeit; Schnelligkeit

Tep|pich, der (die Teppiche): Fußbodenbelag

Ter|min, der (die Termine): festgesetzter Zeitpunkt; Tag, Uhrzeit für eine bestimmte Tätigkeit oder ein Treffen: *Er hat heute einen Termin beim Zahnarzt.*

Ter|ras|se Ⓜ**,** die (die Terrassen): abgegrenzter freier Platz vor oder auf einem Gebäude: *Im Sommer frühstücken wir draußen auf der Terrasse.*

Test, der (die Tests, *auch* die Teste): Versuch, um Leistungen oder Eigenschaften von etwas oder jemandem festzustellen; Probe: *Wir schreiben heute einen Test in Mathe.*

tes|ten: jemanden oder etwas prüfen; eine Probe machen

teu|er: viel Geld kostend; nicht billig sein: *Das neue Fahrrad war teuer.*

Text Ⓜ**,** der (die Texte): **1.** *den Text vorlesen; einen Text verfassen.* **2.** *der Text eines Liedes*

Thea|ter Ⓜ**,** das: **1.** (die Theater): Gebäude, in dem Theaterstücke aufgeführt werden. **2.** (ohne Mehrzahl): Aufführung eines Schauspiels; Vorstellung: *Das Theater beginnt um 15 Uhr.* **3.** (ohne Mehrzahl): Unruhe; Getue: *Sie macht immer Theater.*

Thea|ter|stück, das (die Theaterstücke): für die Bühne, für das Theater geschriebene Dichtung

The|ma Ⓜ**,** das (die Themen, *auch* die Themata): *Das Thema meines Referats heißt: „Der Hamster". Wir diskutieren im Deutschunterricht über das Thema Freundschaft.*

theo|re|tisch Ⓜ**:** gedanklich; nicht praktisch; die Wirklichkeit nicht berücksichtigend

Ther|mo|me|ter Ⓜ**,** das (die Thermometer): Gerät zum Messen der Temperatur: *Fieberthermometer*

Ther|mos|fla|sche Ⓜ, die (die Thermosflaschen): Gefäß zum Warmhalten oder Kühlhalten von Getränken

Thron Ⓜ, der (die Throne): *Der Kaiser sitzt auf seinem Thron.*

Thun|fisch Ⓜ, der (die Thunfische; *auch* der Tunfisch, die Tunfische): großer Fisch

ti|cken ☺: *Die Uhr tickt laut.*

Ti|cket ☺, das (die Tickets): **1.** Fahrschein, auch für Flugreisen. **2.** Eintrittskarte

tief: **1.** *ein tiefer Brunnen.* **2.** *sich tief in den Finger schneiden.* **3.** *ein tiefer Wald.* **4.** *eine tiefe Stimme.* **5.** *Sie kamen erst tief in der Nacht nach Hause.* **6.** *Dornröschen fiel in einen tiefen Schlaf.*

Tier, das (die Tiere): Lebewesen: *Es gibt wilde und zahme Tiere.*

Tier|kreis ⊜, der (die Tierkreise): ein bestimmter Bereich am Himmel, in dem die Tierkreis-Sternbilder (z. B. Fisch, Löwe, Krebs) zu finden sind

Ti|ger Ⓜ, der (die Tiger): sehr kräftige Raubkatze mit schwarzen Streifen im Fell

Tin|te, die (die Tinten): Flüssigkeit zum Schreiben

Tipp ♀, der (die Tipps): Hinweis; guter Rat: *einen Tipp geben*

tip|pen ☺: **1.** jemanden oder etwas mit dem Finger oder Fuß leicht berühren: *Sie hat ihn auf die Schulter getippt.* **2.** an der Schreibmaschine, am Computer schreiben. **3.** voraussagen: *Ich tippe darauf, dass er unsere Verabredung vergessen hat.*

Tisch, der (die Tische): Möbelstück: *Schreibtisch; Esstisch; den Tisch fürs Mittagessen decken*

Ti|tel Ⓜ, der (die Titel): **1.** Name, z. B. eines Buches, eines Kunstwerks: *Das Bild trägt den Titel „Der Herbst".* **2.** *Sie haben den Meistertitel in der Bundesliga geholt.*

Ti|tel|bild ⊜, das (die Titelbilder): Bild auf der ersten Seite einer Zeitung oder einer Zeitschrift

Ti|tel|blatt ⊜, das (die Titelblätter): erste oder zweite Seite eines Buches, auf der Angaben z. B. über den Autor, den Titel, den Verlag stehen

Ti|tel|sei|te, die (die Titelseiten): erste, äußere Seite einer Zeitung oder einer Zeitschrift

Toast Ⓜ**,** der (die Toaste, *auch* die Toasts): geröstetes Weißbrot in Scheiben; Toastbrot

to|ben: 1. herumtollen; herumspringen: *Die Kinder toben im Garten.* **2.** wüten; außer sich sein: *Der Hausmeister tobt vor Wut.* **3.** *Der Sturm tobte über das Land.*

Toch|ter, die (die Töchter): weibliches Kind

Tod, der (die Tode): das Sterben; das Ende des Lebens

To|hu|wa|bo|hu, das (die Tohuwabohus): Wirrwarr; völliges Durcheinander

Toi|let|te Ⓜ**,** die (die Toiletten): WC: *Sie muss ganz dringend auf die Toilette. Wir suchen eine öffentliche Toilette.*

to|le|rant Ⓜ**:** großzügig, z. B. wenn jemand eine andere Meinung hat

toll: großartig; sehr schön: *Er hat ein tolles Fahrrad.*

To|ma|te, die (die Tomaten): *An der Tomatenpflanze hingen vier reife, ganz rote Tomaten.*

Ton, der: **1.** (die Töne): Laut; Geräusch; Klang: *tiefe Töne.* **2.** (die Töne): Rede-, Sprech- oder Schreibweise: *etwas in einem freundlich Ton sagen.* **3.** (die Töne): Farbton: *Er malt sein Bild in kräftigen Tönen.* **4.** (die Tone): lehmartige Masse, aus der Geschirr, Töpfe und Kacheln hergestellt werden

Ton|ne, die (die Tonnen): **1.** großer Behälter: *Regentonne.* **2.** *1000 kg sind eine Tonne.*

Topf, der (die Töpfe): **1.** Gefäß mit Deckel zum Kochen: *einen Topf mit Wasser erhitzen.* **2.** Gefäß zum Aufbewahren: *Milchtopf; Nachttopf*

Tor, das (die Tore): **1.** eine große Tür oder Öffnung: *Stadttor.* **2.** Kasten, in den z. B. bei Fußball, Handball oder Hockey der Ball gebracht werden muss: *ein Tor schießen*

Torf, der (die Torfe): sehr dunkler Boden, der durch die Zersetzung von Pflanzenresten entsteht

tö|richt: dümmlich; einfältig; unvernünftig

Tor|te, die (die Torten): feiner Kuchen: *Sahnetorte*

tot: gestorben; nicht lebendig

to|tal: völlig; vollständig; ganz und gar: *Ich habe total vergessen, dass du heute kommen wolltest.*

A B C D E F G H I J K L M N O P Q R S T U V W X Y Z

To|te, der (die Toten): männliche Person, die gestorben ist

To|te, die (die Toten): weibliche Form zu ➪ der Tote

tö|ten: 1. einem Menschen oder einem Tier das Leben nehmen. **2.** (sich): sich das Leben nehmen

Tour Ⓜ, die (die Touren): **1.** *Am ersten Mai machen wir eine Fahrradtour.* **2.** bestimmte Strecke: *Tour de France.* **3.** *Der Motor läuft auf vollen Touren.*

Tou|rist Ⓜ, der (die Touristen): jemand, der reist, um fremde Orte und Länder kennenzulernen

Tour|nee Ⓜ, die (die Tourneen): Rundreise von Künstlern mit vielen Auftritten: *Der Chor geht wieder auf Tournee.*

Tra|di|ti|on Ⓜ, die (die Traditionen): Überlieferung; Brauch; feste Gewohnheit: *eine Tradition pflegen*

traf: ➪ treffen

Tra|fo, der (die Trafos): Kurzform für ➪ Transformator

tra|gen (er trug, sie hat getragen): **1.** *Sie trug die schwere Einkaufstasche nach Hause.* **2.** *Er lässt sich von den Meereswellen tragen.* **3.** *Sie trägt einen roten Pullover.* **4.** aushalten; ertragen: *Sie trägt es mit Fassung, wenn der kleine Hund wieder alles schmutzig macht.*

Trag|flä|che ⊜, die (die Tragflächen): Tragflügel; an den Seiten angebrachter Teil eines Flugzeugs

trai|nie|ren Ⓜ**:** planmäßig üben: *Leon trainiert jeden Tag für seinen nächsten Wettkampf.*

Trai|ning Ⓜ, das (die Trainings): planmäßiges Üben: *ein hartes Training; freitags ist Leichtathletiktraining.*

tram|peln: heftig auftreten; stampfen: *mit den Füßen Beifall trampeln; die Kinder trampeln durch das Gemüsebeet.*

Tran, der (die Trane): Öl, das z. B. aus dem Speck von Walen gewonnen wird: *Lebertran*

trank: ➪ trinken

Trä|ne Ⓜ, die (die Tränen): Wassertropfen, der aus dem Auge kommt: *Lilo rollen die Tränen über die Wangen.*

Trän|ke Ⓜ, die (die Tränken): Wasserstelle, an der Tiere trinken können

trän|ken: **1.** Tieren zu trinken geben. **2.** befeuchten; nass machen

Trans|for|ma|tor, der (die Transformatoren): elektrisches Gerät, mit dem die Spannung eines Stromes erhöht oder vermindert werden kann

Trans|kon|ti|nen|tal|ren|nen, das (die Transkontinentalrennen): ein Rennen, das quer durch einen ganzen Kontinent führt

trans|por|tie|ren: an einen anderen Ort bringen; befördern

trat: ⇨ treten

Trau|be, die (die Trauben): Weintraube: *2 Pfund Trauben, bitte.*

trau|en: **1.** Vertrauen haben; Glauben schenken. **2.** verheiraten: *Der Standesbeamte hat sie getraut.* **3.** (sich): den Mut haben, etwas zu tun: *David traut sich, vom 5-Meter-Brett zu springen.*

Trau|er, die (ohne Mehrzahl): seelischer Schmerz über ein Unglück; Betrübnis

träu|feln: in kleinen Tropfen fallen lassen: *Er träufelte ihm die Arznei in den Mund.*

träu|fen: ⇨ träufeln

Traum, der (die Träume): **1.** Bilder und Vorstellungen, die auftreten, wenn man schläft. **2.** ein sehnlicher, unerfüllter Wunsch

träu|men: **1.** einen Traum haben. **2.** mit den Gedanken woanders sein: *Träum nicht vor dich hin, sondern pass auf.* **3.** erhoffen; wünschen: *Sie träumt von einem Urlaub am Meer.*

trau|rig: **1.** bedrückt; bekümmert: *Er macht ein trauriges Gesicht.* **2.** schmerzlich; beklagenswert: *eine traurige Nachricht*

tref|fen (er traf, sie hat getroffen): **1.** *ins Tor treffen.* **2.** *einen Freund treffen.* **3.** (sich): *Wir trafen uns in der Stadt.*

tref|fend: genau; passend; richtig

tren|nen: **1.** auseinanderbringen: *das Eigelb vom Eiweiß trennen; der Lehrer trennt die beiden Streithähne.* **2.** *eine Hecke trennt die beiden Grundstücke.* **3.** (sich): auseinandergehen: *Die Mannschaften trennten sich 1:0.*

Trep|pe, die (die Treppen): Aufgang oder Abgang aus Stufen: *Die Treppe führt bis zur Turmspitze hoch.*

Tre|sor, der (die Tresore): **1.** Panzerschrank: *Der wertvolle Schmuck liegt im Tresor.* **2.** Tresorraum einer Bank

Tre|sor|tür ⊜, die (die Tresortüren): sehr dicke, schwere Tür eines Tresors

tre|ten (er trat, sie hat/ist getreten): **1.** ein paar Schritte machen: *Ich bin zur Seite getreten.* **2.** *auf die Brille treten.* **3.** jemandem oder etwas einen Tritt geben: *gegen die Tür treten.* **4.** *auf die Bremse treten*

Tret|schlit|ten ⊜, der (die Tretschlitten): Schlitten, auf den ein Stuhl aufgesetzt ist

treu: beständig; zuverlässig: *ein treuer Freund*

Tri|an|gel, die (*auch* der Triangel; die Triangeln): Musikinstrument in Form eines Dreiecks, das mit einem kleinen Metallstab angeschlagen wird

Tri|bü|ne Ⓜ, die (die Tribünen): Gerüst oder Bau mit treppenförmig angeordneten Sitzplätzen für Zuschauer, Zuhörer: *auf der Tribüne sitzen*

Trich|ter, der (die Trichter): Gerät zum Abfüllen oder Eingießen von Flüssigkeiten

Trick ◡, der (die Tricks): **1.** List; Kunstgriff: *Zaubertrick.* **2.** Kniff: *Es gibt einen Trick, um sich Arbeit zu sparen.*

Trick|film ⊜, der (die Trickfilme): Film, bei dem mit einer besonderen Technik gearbeitet wird: *Zeichentrickfilm*

Trieb ➔, der (die Triebe): Spross, Keim bei Pflanzen: *Die Pflanze hat frische Triebe.*

trin|ken (er trank, sie hat getrunken): Flüssigkeit zu sich nehmen: *viel trinken; Milch trinken*

Trink|glas ⊜, das (die Trinkgläser): Gefäß aus Glas, aus dem man z. B. Saft trinken kann

Trink|halm ⊜, der (die Trinkhalme): Strohhalm; Röhrchen, das man zum Trinken nutzen kann

Trink|was|ser ⊜, das (die Trinkwässer): Wasser, das getrunken werden kann, ohne dass man gesundheitliche Schäden befürchten muss

trist: eintönig; trostlos; ohne Abwechslung

Tritt ◡, der (die Tritte): **1.** Schritt. **2.** Stoß mit dem Fuß: *Fußtritt.* **3.** Stufe; Absatz

Tri|umph Ⓜ, der (die Triumphe): große Freude, Genugtuung über einen Sieg, einen Erfolg

tro|cken ◡: **1.** nicht nass; nicht feucht. **2.** langweilig; ganz sachlich: *ein trockenes Buch*

trock|nen: **1.** trocken werden; Feuchtigkeit verlieren: *Ihre Haare trocknen schnell.* **2.** etwas trocken machen

trö|deln: langsam machen; Zeit verschwenden: *Auf dem Nachhauseweg trödelt Tim immer.*

Trog, der (die Tröge): großes, meist längliches Gefäß: *Schweine fressen aus einem Trog.*

Trom|mel, die (die Trommeln): Schlaginstrument: *die Trommel schlagen*

trom|meln: **1.** eine Trommel schlagen. **2.** *mit den Fäusten gegen die Tür trommeln.* **3.** *Der Regen trommelt aufs Dach.*

Trom|pe|te, die (die Trompeten): Blasinstrument: *die Trompete blasen*

Tro|pen, die (Mehrzahl): Gebiet zu beiden Seiten des Äquators, in dem es sehr warm ist

tröp|feln: **1.** in kleinen Tropfen fallen (lassen). **2.** leicht regnen; nieseln

trop|fen: in Tropfen fallen (lassen); herunterfließen

Trop|fen, der (die Tropfen): kleine Menge Flüssigkeit, die zusammenbleibt: *Regentropfen*

tro|pisch: **1.** alles, was sich auf die Tropen bezieht oder von dort kommt. **2.** *Wir haben diesen Sommer fast tropische Temperaturen.*

Trost, der (ohne Mehrzahl): etwas, das jemanden aufmuntert, tröstet

trös|ten: **1.** *Die Mutter tröstet das weinende Kind.* **2.** (sich): sich beruhigen

trotz: *Trotz des schlechten Wetters gehen wir wandern.*

trotz|dem: *Er hat keine Lust, trotzdem macht er seine Hausaufgaben.*

trot|zig: starrsinnig; eigenwillig

trüb: ⇨ trübe

trü|be (*auch* trüb): **1.** nicht klar; nicht durchsichtig: *trübes Wasser.* **2.** traurig: *trübe Gedanken haben*

trug: ⇨ tragen

Tru|he, die (die Truhen): Kastenmöbel mit Klappdeckel

tsch

Du sprichst ein Wort am Anfang wie *tsch* aus, kannst es aber unter *tsch* nicht finden. Dann suche auch unter *c* oder *ch.* Beispiele: *das Cello; der Champion*

Trup|pe, die (die Truppen): Gruppe; Mannschaft: *eine Truppe von Schauspielern*

tschüs (*auch* tschüss): Abschiedsgruß

tschüss: ⇨ tschüs

T-Shirt, das (die T-Shirts): kurzärmliges Oberteil: *Er trägt immer T-Shirt und Jeans.*

Tu|be, die (die Tuben): kleiner Behälter, aus dem man den Inhalt herauspresst: *Zahnpastatube*

Tuch, das (die Tücher): ein Stück Stoff: *Kopftuch*

tüch|tig: **1.** fleißig und gut arbeitend. **2.** sehr: *Es hat tüchtig geschneit.*

tüf|teln: sich mit Geduld mit etwas Schwierigem, Kniffligem beschäftigen: *Sie tüfteln noch an der Lösung des Problems.*

Tul|pe, die (die Tulpen): Frühlingsblume

tun (er tat, sie hat getan): **1.** *So etwas tut er nicht. Der Handwerker hat viel zu tun.* **2.** *Unser Hund tut nichts.* **3.** *Sie taten ganz geheimnisvoll.*

Tun|fisch, der (die Tunfische): ⇨ Thunfisch

Tun|nel, der (die Tunnel, *auch* die Tunnels): unterirdischer Weg: *einen Tunnel graben*

tup|fen: *Sie tupft ganz vorsichtig Salbe auf die Wunde.*

Tür, die (die Türen): Eingang; Durchgang: *Haustür; die Tür öffnen*

Tur|bi|ne, die (die Turbinen): Maschine, die Energie in Bewegung umsetzt

Tür|kei, die: Land, das zu Europa und zu Asien gehört

tür|kisch: alles, was sich auf die Türkei bezieht oder von dort stammt; ⇨ Merkkasten deutsch/Deutsch auf Seite 52

Turm, der (die Türme): hohes Bauwerk: *Leuchtturm; Kirchturm*

tur|nen: *Sie turnen heute im Sportunterricht am Barren und am Kasten.*

Turn|ge|rät, das (die Turngeräte): Gerät, an dem man Turnübungen ausführt, z. B. Reck, Barren

Tur|nier, das (die Turniere): **1.** ritterliches Kampfspiel im Mittelalter. **2.** sportlicher Wettkampf: *ein Turnier gewinnen*

tu|scheln: flüstern; leise miteinander sprechen: *Lisa und Marie tuscheln hinter dem Rücken von Sophie.*

Tü|te, die (die Tüten): Tasche; Beutel: *eine Tüte Bonbons*

ty|pisch Ⓜ: *Es war typisch für sie, dass sie wieder zu spät kam.*

U

U-Bahn Ⓜ, die (die U-Bahnen): Kurzform für ➪ Untergrundbahn

übel: 1. unschön; schlimm: *ein übler Trick; jemandem etwas übel nehmen.* **2.** schlecht; unwohl: *Mir ist übel.*

Übel|keit, die (ohne Mehrzahl): Brechreiz; Unwohlsein

üben: etwas immer wieder wiederholen; trainieren: *Wir üben für den Englischtest. Sie übt täglich auf dem Klavier.*

über: 1. *Die Lampe hängt über dem Tisch.* **2.** *eine Decke über den Tisch legen.* **3.** *Sie geht vorsichtig über die Straße.* **4.** mehr als: *Ich habe über eine Stunde gewartet.* **5.** *Ihre Note liegt über dem Klassendurchschnitt.* **6.** *Sie muss über seine Witze lachen.* **7.** *Von unserem Fest sind noch Getränke über.* **8.** *Kohle wird auch über Tage und nicht nur in Bergwerken abgebaut.*

über-

Der Wortbaustein *über-* kommt in vielen Wörtern vor, z. B. in *überreden, Überschrift, überflüssig.*

über|all Ⓜ: an allen Orten; an jeder Stelle

über|ei|nan|der: *Sie trägt zwei T-Shirts übereinander. Sie sollen die Dosen übereinanderstellen.*

Über|fi|schung, die (die Überfischungen): *Durch Überfischung gibt es kaum noch Forellen in diesem See.*

über|flüs|sig: überzählig; unnötig

über|haupt Ⓜ: **1.** *Er hat überhaupt kein Verständnis. Ich mag überhaupt keinen Salat.* **2.** *Was machst du überhaupt hier?*

über|le|gen: **1.** sich Gedanken über etwas machen: *Überleg dir das gut.* **2.** *Timo ist Karl an Schnelligkeit überlegen.*

über|ra|schen Ⓜ: erstaunen; verblüffen: *Meine Freunde haben mich mit einem Geschenk überrascht.*

Über|ra|schung, die (die Überraschungen): *Zu seinem Geburtstag haben wir eine Überraschung geplant.*

über|re|den: *Sie überredeten ihn, doch ins Schwimmbad mitzukommen, obwohl er keine Lust hatte.*

Über|schrift, die (die Überschriften): das, was über einem Text steht

über|set|zen: **1.** (übersetzen: er setzte über, sie hat übergesetzt): ans andere Ufer fahren: *Das Boot setzte ans andere Ufer über.* **2.** (übersetzen: er übersetzte, sie hat übersetzt): einen Text von einer Sprache in eine andere übertragen: *Sie hat einen Text aus dem Englischen ins Deutsche übersetzt.*

Über|sicht, die: **1.** (ohne Mehrzahl): Überblick. **2.** (die Übersichten): Darstellung von Zusammenhängen, z. B. als Tabelle oder Zeichnung

über|sicht|lich: **1.** gut zu überblicken: *Die Straßenkreuzung ist übersichtlich.* **2.** gut gegliedert und deshalb schnell zu lesen und zu erfassen: *Ihr habt das Plakat schön übersichtlich gestaltet.*

über|win|tern: *Störche überwintern in Afrika. Die empfindlichen Pflanzen überwintern im Haus.*

über|zeu|gen: **1.** *Er hat sie davon überzeugt, dass es besser ist, für den Test zu lernen.* **2.** (sich): selbst nachprüfen; sich vergewissern: *Sie haben sich davon mit eigenen Augen überzeugt.*

üb|rig: noch vorhanden; noch da

üb|ri|gens: nebenbei gesagt; nebenbei bemerkt

Übung, die: **1.** (ohne Mehrzahl): *Übung macht den Meister.* **2.** (die Übungen): *Ihr macht die Übungen im Buch auf Seite 20.* **3.** (die Übungen): *Er turnt seine Übung am Reck vor.*

Ufer, das (die Ufer): Begrenzung eines Gewässers durch Land: *Sie sind ans andere Ufer geschwommen.*

Uhr, die: **1.** (die Uhren): Zeitmessgerät. **2.** (ohne Mehrzahl): Uhrzeit; Zeitangabe: *Wie viel Uhr ist es?*

Uhu, der (die Uhus): Eulenvogel

Ul|tra|schall, der (ohne Mehrzahl): mit dem menschlichen Gehör nicht mehr wahrnehmbare Schallwellen

Ul|tra|schall|be|reich, der (ohne Mehrzahl): Bereich, in dem Menschen hohe Töne, Geräusche nicht mehr hören können

ul|tra|vio|let|tes Licht, das (ohne Mehrzahl): nicht sichtbares Licht, das in der Sonnenstrahlung vorkommt und das die Haut braun werden lässt

um: 1. *Das Spiel beginnt um zehn Uhr.* **2.** *Die Zeit ist um.* **3.** *Die Geschwister streiten um die Bonbons.* **4.** *Er kommt, um zu helfen.*

um-

Der Wortbaustein *um-* kommt in vielen Wörtern vor, z. B. in *umhängen, umkehren, Umhang.*

um|ar|men: die Arme um jemanden legen

um|blät|tern: ein Blatt auf die andere Seite wenden

um|dre|hen: **1.** etwas auf die andere Seite drehen; wenden. **2.** *Als es dunkel wurde, drehten sie um und gingen wieder nach Hause.* **3.** (sich): *Leon dreht sich zu seinem Freund um. Er sitzt in der hinteren Reihe.*

Um|fra|ge, die (die Umfragen): Befragung einer größeren Personengruppe zu einem bestimmten Thema: *eine Umfrage machen*

um|ge|kehrt: ⇨ umkehren

um|ge|zo|gen: ⇨ umziehen

Um|hang, der (die Umhänge): Kleidungsstück ohne Ärmel, das man sich über die Schultern hängt

um|hän|gen: *eine Tasche umhängen; eine Kette umhängen*

um|keh|ren: **1.** zurückgehen; zurückfahren. **2.** *die Reihenfolge umkehren*

um|lau|fen (er umlief, sie ist umgelaufen): **1.** um etwas herum laufen. **2.** sich um etwas drehen; um etwas kreisen

um|lei|ten (er leitete um, sie hat/ist umgeleitet): auf einen anderen Weg führen: *Der Verkehr wird umgeleitet.*

Um|lei|tung, die (die Umleitungen): **1.** das Umleiten. **2.** *eine*

Umleitung mit dem Auto fahren; die Umleitung ist ausgeschildert.

um|lief: ⇨ umlaufen

Um|schlag, der: **1.** (die Umschläge): Bucheinband. **2.** (die Umschläge): *einen Brief in einen Umschlag stecken.* **3.** (die Umschläge): Wickel; Kompresse: *Dein Knöchel ist geschwollen. Ich mache dir einen kalten Umschlag.* **4.** (ohne Mehrzahl): plötzliche Änderung: *Wetterumschlag*

um|so: *Je mehr du übst, umso besser kannst du es.*

um|sonst: **1.** kostenlos. **2.** *Wir sind umsonst gekommen, es ist niemand zu Hause.*

um|stel|len: **I.** (ụmstellen: er stellte um, sie hat umgestellt): **1.** verrücken; versetzen: *Möbel umstellen.* **2.** neu einstellen; neu ordnen: *die Uhr auf Winterzeit umstellen.* **3.** (sich): sich anpassen; sich einstellen. **II.** (umstẹllen: sie umstellten, sie haben umstellt): umschließen; außen herumstellen: *Die Polizei umstellte das Haus.*

um|tau|schen: **1.** etwas zurückgeben und dafür etwas anderes bekommen: *Nach Weihnachten werden viele Geschenke umgetauscht.* **2.** *Frau Müller tauscht bei der Bank 100 Euro in Dollar um.*

Um|weg, der (die Umwege): Weg, der länger ist als der direkte Weg: *einen Umweg machen*

Um|welt, die (ohne Mehrzahl): Umgebung, in der wir leben; Lebensraum; Natur

Um|welt|schutz, der (ohne Mehrzahl): alle Maßnahmen zur Erhaltung unserer Umwelt, z. B. Mülltrennung, Wasserreinigung, Lärmbekämpfung

um|zie|hen (er zog um, sie hat/ist umgezogen): **1.** z. B. in eine andere Wohnung ziehen: *Wir sind umgezogen.* **2.** (*auch* sich): andere Kleider anziehen: *Sie hat das Kind umgezogen, weil es sich schmutzig gemacht hat.*

Um|zug, der (die Umzüge): **1.** Wohnungswechsel; das Umziehen in eine andere Wohnung. **2.** Veranstaltung, bei der Menschen und/oder Fahrzeugen sich durch die Straßen bewegen: *Laternenumzug*

un|an|tast|bar: etwas kann oder darf nicht berührt werden

un|be|dingt: **1.** ohne Einschränkung: *jemandem unbedingt*

un-

Der Wortbaustein *un-* kommt in vielen Wörtern vor, z. B. in *unklar, Unglück, Unsinn.*

vertrauen. **2.** unter allen Umständen: *Sie will unbedingt reiten lernen.*

un|be|quem: **1.** nicht bequem: *Der Sessel ist unbequem.* **2.** unangenehm: *Der Privatdetektiv stellt unbequeme Fragen.*

und Ⓜ: *Eltern und Kinder; schwarz und weiß*

un|deut|lich: ungenau; unklar: *Sie spricht undeutlich. Ich kann das Haus auf dem Foto nur undeutlich erkennen.*

un|ent|schie|den: **1.** noch nicht entschieden; unsicher: *Es ist noch unentschieden, was wir heute unternehmen.* **2.** punktgleich; ohne Sieger und ohne Verlierer

un|fair: nicht anständig; nicht gerecht

Un|fall, der (die Unfälle): Ereignis, bei dem ein Mensch oder eine Sache zu Schaden kommt: *Sie hatte einen Unfall mit dem Auto.*

Un|fug Ⓜ, der (ohne Mehrzahl): Unsinn; Dummheit

un|ge|dul|dig: nicht geduldig; ohne Geduld

un|ge|fähr Ⓜ: etwa; circa

Un|ge|heu|er, das (die Ungeheuer): großes, wildes Tier, das Angst macht und besonders in Märchen und Sagen vorkommt

Un|glück, das: **1.** (die Unglücke): schlimmes, trauriges Ereignis, das plötzlich und unerwartet geschieht. **2.** (ohne Mehrzahl): schlimme Lage: *Tu das nicht. Das bringt Unglück.*

un|glück|lich: **1.** bedrückt; traurig. **2.** *Sie ist unglücklich gefallen und hat sich dabei den Arm gebrochen.*

un|heim|lich: **1.** ein Gefühl der Angst hervorrufend: *In dem alten Schloss war ihnen unheimlich zumute.* **2.** sehr: *Sie freut sich unheimlich über unser Geschenk.*

Uni|form Ⓜ, die (die Uniformen): einheitliche Bekleidung, z. B. bei Soldaten oder bei Polizisten

Uni|ted States of Ame|ri|ca Ⓜ, die (Mehrzahl): Vereinigte Staaten von Amerika

Uni|ver|si|tät Ⓜ, die (die Universitäten): wissenschaftliche

Hochschule: *Er studiert Mathematik an der Universität.*

un|klar: **1.** nicht klar zu erkennen; verschwommen. **2.** nicht verständlich: *Die Aufgabenstellung ist unklar.* **3.** nicht geklärt; offen: *Wie die Einbrecher in das Haus kamen, ist noch unklar.*

Un|kraut, das (ohne Mehrzahl): Pflanzen, die wild im Rasen, Gemüse- oder Blumenbeet aufgehen und als störend empfunden werden, weil sie die eigentlichen Pflanzen überwuchern

Un|recht, das (ohne Mehrzahl): eine Tat, die gegen das Gesetz, das Recht verstößt; eine als falsch und böse empfundene Tat: *ein Unrecht begehen*

Un|ru|he Ⓜ, die: **1.** (ohne Mehrzahl): keine Ruhe: *In der Klasse herrscht ständig Unruhe.* **2.** (ohne Mehrzahl): Beunruhigung: *eine innere Unruhe.* **3.** (die Unruhen): *Es kam immer wieder zu Unruhen in der Bevölkerung.*

uns, un|ser, un|se|re: *Das Auto gehört uns. Es ist unser Auto. Wir besuchen unsere Freunde.*

un|se|lig: verhängnisvoll; unglückselig

un|si|cher: **1.** gefährlich; keine Sicherheit bietend: *Einbrecher machen die Gegend unsicher.* **2.** keine Gewissheit bietend: *Die Sache ist noch unsicher.* **3.** *Jetzt hast du mich unsicher gemacht, welches T-Shirt ich anziehen soll.* **4.** *Das kleine Kind ist noch unsicher auf den Beinen.*

Un|sinn, der (ohne Mehrzahl): **1.** *Sie reden den ganzen Tag lang Unsinn.* **2.** Dummheiten: *Treibt nicht so viel Unsinn.*

un|ten: **1.** vom Sprecher aus tiefer gelegen. **2.** am unteren Ende. **3.** einer Unterlage zugekehrt: *Dreht das Blatt zuerst noch um. Die beschriebene Seite schaut nach unten.*

un|ter: **1.** *etwas liegt unter dem Tisch.* **2.** *unter die Dusche gehen.* **3.** *Kinder unter zwölf Jahren zahlen den halben Eintritt.* **4.** *Die Temperatur*

unter-

Der Wortbaustein *unter-* kommt in vielen Wörtern vor, z. B. in *unterbrechen, unterschreiben, Unterschrift.*

liegt unter dem Gefrierpunkt. **5.** inmitten von: *Unter den Zuschauern waren viele Eltern.* **6.** *Alle leiden unter der Hitze.*

un|ter|brach: ⇨ unterbrechen

un|ter|bre|chen (er unterbrach, sie hat unterbrochen): **1.** für eine Zeit mit etwas aufhören. **2.** jemanden dazu bringen, mit dem Sprechen aufzuhören; jemandem ins Wort fallen

un|ter|bro|chen: ⇨ unterbrechen

un|ter|ei|nan|der: **1.** *Die Zahlen müssen genau untereinander hingeschrieben werden.* **2.** miteinander: *Die Kinder machen untereinander aus, was sie spielen wollen.*

un|ter|ei|nan|der|le|gen: *Sie legen alle Spielkarten untereinander.*

Un|ter|grund|bahn, die (die Untergrundbahnen): Schienenfahrzeug, das in Tunneln unter der Erde fährt

un|ter|hal|ten (er unterhielt, sie hat unterhalten): **1.** versorgen; mit Geld unterstützen. **2.** führen; leiten: *Die Großeltern unterhalten einen Bauernhof.* **3.** erfreuen; Vergnügen bereiten. **4.** (sich): ein Gespräch führen. **5.** (sich): sich die Zeit vertreiben; sich vergnügen

un|ter|hielt: ⇨ unterhalten

un|ter|ir|disch: unter der Erde

un|ter|nahm: ⇨ unternehmen

un|ter|neh|men (er unternahm, sie hat unternommen): **1.** *Am Sonntag unternahmen wir eine Radtour.* **2.** *Die Polizei unternimmt etwas gegen die Diebstähle.*

un|ter|nom|men: ⇨ unternehmen

Un|ter|richt Ⓜ, der (ohne Mehrzahl): *Wir haben heute nur drei Stunden Unterricht; Klavierunterricht*

un|ter|rich|ten Ⓜ: jemandem etwas beibringen

un|ter|schei|den (er unterschied, sie hat unterschieden): **1.** *Die Zwillinge sind kaum zu unterscheiden; Falsches und Richtiges unterscheiden.* **2.** (sich): sich abheben; verschieden sein

un|ter|schied: ⇨ unterscheiden

Un|ter|schied, der (die Unterschiede): Abweichung; Anderssein

un|ter|schie|den: ⇨ unterscheiden

un|ter|schrei|ben (er unterschrieb, sie hat unterschrieben): seinen Namen unter ein Schriftstück setzen (und damit den Inhalt bestätigen)

un|ter|schrieb: ⇨ unterschreiben

un|ter|schrie|ben: ⇨ unterschreiben

Un|ter|schrift, die (die Unterschriften): Namenszeichen, das von jemandem zur Bestätigung des Inhalts z. B. unter ein Schriftstück gesetzt wird

un|ter|strei|chen (er unterstrich, sie hat unterstrichen): einen Strich unter ein Wort oder einen Satz ziehen

un|ter|strich: ⇨ unterstreichen

un|ter|stri|chen: ⇨ unterstreichen

un|ter|stüt|zen: 1. helfen. **2.** sich für etwas einsetzen

un|ter|su|chen: 1. *Der Arzt untersucht den Patienten.* **2.** etwas genau betrachten, beobachten

un|ter|wegs: auf dem Weg irgendwohin befindend; auf, während der Fahrt: *Unterwegs hielten sie an und machten ein Picknick.*

un|un|ter|bro|chen: durchgehend; ohne Unterbrechung: *Sie redet ununterbrochen, ohne einmal Luft zu holen.*

un|ver|ständ|lich: 1. undeutlich, sodass etwas nicht zu verstehen ist: *unverständlich sprechen.* **2.** nicht zu begreifen: *Es ist mir unverständlich, wie du so viele Fehler machen konntest.*

un|vor|sich|tig: unachtsam; ohne Vorsicht

Un|wet|ter, das (die Unwetter): sehr schlechtes Wetter, meist mit Sturm, starkem Regen und Gewitter

un|zer|trenn|lich: eng miteinander verbunden

ur|alt: sehr alt

Ur|kun|de, die (die Urkunden): Schriftstück, das ein besonderes Ereignis, einen Vertrag oder eine besondere Leistung bestätigt: *Geburtsurkunde; Siegerurkunde*

Ur|laub, der (die Urlaube): arbeitsfreie Zeit zur Erholung

Ur|laubs|rei|se, die (die Urlaubsreisen): Reise, die zu dem Ort führt, an dem man den Urlaub verbringen will

Ur|sa|che, die (die Ursachen): eigentlicher Auslöser; Grund

Ur|sprung, der (die Ursprünge): Zeitraum oder Ort, in dem der Anfang von etwas liegt; Entstehung; Herkunft

ursprünglich: so, wie es zuerst war: *Ursprünglich wollten wir heute Abend ins Kino.*

Urteil, das (die Urteile): **1.** Entscheidung vor Gericht. **2.** Entscheidung; Beurteilung; sichere Meinung

Urwald, der (die Urwälder): unberührter, ursprünglicher Wald, den es besonders in den Tropen gibt; Dschungel

USA Ⓜ**,** die (Mehrzahl): Abkürzung für ⇨ United States of America

usw.: Abkürzung für **u**nd **s**o **w**eiter

V

vage Ⓜ**:** ungenau: *Lisa hat nur eine vage Vorstellung, wo ihr Deutschheft sein könnte.*

Vampir Ⓜ**,** der (die Vampire): nach dem Volksglauben Verstorbener, der nachts aus seinem Grab steigt, um Lebenden das Blut auszusaugen: *Graf Dracula ist ein Vampir.*

Vanille Ⓜ**,** die (ohne Mehrzahl): Gewürz, das für Süßspeisen verwendet wird: *Vanillepudding; Vanilleeis*

Vase Ⓜ**,** die (die Vasen): Gefäß, z. B. aus Glas oder Porzellan, für Blumen: *Blumen in eine Vase stellen*

Vater Ⓜ**,** der (die Väter): Mann, der mindestens ein Kind gezeugt hat

vegetarisch Ⓜ**:** *Sie isst kein Fleisch, sondern ernährt sich vegetarisch.*

Veilchen Ⓜ**,** das (die Veilchen): Blume mit kleinen violetten Blüten, die stark duften

Ventil Ⓜ**,** das (die Ventile): Vorrichtung, mit der das Einlassen oder Durchlassen von Flüssigkeiten oder Gasen gesteuert wird: *Fahrradventil*

Ventilator Ⓜ**,** der (die Ventilatoren): Vorrichtung zum Lüften, die meist mit einem Elektromotor angetrieben wird: *den Ventilator einschalten*

Venus Ⓜ**,** die (ohne Mehrzahl): **1.** Name einer römischen Göttin. **2.** Planet

ver-

Der Wortbaustein *ver-* kommt in vielen Wörtern vor, z. B. in *verbrennen, verstecken, Verband, verdächtig.*

ver|ab|re|den ⊜**: 1.** etwas miteinander ausmachen. **2.** (sich): ein Zusammentreffen vereinbaren

ver|ab|schie|den ⊜ (sich): Auf Wiedersehen sagen

Ve|ran|da Ⓜ**,** die (die Veranden): überdachter Vorbau an einem Wohnhaus: *auf der Veranda sitzen*

ver|än|dern ⊜**: 1.** etwas anders machen. **2.** (sich): anders werden; sich ändern

ver|an|stal|ten ⊜**: 1.** etwas durchführen: *Unsere Schule veranstaltet ein Sportfest.* **2.** *Die Kinder haben ein riesiges Durcheinander veranstaltet.*

Verb Ⓜ**,** das (die Verben): z. B. *singen, laufen, tanzen*

ver|band: ⇨ verbinden

Ver|band ⊜**,** der (die Verbände): Binde, die zum Schutz einer Wunde oder zur Ruhigstellung um einen Körperteil gewickelt wird: *Timo hat einen dicken Verband um den Kopf.*

ver|barg: ⇨ verbergen

ver|ber|gen ⊜ (er verbarg, sie hat verborgen): **1.** verheimlichen. **2.** (*auch* sich): verstecken: *Luis verbirgt die Schokolade hinter seinem Rücken.*

ver|bes|sern ⊜**: 1.** etwas besser machen. **2.** (*auch* sich): einen Fehler beseitigen; etwas richtigstellen. **3.** (sich): besser werden; sich steigern: *David hat sich in Mathematik deutlich verbessert.*

ver|beu|gen ⊜ (sich): sich verneigen

ver|bie|ten ⊜ (er verbot, sie hat verboten): untersagen; nicht erlauben: *Betreten verboten!*

ver|bin|den ⊜ (er verband, sie hat/ist verbunden): **1.** eine Binde, einen Verband anlegen. **2.** zusammenbringen; zusammenfügen. **3.** ein Telefongespräch vermitteln. **4.** einen Zusammenhang herstellen: *Das Wort Urlaub verbinde ich mit Sonne und Wasser.* **5.** (sich):

sich zusammenfügen; sich zusammenschließen

ver|blüfft ⊜**:** erstaunt; überrascht

ver|bor|gen: ⇨ verbergen

ver|bot: ⇨ verbieten

Ver|bot ⊜**,** das (die Verbote): Anordnung, etwas nicht zu tun

ver|bo|ten: ⇨ verbieten

Ver|bots|schild ⊜**,** das (die Verbotsschilder): Schild, Zeichen, das zeigt, dass etwas verboten ist

ver|brannt: ⇨ verbrennen

ver|brann|te: ⇨ verbrennen

Ver|bre|chen ⊜**,** das (die Verbrechen): Handlung, die gegen das Gesetz verstößt, z. B. Diebstahl, Einbruch

Ver|bre|cher ⊜**,** der (die Verbrecher): jemand, der ein Verbrechen begangen hat

ver|bren|nen ⊜ (er verbrannte, sie hat/ist verbrannt): **1.** *Papier verbrennt zu Asche.* **2.** *Gartenabfälle verbrennen.* **3.** anbrennen: *Das Steak ist verbrannt.* **4.** (sich): *Paul hat sich die Finger verbrannt.*

ver|bun|den: ⇨ verbinden

Ver|dacht ⊜**,** der (die Verdachte, *auch* die Verdächte): Vermutung; böse Ahnung

ver|däch|tig ⓕ**:** Misstrauen erweckend; zweifelhaft: *eine verdächtige Person; sich verdächtig machen*

ver|die|nen ⊜**: 1.** *In ihrem Beruf verdient sie viel Geld.* **2.** *Den Kuchen habt ihr euch verdient, weil ihr so fleißig gelernt habt.*

ver|dop|peln ⊜**: 1.** etwas z. B. auf die doppelte Anzahl, Menge, Größe bringen. **2.** (sich): doppelt so groß, so viel werden

ver|drieß|lich Ⓜ**:** eine schlechte Stimmung ausdrückend: *Lisa macht ein verdrießliches Gesicht.*

ver|duns|ten ⊜**:** in einen gasförmigen Zustand übergehen: *Das Wasser ist verdunstet.*

ver|dutzt Ⓜ**:** verwundert; überrascht

Ver|ein Ⓜ**,** der (die Vereine): Verbindung von Personen, die ein gemeinsames Interesse, gemeinsame Ziele haben: *Sportverein*

Ver|ein|ba|rung ⊜**,** die (die Vereinbarungen): Abmachung, Absprache; Übereinkommen

A B C D E F G H I J K L M N O P Q R S T U V W X Y Z

Ver|eins|haus, das (die Vereinshäuser): Haus, Gaststätte, in dem sich die Mitglieder eines Vereins regelmäßig treffen

Ver|ein|te Na|tio|nen, die (Mehrzahl): Zusammenschluss von insgesamt 192 Staaten der Erde

ver|fas|sen: einen Text überlegen und schriftlich ausarbeiten

Ver|fas|ser, der (die Verfasser): jemand, der einen Text geschrieben hat; Autor

ver|fol|gen: 1. *Die Polizisten verfolgen die Räuber mit dem Auto.* **2.** *Die Jäger verfolgten die Spur eines Wolfes im Schnee.* **3.** zu erreichen, zu verwirklichen suchen: *einen Plan verfolgen*

Ver|gan|gen|heit, die (ohne Mehrzahl): frühere Zeit

ver|gaß: ⇨ vergessen

ver|ges|sen (er vergaß, sie hat vergessen): nicht mehr wissen; nicht mehr im Gedächtnis haben: *die Vokabeln vergessen; den Schlüssel vergessen*

ver|glei|chen (er verglich, sie hat verglichen): zwei oder mehr Dinge, Personen gegenüberstellen und dabei Unterschiede und Gleiches feststellen: *Preise vergleichen*

ver|glich: ⇨ vergleichen

ver|gli|chen: ⇨ vergleichen

ver|gra|ben (er vergrub, sie hat vergraben): *Der Hund hat den Knochen im Garten vergraben.*

ver|grub: ⇨ vergraben

ver|haf|ten: die Polizei nimmt jemanden fest

ver|hal|ten (sich) (er verhielt sich, sie hat sich verhalten): sich benehmen; reagieren

ver|heim|li|chen: geheim halten; nicht verraten; verschweigen: *etwas verheimlichen*

ver|hei|ra|tet: durch die Ehe mit einem Mann, einer Frau verbunden sein

ver|hielt: ⇨ verhalten

ver|hin|dern: bewirken, dass etwas nicht passiert: *einen Unfall verhindern*

ver|ir|ren (sich): den falschen Weg gehen; die Orientierung verlieren; sich verlaufen: *Hänsel und Gretel haben sich im Wald verirrt.*

ver|kau|fen: etwas, eine Ware gegen Geld an jemand anders geben: *Vater hat unser altes Auto verkauft.*

Ver|käu|fer, der (die Verkäufer): jemand, der Ware verkauft

Ver|kehr, der (die Verkehre): Sammelbegriff für die Beförderung von Personen, Gütern und Nachrichten: *der öffentliche Nahverkehr; es herrscht viel Verkehr auf den Straßen.*

ver|kehrt: dem Richtigen, dem Zutreffenden entgegengesetzt: *Sie hat den Pullover verkehrt herum an.*

ver|klei|den (sich): ein Kostüm anziehen: *Sina hat sich als Clown verkleidet.*

ver|krie|chen (sich) (er verkroch sich, sie hat sich verkrochen): *Die Katze hat sich so erschreckt, dass sie sich unter das Sofa verkrochen hat.*

ver|kroch: ⇨ verkriechen

ver|kro|chen: ⇨ verkriechen

Ver|lag, der (die Verlage): Unternehmen, das Bücher, Zeitungen, Zeitschriften oder Notenblätter herstellt und verkauft

ver|lan|gen: 1. nachdrücklich fordern: *Die Lehrerin verlangt, dass wir unsere Aufgaben ordentlich machen.* **2.** erfordern; benötigen: *Die Bastelarbeit verlangt viel Geduld.* **3.** *Für ihre Hilfe verlangt sie kein Geld.*

ver|län|gern: länger machen; länger dauern lassen: *die Leihfrist verlängern*

ver|las|sen (er verließ, sie hat verlassen): **1.** weggehen; sich entfernen. **2.** sich von jemandem trennen. **3.** (sich): jemandem vertrauen: *Ich verlasse mich darauf, dass du mir bei den Hausaufgaben hilfst.*

ver|lau|fen (er verlief, sie hat/ist verlaufen): **1.** *Beim Test verlief alles glatt. Sie hat bestanden.* **2.** *Die Tinte verläuft auf dem feuchten Papier.* **3.** *eine Spur verläuft im Sand.* **4.** (sich): sich verirren; vom richtigen Weg abkommen

ver|le|gen: 1. auf einen anderen Zeitpunkt verschieben. **2.** an einen anderen Ort legen. **3.** *Leitungen, Rohre in den Wänden verlegen.* **4.** *Opa hat seinen Schlüssel verlegt. Wir helfen ihm suchen.* **5.** *Auf das Lob hin wird sie ganz verlegen.*

ver|let|zen: 1. jemanden verwunden. **2.** jemanden beleidigen. **3.** missachten; übertreten: *Regeln verletzen.* **4.** (sich): sich eine Wunde zuziehen

Ver|let|zung, die (die Verletzungen): eine verletzte Stelle am Körper; etwas, was wehtut

ver|lie|ben (sich): von Liebe zu jemandem ergriffen werden

ver|lief: ⇨ verlaufen

ver|lie|ren (er verlor, sie hat verloren): **1.** *Sina kann ihren*

Schlüssel nicht finden. Sie muss ihn verloren haben. Ihre Puppe darf nicht verloren gehen. Sie hängt sehr an ihr. **2.** in einem Spiel, einem Wettkampf eine Niederlage erleiden: *Das Team hat 3:0 verloren.*

Ver|lies Ⓜ, das (die Verliese): unterirdisches Gefängnis; Kerker

ver|ließ: ⇨ verlassen

ver|lor: ⇨ verlieren

ver|lo|ren ⊜: **1.** ⇨ verlieren. **2.** einsam; hilflos; ohne Schutz

ver|mie|ten ⊜: gegen Geld für eine bestimmte Zeit z. B. eine Wohnung, ein Haus überlassen

ver|mu|ten ⊜: annehmen; für wahrscheinlich halten

ver|nünf|tig ⊜: **1.** einsichtig; besonnen: *Für sein Alter ist das Kind schon sehr vernünftig. Es macht wenig Unsinn.* **2.** einleuchtend; sinnvoll; überlegt: *Das klingt vernünftig.*

ver|pa|cken ⊜: einhüllen; einwickeln: *Sie hat das Geschenk hübsch verpackt.*

Ver|pa|ckung ⊜, die (die Verpackungen): Material, Hülle, Umhüllung zum Verpacken

ver|pas|sen ⊜: **1.** *den Zug verpassen.* **2.** *eine Ohrfeige verpassen*

ver|quir|len ⊜: mit einem Quirl verrühren: *Eier für ein Omelett verquirlen*

ver|ra|ten ⊜ (er verriet, sie hat verraten): **1.** etwas erzählen, was geheim bleiben soll: *ein Geheimnis verraten.* **2.** erkennen lassen; zeigen: *Seine Miene verriet seine Freude über das Geschenk.* **3.** (sich): *Er verriet sich durch seine eigenen Worte.*

ver|rech|nen ⊜ (sich): **1.** falsch rechnen. **2.** jemanden, etwas falsch einschätzen: *Da hast du dich bei mir verrechnet.*

ver|rei|sen ⊜: an einen Ort fahren und eine Weile dort bleiben: *Familie Meier verreist in den Sommerferien.*

ver|riet: ⇨ verraten

ver|rückt Ⓜ: **1.** geistesgestört; irre. **2.** sonderbar; ungewöhnlich: *eine verrückte Idee; eine verrückte Frisur*

Vers Ⓜ, der (die Verse): Zeile in einem Gedicht

ver|sal|zen ⊜: zu sehr salzen; zu viel Salz an eine Speise tun: *Sie hat das Essen versalzen.*

ver|sam|meln ⊜: **1.** *Der Lehrer versammelt seine Schüler um sich.* **2.** (sich): *Die Schüler versammeln sich in der Aula.*

ver|schie|den ⊜: anders; nicht gleich; unterschiedlich

ver|schla|fen ⊜: **1.** (er verschlief, sie hat verschlafen): zu lange schlafen; nicht pünktlich aufwachen. **2.** *Er sah noch verschlafen aus, als er um 5 Uhr morgens zum Treffpunkt kam.*

ver|schlief: ⇨ verschlafen

ver|schlu|cken ⊜: **1.** *Aus Versehen hat sie einen Kirschkern verschluckt.* **2.** (sich): *Timo hat sich an der Suppe verschluckt.*

Ver|schluss ⊜, der (die Verschlüsse): Gegenstand, um etwas zuzumachen, zu verschließen: *Flaschenverschluss*

ver|schrei|ben ⊜ (er verschrieb, sie hat verschrieben): **1.** *Die Ärztin verschreibt dem Kind einen Hustensaft.* **2.** (sich): einen Schreibfehler machen

ver|schrieb: ⇨ verschreiben

ver|schrie|ben: ⇨ verschreiben

ver|schwand: ⇨ verschwinden

ver|schwin|den ⊜ (er verschwand, sie ist verschwunden): **1.** nicht mehr zu sehen sein: *Die Sonne verschwindet hinter den Bergen.* **2.** nicht zu finden sein: *Meine Uhr ist verschwunden!*

ver|schwun|den: ⇨ verschwinden

ver|söh|nen Ⓜ: **1.** zwischen denjenigen, die Streit haben, Frieden stiften. **2.** (sich): sich wieder vertragen: *Die Freundinnen haben sich wieder versöhnt.*

ver|sprach: ⇨ versprechen

ver|spre|chen ⊜ (er versprach, sie hat versprochen): **1.** sein Wort geben; verbindlich zusagen. **2.** (sich): einen Sprechfehler machen. **3.** (sich): hoffen; rechnen mit

ver|spro|chen: ⇨ versprechen

ver|stand: ⇨ verstehen

Ver|stand Ⓜ, der (ohne Mehrzahl): Denkfähigkeit; Auffassungsgabe

ver|stan|den: ⇨ verstehen

ver|stän|di|gen Ⓜ: **1.** benachrichtigen: *die Polizei verständigen.* **2.** (sich): *Sie verständigen sich auf Englisch.*

ver|ständ|lich Ⓜ: **1.** deutlich: *eine verständliche Aussprache.* **2.** gut verstehbar; einleuchtend: *Er erklärt die Aufgabe verständlich.* **3.** begreiflich: *Sein Ärger war verständlich.*

ver|stau|en: *Papa verstaut unsere Koffer im Kofferraum. Dann kann die Fahrt losgehen.*

Ver|steck ⊜, das (die Verstecke): Ort, an dem jemand oder et-

A B C D E F G H I J K L M N O P Q R S T U V W X Y Z

was versteckt ist oder der sich gut dazu eignet: *die Beute ins Versteck bringen*

ver|ste|cken ⊜**:** **1.** verbergen: *Sie hat ihr Tagebuch unter dem Bett versteckt.* **2.** (sich): sich verbergen: *Der Hund hat sich unter dem Schrank versteckt.*

ver|ste|hen ⊜ (er verstand, sie hat verstanden): **1.** deutlich hören. **2.** begreifen; erfassen. **3.** sich einfühlen; sich hineindenken: *Ich kann gut verstehen, dass du dich ärgerst.* **4.** (sich): gut miteinander auskommen

Ver|such ⊜**,** der (die Versuche): **1.** *Das ist unser letzter Versuch, die beiden miteinander zu versöhnen.* **2.** Experiment; Test: *ein wissenschaftlicher Versuch*

ver|su|chen ⊜**:** **1.** *Tobias versucht die Aufgabe zu lösen. Hoffentlich schafft er es.* **2.** probieren: *Du musst unbedingt den Kuchen versuchen.*

ver|tei|di|gen Ⓜ**:** **1.** vor Angriffen schützen: *eine Burg verteidigen.* **2.** *Der Anwalt verteidigt den Angeklagten vor Gericht.*

ver|tei|len ⊜**:** **1.** *Sie verteilen Bonbons unter den Kindern.* **2.** *Du musst die Mandeln gleichmäßig auf dem Kuchen verteilen.* **3.** (sich): *Für das Spiel müsst ihr euch im ganzen Raum verteilen.*

ver|tra|gen (er vertrug, sie hat vertragen): **1.** aushalten können: *Die Pflanze verträgt Frost.* **2.** (sich): ohne Streit miteinander auskommen

ver|trat: ⇨ vertreten

ver|trau|en ⊜**:** sicher sein, dass man sich auf jemanden, auf etwas verlassen kann

ver|trei|ben ⊜ (er vertrieb, sie hat vertrieben): verjagen; verscheuchen

ver|tre|ten ⊜ (er vertrat, sie hat vertreten): **1.** für jemanden einspringen. **2.** eintreten für: *Er vertritt fest seine Meinung.* **3.** (sich): *Lilo hat sich auf der Wanderung den Fuß vertreten.*

ver|trieb: ⇨ vertreiben

ver|trie|ben: ⇨ vertreiben

ver|trug: ⇨ vertragen

ver|ur|sa|chen ⊜**:** bewirken: *Das Feuer verursachte einen großen Schaden.*

ver|wan|deln ⊜**:** **1.** völlig verändern: *den Prinzen in einen Frosch verwandeln.* **2.** (sich): *Nach dem Regen hat sich die Wüste völlig verwandelt.*

ver|wandt Ⓜ**:** **1.** ⇨ verwenden. **2.** zu einer Familie gehörend; von gleicher Herkunft

ver|wand|te: ➪ verwenden

Ver|wand|te Ⓜ, der (die Verwandten): männliches Mitglied einer Familie (z. B. Onkel)

Ver|wand|te Ⓜ, die (die Verwandten): weibliche Form zu ➪ der Verwandte (z. B. Tante)

ver|wech|seln ⊜: vertauschen; durcheinanderbringen; nicht unterscheiden können

Ver|wechs|lung ⊜, die (die Verwechslungen): das Verwechseln

ver|we|gen Ⓜ: kühn; auf Gefahren nicht achtend; mutig

Ver|weis ⊜, der (die Verweise): **1.** Hinweis, dass die Informationen an einer anderen Stelle stehen. **2.** Tadel; Rüge; Zurechtweisung

ver|wel|ken ⊜: aus Mangel an Wasser welk werden

ver|wen|den ⊜ (er verwendete, sie hat verwendet; *auch* er verwandte, sie hat verwandt): **1.** benutzen; gebrauchen. **2.** (sich): sich einsetzen, sich aussprechen für

ver|wir|ren ⊜: **1.** ineinander verschlingen: *Die Katze hat die Wolle verwirrt.* **2.** durcheinanderbringen: *Deine Frage hat mich ganz verwirrt.*

Ver|zeich|nis ⊜, das (die Verzeichnisse): Liste; Übersicht

ver|zei|hen Ⓜ (er verzieh, sie hat verziehen): etwas nicht nachtragen; vergeben

ver|zich|ten ⊜: etwas aufgeben

ver|zieh: ➪ verzeihen

ver|zie|hen: ➪ verzeihen

ver|zie|hen ⊜ (er verzog, sie hat/ist verzogen): **1.** etwas aus seiner Form bringen. **2.** den Wohnort wechseln. **3.** verwöhnen: *die Kinder verziehen.* **4.** (sich): verschwinden: *Der Nebel verzieht sich.*

ver|zie|ren ⊜: ausschmücken; verschönern

ver|zog: ➪ verziehen

ver|zo|gen: ➪ verziehen

ver|zwei|feln ⊜: die Hoffnung, den Mut verlieren; nicht mehr weiterwissen

A B C D E F G H I J K L M N O P Q R S T U V W X Y Z

vi|brie|ren Ⓜ**:** in leise schwingender Bewegung sein; beben

Vi|deo Ⓜ**,** das (die Videos): Kurzform für ⇨ Videoclip

Vi|deo|clip Ⓜ**,** der (die Videoclips): kurzer Videofilm zu einem Popmusikstück

Vieh Ⓜ**,** das (ohne Mehrzahl): Sammelbegriff für Haus- und Nutztiere wie Rinder, Schafe, Ziegen

viel Ⓜ (mehr, am meisten): **1.** eine große Menge; eine große Anzahl: *Sie haben im Urlaub viele Bilder gemacht. Wir müssen viel lernen.* **2.** *Der Pullover ist viel zu groß für sie.*

viel|leicht Ⓜ**:** es kann sein, ist aber nicht sicher; möglich

vier Ⓜ**:** Zahlwort; ⇨ Merkkasten acht/Acht auf Seite 14

Vier Ⓜ**,** die (die Vieren): Ziffer; Zahl; ⇨ Merkkasten acht/Acht auf Seite 14

Vier|eck ⊜**,** das (die Vierecke): geometrische Figur aus vier geradlinigen Seiten

Vier|tel Ⓜ**,** das (die Viertel): **1.** der vierte Teil von einem Ganzen: *Ein Viertel des Kuchens ist noch übrig. Es ist Viertel vor acht.* **2.** Stadtteil

Vier|tel|stun|de ⊜**,** die (die Viertelstunden): Zeitraum von 15 Minuten: *Sie kam eine Viertelstunde zu spät.*

Vil|la Ⓜ**,** die (die Villen): großes, meist vornehmes Wohnhaus

vio|lett Ⓜ**:** Farbadjektiv; ⇨ Merkkasten blau/Blau auf Seite 40

Vio|lett Ⓜ**,** das (ohne Mehrzahl): Farbe; ⇨ Merkkasten blau/Blau auf Seite 40

Vi|rus Ⓜ**,** der (*auch* das Virus; die Viren): **1.** Krankheitserreger: *Grippevirus.* **2.** *Computervirus*

Vi|sier Ⓜ**,** das (die Visiere): **1.** beweglicher Teil an Helmen, der das Gesicht schützen soll. **2.** Zielvorrichtung, z. B. an Gewehren

Vi|si|on Ⓜ**,** die (die Visionen): übernatürliche Erscheinung; Traum; Fantasie; Vorstellung

Vi|sum Ⓜ**,** das (die Visa, *auch* die Visen): Urkunde, Vermerk in einem Pass, dass man die Grenzen eines Landes überschreiten darf: *Sie hat ein Visum beantragt.*

Vi|ta|min Ⓜ**,** das (die Vitamine): für den Körper wichtiger Stoff, der in der Nahrung enthalten ist: *Kiwis enthalten viel Vitamin C.*

Vi|tri|ne Ⓜ**,** die (die Vitrinen): Schaukasten; Glaskasten, um etwas auszustellen

Vo|gel Ⓜ**,** der (die Vögel): Tier mit Federn, Flügel und Schnabel, das meist fliegen kann: *Störche sind Zugvögel.*

Vo|gel|haus ⊜**,** das (die Vogelhäuser): Gebäude im Zoo, in dem verschiedene Vogelarten untergebracht sind

Vo|gel|scheu|che ⊜**,** die (die Vogelscheuchen): Puppe, z. B. aus Stroh, die Vögel von Gärten und Feldern fern halten soll

Vo|gel|vo|lie|re ⊜ (die Vogelvolieren): ⇨ Voliere

Vo|ka|bel Ⓜ**,** die (die Vokabeln): einzelnes Wort einer Fremdsprache: *Vokabeln lernen*

Vo|lie|re Ⓜ**,** die (die Volieren): sehr großer Vogelkäfig, in dem die Vögel frei herumfliegen können

Volk Ⓜ**,** das (die Völker): Gemeinschaft von Menschen mit gleicher Herkunft, Kultur, Geschichte und Sprache: *die Völker Afrikas*

voll Ⓜ**:** ganz gefüllt, belegt, bedeckt: *Mein Koffer ist voll.*

Vol|ley|ball Ⓜ**,** der: **1.** (die Volleybälle): Ball, der für das Volleyballspiel benutzt wird. **2.** (ohne Mehrzahl): das Volleyballspiel

völ|lig Ⓜ**:** ganz und gar; vollständig; gänzlich

voll|kom|men Ⓜ**: 1.** ohne einen Fehler; perfekt. **2.** völlig: *Du hast vollkommen recht.*

voll|stän|dig Ⓜ**:** ohne Lücken; ohne dass etwas fehlt

vom Ⓜ (von dem): **1.** *vom Bahnhof bis nach Hause.* **2.** *vom Morgen bis zum Abend*

von Ⓜ**: 1.** *von Norden nach Süden fahren.* **2.** *Von 10 bis 12 Uhr ist Sprechstunde.* **3.** *ein Geschenk von Oma.* **4.** Adelstitel: *Walther von der Vogelweide*

von dan|nen Ⓜ**:** weg; fort

von|ei|nan|der ⊜**: 1.** einer vom anderen; gegenseitig: *voneinander lernen.* **2.** *Die Bäume stehen weit voneinander weg.*

vor Ⓜ**: 1.** *Lisa muss das Referat vor der Klasse vortragen.* **2.** *Wir stehen vor der Bäckerei.* **3.** *Ich bin aber vor dir dran.* **4.** *Wir sind vor 10 Minuten nach Hause gekommen.* **5.** *Er schlottert vor Kälte.*

vor-

Der Wortbaustein *vor-* kommt in vielen Wörtern vor, z. B. in *vorfahren, vorsagen, Vormittag, vorsichtig.*

vo|ran Ⓜ**:** *Voran, da gingen die Eltern, die Kinder gingen hinterher. Die Arbeit geht gut voran.*

vo|raus Ⓜ**:** *Wir sind den anderen weit voraus. Papa fuhr voraus, um den anderen den Weg zu zeigen.*

vor|bei Ⓜ**: 1.** *Sie sind an uns vorbei, ohne dass wir sie gesehen haben.* **2.** beendet: *Die Pause ist vorbei.*

vor|bei|kom|men (er kam vorbei, sie ist vorbeigekommen): **1.** *Auf unserer Reise kamen wir an vielen Städten vorbei.* **2.** *Wir sind an der Absperrung noch vorbeigekommen.* **3.** einen kurzen Besuch machen

vor|be|rei|ten: 1. für etwas schon im Voraus bestimmte Arbeiten erledigen: *das Essen vorbereiten.* **2.** (*auch* sich): im Voraus üben: *Lena hat sich gut auf den Test vorbereitet.*

vor|beu|gen: 1. einen Körperteil, sich nach vorn beugen: *Timo beugt sich weit vor, damit er besser sehen kann.* **2.** sich absichern; vorsorgen

Vor|bild, das (die Vorbilder): jemand, etwas, der oder das als gutes Beispiel dient

vor|ei|nan|der: 1. einer vor dem anderen: *Sie stehen ruhig voreinander.* **2.** wechselseitig: *Die Hunde haben voreinander Angst.*

Vor|fahr, der (*auch* der Vorfahre; die Vorfahren): Familienmitglied, das schon lange tot ist

Vor|fah|re, der (die Vorfahren): ⇨ Vorfahr

vor|fah|ren (er fuhr vor, sie ist vorgefahren): **1.** *Kannst du das Auto ein paar Meter vorfahren?* **2.** vorausfahren. **3.** vor ein Haus, vor einen Eingang fahren

Vor|fahrt, die (ohne Mehrzahl): Recht, mit einem Fahrzeug vor einem anderen Fahrzeug z. B. über eine Kreuzung zu fahren

Vor|füh|rung, die (die Vorführungen): Darbietung; Vorstellung

vor|ge|nom|men: ⇨ vornehmen

vor|ges|tern: der Tag vor gestern

Vor|hang ⊜**,** der (die Vorhänge): **1.** Stoffstreifen an Fenstern: *die Vorhänge zuziehen.* **2.** sehr großes Stück Stoff zur Verdeckung einer Bühne

vor|her Ⓜ**:** davor; vor etwas

Vor|her|sa|ge ⊜**,** die (die Vorhersagen): Ankündigung im Voraus, wie etwas verlaufen könnte: *Wettervorhersage*

vor|hin Ⓜ**:** vor nicht langer Zeit

vor|kom|men ⊜ (es kam vor, es ist vorgekommen): **1.** geschehen; sich ereignen. **2.** vorhanden sein. **3.** den Eindruck erwecken: *Es kommt mir so vor, als hättest du ein Geheimnis.* **4.** *aus einem Loch vorkommen*

vor|lau|fen ⊜ (er lief vor, sie ist vorgelaufen): **1.** nach vorn laufen. **2.** vorauslaufen

vor|le|sen ⊜ (er las vor, sie hat vorgelesen): laut lesen, sodass andere zuhören können

vorm Ⓜ (vor dem): *der Garten vorm Haus*

Vor|mit|tag ⊜**,** der (die Vormittage): Zeit vom Morgen bis zum Mittag

vor|mit|tags ⊜**:** regelmäßig, immer am Vormittag

vorn Ⓜ (*auch* vorne): auf der vorderen Seite; an der Spitze

vor|ne Ⓜ**:** ⇨ vorn

Vor|na|me ⊜**,** der (die Vornamen): *Er heißt mit Vornamen David.*

vor|nehm ⊜**:** **1.** feinfühlig: *sich vornehm benehmen.* **2.** adelig; nobel: *aus vornehmem Haus.* **3.** hochwertig; kostbar: *vornehme Kleider*

vor|neh|men Ⓜ (sich) (er nahm sich vor, sie hat sich vorgenommen): die Absicht haben, etwas Bestimmtes zu tun

Vor|rat Ⓜ**,** der (die Vorräte): meist Essen, das man aufbewahrt für Zeiten, in denen man nichts kaufen kann

vor|sa|gen ⊜**:** **1.** jemand anderem etwas zuflüstern, was er schreiben oder sagen soll. **2.** (sich): etwas leise vor sich hinsprechen, um es nicht zu vergessen

vor|schla|gen ⊜ (er schlug vor, sie hat vorgeschlagen): eine bestimmte Möglichkeit nennen: *Tina schlägt vor, ein Spiel zu machen.*

Vor|schrift ⊜**,** die (die Vorschriften): Bestimmung; Regel

Vor|sicht ⊜**,** die (ohne Mehrzahl): besondere Aufmerksamkeit; aufmerksames Verhalten

vor|sich|tig ⊜**:** behutsam; sanft; mit Vorsicht

Vor|spei|se ⊜**,** die (die Vorspeisen): erster Gang bei einem Essen, häufig Suppe oder Salat

Vor|sprung ⊜**,** der (die Vorsprünge): **1.** Führung; Abstand vor den anderen. **2.** Absatz; Vorbau: *Mauervorsprung*

vor|stel|len ⊜**: 1.** jemanden bekannt machen; eine unbekannte Sache darstellen. **2.** (sich): sich bekannt machen. **3.** (sich): sich für eine Arbeitsstelle bewerben. **4.** (sich): sich in Gedanken ausmalen

Vor|trag ⊜**,** der (die Vorträge): mündliche Darstellung; Rede über ein bestimmtes Thema

vor|treff|lich ⊜**:** sehr gut; hervorragend

vo|rü|ber Ⓜ**:** vorbei

vo|rü|ber|ge|hend ⊜**:** vorläufig; erst einmal

Vor|ur|teil ⊜**,** das (die Vorurteile): meist schlechte Meinung zu einer Person oder einer Sache, obwohl man die Person, die Sache nicht wirklich kennt

vor|wärts Ⓜ**:** nach vorn: *Der Reißverschluss bewegt sich weder vorwärts noch rückwärts. Mit unserem Projekt geht es vorwärts.*

Vor|wurf ⊜**,** der (die Vorwürfe): Beschuldigung; Anklage

Vul|kan Ⓜ**,** der (die Vulkane): Berg, aus dessen Innerem z. B. glühendes Gestein kommt

W

w

Du sprichst ein Wort am Anfang wie *w* aus, kannst es aber unter *w* nicht finden. Dann suche auch unter *v*. Beispiele: *der Vampir; die Vase*

Waa|ge Ⓜ**,** die: **1.** (die Waagen): Gerät zur Bestimmung des Gewichts. **2.** (ohne Mehrzahl): Sternbild und Tierkreiszeichen

waa|ge|recht Ⓜ (*auch* waagrecht): horizontal; parallel zum Horizont

waag|recht Ⓜ**:** ⇨ waagerecht

Wa|be, die (die Waben): aus Wachs gebildeter Teil des Bienenstocks, der zur Aufbewahrung des Honigs und zur Aufzucht der Brut dient

wach: nicht mehr schlafend; ausgeschlafen

wachen: **1.** wach sein; nicht schlafen. **2.** aufpassen

Wachs, das (die Wachse): fettige, weiche Masse, die von Bienen gebildet wird: *Viele Kerzen sind aus Wachs.*

wachsen: **1.** (er wuchs, sie ist gewachsen): *Simon ist zwei Zentimeter gewachsen.* **2.** (er wachste, sie hat gewachst): mit Wachs einreiben: *Skier wachsen*

Wächter, der (die Wächter): jemand, der etwas oder jemanden bewacht, darauf aufpasst

wackeln: **1.** nicht fest sitzen; nicht fest stehen. **2.** *mit dem Kopf, mit den Ohren wackeln*

Waffe, die (die Waffen): Gerät zum Kämpfen, zum Angriff, zur Verteidigung, z. B. Pistole

Waffel, die (die Waffeln): süßes, flaches Gebäck

wagen: Mut haben; sich etwas trauen; etwas riskieren

Wagen, der (die Wagen): Fahrzeug mit Rädern, mit dem Personen und Sachen transportiert werden können

Waggon, der (die Waggons): Eisenbahnwagen; Güterwagen

Wahl, die: **1.** (die Wahlen): Abstimmung. **2.** (ohne Mehrzahl): Auswahl; Entscheidung

wählen: **1.** abstimmen. **2.** aussuchen; sich entscheiden

wahr: richtig; nicht gelogen; wirklich geschehen

während: im Verlauf von etwas: *Während der Sommerferien schien oft die Sonne.*

wahrscheinlich: mit ziemlicher Sicherheit; vermutlich

Währung, die (die Währungen): Geld; Zahlungsmittel: *Unsere Währung ist der Euro.*

Wahrzeichen, das (die Wahrzeichen): *Ein Wahrzeichen Berlins ist das Brandenburger Tor.*

Waise, die (die Waisen): minderjähriges Kind ohne Eltern; Waisenkind

Wal, der (die Wale): im Wasser lebendes sehr großes Säugetier

Wald, der (die Wälder): größeres Gelände, auf dem viele Bäume stehen

Wall, der (die Wälle): Aufschüttung, z. B. aus Erde und/oder Steinen, die zum Schutz dient

Wand, die (die Wände): aufrecht stehende Fläche, die etwas abgrenzt: *Hauswand*

wan|dern: sportliches Gehen in der freien Natur

wand|te: ⇨ wenden

Wan|ge, die (die Wangen): fleischiger Teil des Gesichts unter dem Auge, links und rechts neben der Nase

wann: *Wann kommst du?*

Wan|ne, die (die Wannen): großes Gefäß, das Flüssigkeiten aufnimmt

Wap|pen, das (die Wappen): Zeichen in Form eines Schildes, das eine Person, eine Personengruppe oder ein Land kennzeichnet

war: ⇨ sein

warb: ⇨ werben

Wa|re, die (die Waren): Erzeugnis, Produkt, das verkauft werden soll

warf: ⇨ werfen

warm (wärmer, am wärmsten): **1.** nicht kalt: *Trink den Tee, solange er warm ist.* **2.** *Du musst dich heute warm anziehen.*

Wär|me, die (ohne Mehrzahl): mäßig hohe Temperatur: *Die Wärme des Ofens tut gut.*

war|nen: auf eine Gefahr hinweisen; ein Signal geben

War|nung, die (die Warnungen): Hinweis auf einen möglichen Schaden, der noch abgewendet werden kann

war|ten: **1.** *Emily wartet schon lange auf einen Brief von Suse.* **2.** *Ich warte im Café, bis du zurückkommst.*

wa|rum: *Warum kommst du so spät?*

War|ze, die (die Warzen): kleine begrenzte Hautgeschwulst: *Die Hexe hat eine Warze auf der Nase.*

was: **1.** *Was machen wir heute Nachmittag?* **2.** *Alles, was ich habe, gehört auch dir.*

Wä|sche, die: **1.** (die Wäschen): nasse Reinigung, z. B. von Kleidung. **2.** (ohne Mehrzahl): *Unterwäsche; Bettwäsche*

wa|schen (er wusch, sie hat gewaschen): z. B. Schmutz mit Wasser entfernen: *die Haare waschen*

Was|ser, das: **1.** (die Wasser, *auch* die Wässer): natürliche, klare Flüssigkeit. **2.** (ohne Mehrzahl): *Ein Stück Holz schwimmt auf dem Wasser.*

Was|ser|bad, das (ohne Mehrzahl): Methode beim Kochen,

Backen, um das Anbrennen von Speisen zu verhindern

was|ser|dicht: lässt kein Wasser, keine Feuchtigkeit durch: *eine wasserdichte Jacke*

Was|ser|flug|zeug, das (die Wasserflugzeuge): Flugzeug, das auf einem Gewässer starten und landen kann

Was|ser|hahn, der (die Wasserhähne): Vorrichtung zum Öffnen und Schließen von Wasserleitungen

Was|ser|rad, das (die Wasserräder): ein mit Schaufeln besetztes Rad, das mithilfe von Wasser Mühlen antreibt

Was|ser|ski, das (ohne Mehrzahl; *auch* das Wasserschi): Sportart, bei der man auf besonderen Skiern hinter einem Motorboot herfährt

wa|ten: z. B. im Wasser, im Schlamm laufen und nur langsam vorankommen

wat|scheln: *Enten watscheln*

Wat|te, die (die Watten): aus weichen Fasern hergestelltes Material: *sich Watte in die Ohren stopfen*

we|ben: Fäden miteinander verbinden: *einen Teppich weben*

Wech|sel, der (die Wechsel): Veränderung; Wandlung

wech|seln: 1. tauschen; austauschen: *den Platz wechseln.* **2.** Geld in eine andere Währung tauschen. **3.** anders werden: *Ihre Stimmung wechselt öfter.*

we|cken: jemanden aus dem Schlaf reißen, wach machen

We|cker, der (die Wecker): Uhr, die durch Klingeln wach macht

we|deln: *Der Hund wedelt fröhlich mit dem Schwanz.*

we|der: *Heute habe ich weder Zeit noch Lust zum Spielen.*

weg: *Hände weg! Mein Bruder ist weit weg.*

Weg, der (die Wege): **1.** kleine, oft unbefestigte Strecke: *Waldweg.* **2.** *Sie haben einen weiten Weg zur Schule.* **3.** *Es gibt nur einen Weg, sein Geheimnis herauszufinden.*

we|gen: *Wegen des Gewitters ist der Strom ausgefallen.*

weg|fah|ren (er fuhr weg, sie ist weggefahren): fortfahren: *Sie sind gerade weggefahren.*

weg|flie|gen (er flog weg, sie ist weggeflogen): *Der Vogel flog weg, als wir näher kamen.*

A B C D E F G H I J K L M N O P Q R S T U V W X Y Z

weg|ge|flo|gen: ➪ wegfliegen
weg|ge|gan|gen: ➪ weggehen
weg|ge|hen (er ging weg, sie ist weggegangen): woanders hingehen
weg|ge|nom|men: ➪ wegnehmen
weg|lau|fen (er lief weg, sie ist weggelaufen): *Als wir Geräusche hörten, liefen wir weg.*
weg|neh|men (er nahm weg, sie hat weggenommen): fortnehmen; fortschaffen
weh Ⓜ: schmerzend: *Die Schnittwunde tut sehr weh.*
we|hen Ⓜ: *Der Wind weht kräftig.*
weh|ren Ⓜ (sich): sich gegen einen Angriff verteidigen
weib|lich: **1.** *eine hohe weibliche Stimme.* **2.** *der weibliche Artikel „die"*
weich: 1. nicht hart; nicht fest: *ein weiches Kissen; ein weich gekochtes Ei.* **2.** *Sie hat ein weiches Herz, wenn es um Kinder geht.*
Wei|che, die (die Weichen): Konstruktion, mit deren Hilfe Schienenfahrzeuge von einem Gleis zum anderen wechseln können
Wei|de, die (die Weiden):
1. Baum: *Trauerweide.*
2. Grünland: *Die Kühe grasen auf der Weide.*
Wei|de|vieh, das (ohne Mehrzahl): Vieh, das auf der Weide steht, dort gehalten wird
wei|gern (sich): ablehnen, etwas Bestimmtes zu tun
Wei|her Ⓜ, der (die Weiher): kleiner See; Teich; Tümpel
Weih|nacht Ⓜ, die (ohne Mehrzahl): ➪ Weihnachten
Weih|nach|ten Ⓜ, das (*auch* die Weihnacht; die Weihnachten): christliches Fest der Geburt Jesu
Weih|nachts|zeit, die (ohne Mehrzahl): die Zeit um Weihnachten
weil: *Weil der Bus eine Panne hatte, kamen wir zu spät.*
Wei|le, die (ohne Mehrzahl): eine kürzere Zeitspanne: *Ich warte schon eine Weile.*
Wein, der (die Weine): alkoholisches Getränk aus Weintrauben
wei|nen: *Sie weint, weil sie traurig ist. Die Tränen rollen ihr über die Wangen.*
wei|se: sehr lebenserfahren; große Weisheit, Klugheit besitzend: *ein weiser Mann*
Wei|se, die (die Weisen): Art; Form; Methode: *Art und Weise*
Weis|heit, die: **1.** (ohne Mehrzahl): große Klugheit und Ein-

sichtigkeit. **2.** (die Weisheiten): kluger Spruch; kluger Rat

weiß: Farbadjektiv; ⇨ Merkkasten blau/Blau auf Seite 40

Weiß, das (ohne Mehrzahl): Farbe; ⇨ Merkkasten blau/Blau auf Seite 40

weis|sa|gen Ⓜ**:** vorhersagen: *die Zukunft weissagen*

weit: 1. *eine weite Ebene; ein weiter Weg.* **2.** *Der Pullover ist mir zu weit.* **3.** *Wie weit seid ihr mit den Aufgaben?*

wei|ter|sa|gen ⊜**:** herumerzählen

Wei|zen, der (die Weizen): Getreide(pflanze)

wel|che, wel|cher, wel|ches: *Welche Farbe hat der Himmel? Welches Fach haben wir morgen früh zuerst?*

Wel|le ⊜**,** die (die Wellen): Bewegung an der Wasseroberfläche: *Die Meereswellen schlugen sanft ans Boot.*

Wel|len|sit|tich ⊜**,** der (die Wellensittiche): kleiner Papagei

Well|pap|pe ⊜**,** die (die Wellpappen): Pappe aus gewelltem Papier

Wel|pe, der (die Welpen): junger Hund, Fuchs, Wolf

Welt, die: **1.** (ohne Mehrzahl): die Erde. **2.** (ohne Mehrzahl): das Weltall. **3.** (ohne Mehrzahl): alle Menschen. **4.** (die Welten): Bereich: *Tierwelt*

Welt|all ⊜**,** das (ohne Mehrzahl): Universum; Kosmos; Gesamtheit aller Galaxien

Welt|raum ⊜**,** der (ohne Mehrzahl): ⇨ Weltall

welt|weit ⊜**:** die ganze Welt umfassend; in der ganzen Welt

wem: *Wem gehört das Buch?*

wen: *Wen hast du getroffen?*

wen|den: I. (er wendete, sie hat gewendet): auf die andere Seite drehen; in die entgegengesetzte Richtung bringen. **II.** (er wendete, sie hat gewendet; *auch* er wandte, sie hat gewandt): **1.** *den Kopf zur Seite wenden.* **2.** (sich): *Er hat sich mit seiner Frage an die Lehrerin gewandt.*

we|nig ⊕**: 1.** kaum etwas; nicht viel: *Wir haben wenig Geld. Ich habe noch ein wenig gelesen.* **2.** *weniger Süßigkeiten essen*

we|nigs|tens Ⓜ**:** zumindest; immerhin

wenn Ⓜ**: 1.** *Wenn du willst, komme ich gleich.* **2.** *Wenn du deine Hausaufgaben gemacht hast, gehen wir ins Kino.*

wer: 1. *Wer kommt als Nächster dran?* **2.** *Wer das Los mit der Nr. 10 zieht, hat einen Gewinn.*

A B C D E F G H I J K L M N O P Q R S T U V W X Y Z

A B C D E F G H I J K L M N O P Q R S T U V W X Y Z

wer|ben (er warb, sie hat geworben): versuchen, jemanden für etwas zu interessieren

Wer|bung ⊜, die (ohne Mehrzahl): Reklame: *Im Fernsehen läuft viel Werbung.*

wer|den (er wurde, sie ist geworden): **1.** *Das Wetter soll besser werden.* **2.** *Mir wird übel.* **3.** *Tim will Schauspieler werden.* **4.** *Lara wird von ihrer Mutter gerufen.*

wer|fen (er warf, sie hat geworfen): **1.** *Ich kann den Ball 50 Meter weit werfen.* **2.** *die Kleider einfach auf den Boden werfen.* **3.** Junge bekommen: *Die Katze hat 3 Junge geworfen.* **4.** (sich): *David warf sich mit Schwung auf das Bett.*

Werk|statt Ⓜ, die (die Werkstätten): Arbeitsraum eines Handwerkers: *Autowerkstatt*

Werk|zeug ⊜, das (die Werkzeuge): Arbeitsmittel; Arbeitsgerät: *Hammer und Zange sind Werkzeuge.*

Wert, der: **1.** (die Werte): Preis: *Der Schmuck hat einen hohen Wert.* **2.** (ohne Mehrzahl): Bedeutung, die einer Sache zukommt: *der künstlerische Wert.* **3.** (die Werte): *Messwerte ablesen*

wert|voll ⊜: von hohem Wert: *Der Schmuck ist wertvoll; ein wertvoller Hinweis*

We|sen, das: **1.** (ohne Mehrzahl): das Besondere einer Sache; Merkmal. **2.** (ohne Mehrzahl): Summe aller Eigenschaften eines Wesens: *Sie hat ein freundliches Wesen.* **3.** (die Wesen): *Wesen von fremden Planeten besuchen die Erde.*

wes|halb Ⓜ: **1.** *Weshalb brüllst du mich so an?* **2.** *Sie hat nicht gesagt, weshalb sie zu spät kam.*

Wes|pe, die (die Wespen): gelbschwarzes Insekt

Wes|te, die (die Westen): **1.** ärmellose Jacke. **2.** Strickjacke

Wes|ten, der (ohne Mehrzahl): **1.** Himmelsrichtung. **2.** Landesteil oder Länder, die im Westen liegen: *Wir fahren in den Westen der USA.*

west|lich ⊜: **1.** im Westen liegend: *Das Forsthaus steht im westlichen Bereich des Waldes.* **2.** nach Westen gerichtet: *Wir müssen uns westlicher orientieren.*

Wett|be|werb ⊜, der (die Wettbewerbe): Veranstaltung, die einen Sieger ermittelt: *Gesangswettbewerb*

Wet|te, die (die Wetten): Abmachung zwischen mindestens zwei Personen, dass derjenige, der recht behält, von dem anderen etwas bekommt: *eine Wette abschließen*

wet|ten: **1.** eine Wette abschließen: *Ich wette mit dir.* **2.** *Ich wette meinen Lieblingscomic, dass ich schneller bin als du.*

Wet|ter, das (ohne Mehrzahl): *Wie ist das Wetter heute? – Es regnet.*

Wet|ter|be|richt, der (die Wetterberichte): Bericht, wie sich das Wetter voraussichtlich entwickeln wird

wich|tig: bedeutend; wesentlich

wi|ckeln: **1.** aufrollen. **2.** z. B. in Papier einpacken. **3.** einem Baby Windeln anlegen. **4.** z. B. aus Papier lösen

wid|men: sich einer Sache besonders zuwenden: *Ich widme dem Sport meine ganze Freizeit.*

wie: **1.** *Wie spät ist es?* **2.** *Die Art, wie er es macht, finde ich gut.* **3.** *Er ist so groß wie ich.*

wie|der: **1.** *Es regnet schon wieder.* **2.** *Sie ist wieder gesund.*

Wie|ge, die (die Wiegen): Babybett zum Schaukeln

wie|gen (er wog, sie hat gewogen): **1.** Gewicht feststellen. **2.** etwas hin und her bewegen: *Sie wiegt das Baby in ihren Armen.*

wie|hern: *Pferde wiehern*

Wie|se, die (die Wiesen): mit Gras bewachsene Fläche zur Heugewinnung

wie viel: *Wie viel Zeit haben wir noch?*

wie weit: *Wie weit ist es noch?*

Wi|kin|ger, der (die Wikinger): Normanne, der vor über 1000 Jahren lebte

wild: frei in der Natur lebend; nicht zahm: *wilde Tiere; wild wachsende Pflanzen*

Wild, das (ohne Mehrzahl): wild lebende Tiere, die gejagt werden dürfen

Wild|schwein, das (die Wildschweine): *Im Wald konnten sie ein Rudel Wildschweine beobachten.*

wim|meln: *Hier wimmelt es nur so von Ameisen!*

Wim|per, die (die Wimpern): leicht gebogene Härchen am Augenlid: *Sie hat lange Wimpern.*

Wind ➔, der (die Winde): *Der Wind weht von Norden.*

Win|del, die (die Windeln): Tuch oder Höschen, das die Ausscheidungen von Babys aufnimmt: *Windeln wechseln*

win|dig ⊜**:** mit viel Wind: *Heute ist es sehr windig.*

Wind|müh|le ⊜**,** die (die Windmühlen): Mühle, die mit Windenergie betrieben wird

Wind|rad ⊜**,** das (die Windräder): Maschine mit einer Art Rad zum Antreiben anderer Maschinen, die selbst durch Wind angetrieben wird

Win|kel, der (die Winkel): **1.** Ecke; Schnittpunkt. **2.** abgelegene Gegend

win|ken (er winkte, sie hat gewinkt, *auch* sie hat gewunken): eine Hand oder einen Gegenstand hin und her bewegen

win|seln: *Der Hund winselt leise.*

Win|ter, der (die Winter): Jahreszeit

Win|ter|an|gi|na ⊜**,** die (die Winteranginen): starke Entzündung im Hals, besonders der Mandeln, im Winter

Win|ter|quar|tier ⊜**,** das (die Winterquartiere): *Die Störche zogen in ihr Winterquartier Afrika.*

win|zig ➔**:** sehr klein

Wip|pe, die (die Wippen): Schaukel aus einem langen Brett

wip|pen: 1. auf und ab schwingen; schaukeln. **2.** *mit dem Fuß wippen*

wir: *Wir, Julia, Timo und ich, singen gern.*

Wir|bel, der (die Wirbel): **1.** schnelle, kreisende Bewegung von Wasser oder Luft. **2.** große Aufregung; großes Aufsehen: *Mach nicht so einen Wirbel um die Sache!*

wir|ken: 1. *Der Hustensaft wirkt.* **2.** einen Eindruck machen: *Sie wirkt sehr aufgeregt vor der Vorstellung.*

wirk|lich: tatsächlich; in Wirklichkeit vorhanden; der Wirklichkeit entsprechend: *Geschichten, die wirklich passiert sind*

wirr ☺**: 1.** ungeordnet. **2.** verworren: *Er redet wirres Zeug.*

wi|schen: reinigen; säubern: *Wir wischen die Tafel; sich den Schweiß von der Stirn wischen*

wis|pern: flüstern

wis|sen (er wusste, sie hat gewusst): Kenntnis haben: *Unsere Lehrerin weiß viel. Ich weiß nicht, was das bedeutet.*

wit|tern: 1. riechen. **2.** ahnen; vermuten

Witz, der (die Witze): *Er kann gut Witze erzählen.*

wo: 1. *Wo warst du?* **2.** *Pass auf, wo du hinläufst.*

Wo|che, die (die Wochen): Zeitraum von sieben Tagen

Wo|chen|en|de, das (die Wochenenden): Samstag und Sonntag

Wo|chen|tag, der (die Wochentage): *Montag ist ein Wochentag.*

wö|chent|lich: jede Woche

wog: ⇨ wiegen

Wo|ge, die (die Wogen): große Welle

wo|her: *Woher kommst du? Woher weißt du das?*

wo|hin: *Wohin gehen wir am Sonntag?*

woh|nen: *Till wohnt in Frankfurt. Lisa wohnt bei ihren Eltern. Sie wohnen in einem großen Haus.*

Woh|nung, die (die Wohnungen): ein oder mehrere Zimmer als ständige Unterkunft

Wolf, der (die Wölfe): Raubtier; Stammform der Hunde

Wol|ke, die (die Wolken): Gebilde aus in der Luft schwebenden Wassertröpfchen oder Eiskristallen: *Wolken am Himmel*

wol|kig: mit Wolken bedeckt

Wol|le, die (die Wollen): aus dem Fell z. B. von Schafen gewonnene Fasern zur Herstellung von Textilien

wol|len: 1. *Ich will morgen früh aufstehen.* **2.** *Sophie bekommt alles, was sie will.*

wo|mit: *„Womit habe ich das verdient?“, fragt die Mutter entnervt.*

Wort, das (die Wörter): Folge von Lauten oder Buchstaben, die einen Sinn ergeben: *das Wort „kommen“*

Wör|ter|buch, das (die Wörterbücher): Nachschlagewerk, das die Schreibweise und manchmal die Bedeutung von Wörtern angibt

wört|lich: dem Wortlaut genau entsprechend: *wörtliche Rede*

Wrack, das (die Wracks; *auch* die Wracke): altes oder zerstörtes Auto, Schiff oder Flugzeug

wuchs: ⇨ wachsen

wüh|len (*auch* sich): *Der Maulwurf wühlt sich in die Erde.*

Wun|de, die (die Wunden): *Die Wunde blutet und tut weh.*

Wun|der, das (die Wunder): Außergewöhnliches, das es eigentlich nicht geben kann

wun|dern (sich): erstaunt sein; verblüfft sein

Wunsch, der (die Wünsche): Hoffnung, dass sich etwas erfüllt: *Er hat 3 Wünsche frei.*

wün|schen (*auch* sich): einen Wunsch haben; etwas gern haben wollen: *Tim wünscht sich ein Fahrrad zu Weihnachten.*

Wunsch|zet|tel ⊜**,** der (die Wunschzettel): Zettel, auf den man in der Vorweihnachtszeit seine Weihnachtswünsche schreibt

wur|de: ⇨ werden

Wür|fel, der (die Würfel): **1.** geometrische Figur. **2.** zum Würfeln verwendeter Gegenstand mit Punkten auf den Seiten

wür|feln: *Sie würfeln darum, wer anfangen soll. Lilo würfelte eine Sechs.*

Wurm, der (die Würmer): wirbelloses Tier mit lang gestrecktem, schlauchförmigem Körperbau: *Regenwurm*

Wurst, die (die Würste): *eine Scheibe Wurst essen; zwei Würste grillen*

Wur|zel, die (die Wurzeln): im Erdboden befindlicher Teil einer Pflanze: *Der junge Baum schlägt Wurzeln.*

wusch: ⇨ waschen

wuss|te: ⇨ wissen

Wüs|te, die (die Wüsten): Gebiet, in dem es sehr trocken und meist sehr heiß ist

Wüs|te|nei, die (die Wüsteneien): einsame, verlassene Gegend, in der es nicht schön ist

Wut, die (ohne Mehrzahl): heftiger Ärger; großer Zorn

wü|tend ⊖**:** voller Wut: *Lara schlägt wütend die Tür zu.*

X

X-Bei|ne Ⓜ**,** die (Mehrzahl): Beine, die in ihrer Form an ein X erinnern

x-be|lie|big Ⓜ**:** irgendwie; irgendein; gleichgültig

x-mal Ⓜ**:** unzählige Male: *Ich hab das schon x-mal gemacht.*

Xy|lo|fon Ⓜ, das (die Xylofone; *auch* das Xylophon, die Xylophone): Musikinstrument

Xy|lo|phon Ⓜ, das (die Xylophone): ➪ Xylofon

Y

Yacht Ⓜ, die (die Yachten): ➪ Jacht

Yak Ⓜ, der (die Yaks; *auch* der Jak, die Jaks): asiatisches Hochgebirgsrind

Ye|ti Ⓜ, der (die Yetis): menschenähnliches Wesen, das angeblich im Himalaja leben soll

Z

z

Du sprichst ein Wort am Anfang wie *z* aus, kannst es aber unter *z* nicht finden. Dann suche auch unter *c*. Beispiel: *Celsius*

Za|cke ☺, die (*auch* der Zacken; die Zacken): Spitze, z. B. an einem Gegenstand: *die Zacken eines Kammes*

Za|cken ☺, der (die Zacken): ➪ Zacke

zag|haft Ⓜ: ängstlich; unsicher und deshalb unentschlossen

zäh Ⓜ: **1.** *Das Steak ist zäh.* **2.** belastbar: *Er ist zäh und hält den Marathon durch.*

Zahl Ⓜ, die: **1.** (die Zahlen): *die Zahl Drei.* **2.** (ohne Mehrzahl): Anzahl; Menge: *Die Zahl der Besucher steigt.*

zah|len Ⓜ: **1.** bezahlen: *Wie viel habt ihr dafür gezahlt?* **2.** *Ines zahlt jeden Monat ihren Beitrag für den Sportverein.*

zäh|len: **1.** *Wir zählen von null bis hundert.* **2.** gehören zu; zugeordnet werden: *Pluto zählt nicht mehr zu den Planeten.* **3.** *Beim nächsten Spiel zählen wir auf dich.*

zahm Ⓜ: an Menschen gewöhnt; zutraulich: *ein zahmes Eichhörnchen*

zäh|men: ein wild lebendes Tier an Menschen gewöhnen

Zahn Ⓜ, der (die Zähne): hartes Beiß- und Kauwerkzeug in der Mundhöhle: *Zähne putzen*

Zahn|pas|ta, die (die Zahnpasten): weiche Paste oder Gel für die Zahnreinigung

Zan|ge, die (die Zangen): Werkzeug

zan|ken (sich): sich mit jemandem streiten

Zap|fen, der (die Zapfen): **1.** *Tannenzapfen.* **2.** *Eiszapfen.* **3.** *Verschluss; Stöpsel*

zap|peln ☺**:** schnell hin und her bewegen: *ein Fisch zappelt an der Angel*

zap|pen ☺**:** mit der Fernbedienung in schneller Folge die Fernsehkanäle wechseln

zart: 1. *Das Baby hat eine zarte Haut.* **2.** *Der Braten war ganz zart.* **3.** sanft: *Er strich ihr zart über die Haare.*

zärt|lich ⓘ**:** liebevoll

Zau|be|rer, der (die Zauberer): **1.** jemand, der Zauberkräfte besitzt. **2.** jemand, der Zaubertricks vorführt

zau|bern: 1. durch Zauberkräfte, durch Magie hervorbringen. **2.** Zaubertricks vorführen: *Kaninchen aus dem Hut zaubern*

Zaum|zeug ⓘ**,** das (die Zaumzeuge): Kombination von Halfter, Zügel und Gebissstück: *einem Pferd das Zaumzeug anlegen*

Zaun, der (die Zäune): Vorrichtung, z. B. aus Holzlatten, die eine Fläche abgrenzt: *Gartenzaun*

z. B.: Abkürzung für ➪ zum Beispiel

Ze|bra, das (die Zebras): Tier, das ähnlich wie ein Pferd aussieht und schwarze und weiße Streifen hat

Zeh Ⓜ**,** der (*auch* die Zehe; die Zehen): Teil des Fußes

Ze|he, die (die Zehen): **1.** ➪ Zeh. **2.** *Knoblauchzehe*

zehn Ⓜ**:** Zahlwort; ➪ Merkkasten acht/Acht auf Seite 14

Zehn Ⓜ**,** die (die Zehnen): Ziffer; Zahl; ➪ Merkkasten acht/Acht auf Seite 14

Zeh|ner Ⓜ**,** der (die Zehner): ein Geldschein; eine Münze

Zei|chen, das (die Zeichen): **1.** *mit der Hand, mit der Taschenlampe ein Zeichen geben.* **2.** *Die Rinder bekommen ein Brandzeichen.* **3.** Anzeichen; Vorzeichen; Symptom

zeich|nen: 1. *ein Bild mit Bleistift zeichnen.* **2.** *einen Baum zeichnen.* **3.** etwas mit einem Zeichen versehen; markieren: *Wäsche zeichnen*

zei|gen: 1. *Man zeigt nicht mit Fingern auf andere Menschen.* **2.** *Ich zeige dir, wie das geht.* **3.** *Sie zeigen ihre Urlaubsfotos.* **4.** *David zeigt großes Interesse an dem Projekt.*

Zei|ger, der (die Zeiger): beweglicher Teil an Messgeräten, z. B. Uhren: *der große Zeiger*

Zei|le, die (die Zeilen): **1.** nebeneinanderstehende Wörter eines Textes. **2.** *Häuserzeile*

Zeit, die: **1.** (ohne Mehrzahl): *Die Zeit vergeht schnell.* **2.** (die Zeiten): Zeitpunkt: *Um welche Zeit willst du kommen?* **3.** (die Zeiten): Abschnitt; Zeitraum: *in früherer Zeit*

Zeit|schrift, die (die Zeitschriften): nicht fest gebundenes Druckerzeugnis mit verschiedenen Beiträgen und Artikeln, das z. B. wöchentlich oder monatlich erscheint

Zei|tung, die (die Zeitungen): täglich oder wöchentlich erscheinendes Druckerzeugnis, das Nachrichten und Berichte enthält, die meist einen aktuellen Bezug haben

Zel|le, die (die Zellen): **1.** kleinste selbstständige, lebensfähige Einheit von Lebewesen. **2.** *Telefonzelle.* **3.** *die Zelle einer Honigwabe.* **4.** *Solarzelle*

Zelt, das (die Zelte): Unterkunft, Behausung aus Stoff oder Fell und Stangen: *Zirkuszelt*

Zen|ti|me|ter, der (die Zentimeter): *100 Zentimeter ergeben 1 Meter. Luis ist 2 Zentimeter gewachsen.*

Zen|trum, das (die Zentren): Mitte; Mittelpunkt

zer-

Der Wortbaustein *zer-* kommt in vielen Wörtern vor, z. B. in *zerlegen, zerbrechlich.*

zer|brech|lich: 1. leicht zerbrechend: *zerbrechliches Geschirr.* **2.** *Das Mädchen wirkt zerbrechlich.*

zer|le|gen: ein Ganzes auseinandernehmen

zer|ren: 1. *Er zerrte den störrischen Esel hinter sich her.* **2.** zu stark dehnen: *Ich habe mir beim Turnen die Sehne gezerrt.*

Zet|tel, der (die Zettel): kleines Stück Papier

Zeu|ge, der (die Zeugen): jemand, der bei etwas dabei war und darüber berichten kann: *Er war Zeuge des Unfalls.*

Zeug|nis Ⓜ, das (die Zeugnisse): Bescheinigung; Urkunde; Beurteilung

A B C D E F G H I J K L M N O P Q R S T U V W X Y Z

Zie|ge, die (die Ziegen): Nutztier

Zie|gel, der (die Ziegel): **1.** Stein, der aus Ton oder Lehm hergestellt wird. **2.** *die Ziegel auf dem Dach des Hauses*

zie|hen Ⓜ (er zog, sie hat gezogen): **1.** *Die Pferde ziehen eine Kutsche.* **2.** *einen Zahn ziehen.* **3.** *Familie Meier zieht nach Hamburg.*

Ziel, das (die Ziele): **1.** Bestimmungsort; Endstation: *Das Ziel unserer Reise ist Rom.* **2.** *mit dem Ball das Ziel treffen*

zie|len: *Du musst genau auf die Mitte der Scheibe zielen.*

Ziel|grup|pe, die (die Zielgruppen): Gruppe von Menschen, die z. B. mit einer Werbung erreicht, angesprochen werden soll

ziem|lich: 1. *Die Klassenarbeit ist ziemlich gut ausgefallen. Es gab fast nur Zweien.* **2.** *Heute ist es ziemlich kalt*

Zif|fer, die (die Ziffern): schriftliches Zeichen, das für eine Zahl steht: *Die Zahl 18 besteht aus zwei Ziffern.*

Zif|fer|blatt, das (die Zifferblätter): Vorderseite der Uhr mit Ziffern

Zim|mer, das (die Zimmer): durch Wände und Tür abgegrenzter Raum: *Du musst dein Zimmer sauber machen.*

Zin|ne, die (die Zinnen): Zacken auf Türmen und Mauern von Burgen

Zip|fel, der (die Zipfel): äußerstes schmal zulaufendes Ende; kleines Endstück: *Wurstzipfel*

zir|ka: ⇨ circa

Zir|kel, der (die Zirkel): Gerät zum Zeichnen von Kreisen und Übertragen von Strecken

Zir|kus Ⓜ, der (die Zirkusse; *auch* der Circus, die Circusse): **1.** Unternehmen, das Tiere, Artisten und Clowns meist in einem großen Zelt zeigt. **2.** Aufheben; Wirbel: *Mach nicht so einen Zirkus.*

zi|schen: 1. *Schlangen zischen.* **2.** *Der Dampf entweicht zischend aus dem Kessel.*

Zi|tro|ne, die (die Zitronen): gelbe Zitrusfrucht

zit|te|rig (*auch* zittrig): zitternd: *Mit zittrigen Händen hielt sie die Tasse mit dem heißen Tee.*

zit|tern: 1. *Sie zittert vor Kälte.* **2.** Angst haben

zitt|rig: ⇨ zitterig

zog: ⇨ ziehen

zö|gern: abwarten; etwas hinausschieben: *Lisa zögert mit der Antwort. Sie überlegt noch.*

Zoo Ⓜ**,** der (die Zoos): Tierpark: *Heute gehen wir in den Zoo.*

Zopf, der (die Zöpfe): **1.** geflochtene Haare. **2.** geflochtenes Hefegebäck

Zorn, der (ohne Mehrzahl): großer Ärger: *einen mächtigen Zorn haben*

zu: 1. *Ich gehe zu dieser Veranstaltung.* **2.** *Die Jacke ist zu groß.* **3.** versperrt; geschlossen: *Die Tür bleibt zu.*

zu-

Der Wortbaustein *zu-* kommt in vielen Wörtern vor, z. B. in *zuordnen, zutraulich, Zugabe.*

Zuc|chi|ni Ⓜ**,** die (*auch* der Zucchino; die Zucchini): Gemüsekürbis

züch|ten: Pflanzen oder Tiere auf ein bestimmtes Merkmal hin heranziehen: *Oma züchtet Rosen.*

zu|cken: plötzlich und ruckartig bewegen: *Ihre Mundwinkel zuckten.*

Zu|cker, der (die Zucker): *mit Zucker den Tee süßen*

zu|erst: am Anfang; an erster Stelle

Zu|fall, der (die Zufälle): etwas, das nicht geplant ist, das unerwartet geschieht

zu|fäl|lig: unvorhergesehen; unbeabsichtigt: *Wir haben uns ganz zufällig getroffen.*

zu|frie|den: 1. innerlich ausgeglichen: *Opa ist ein zufriedener Mensch.* **2.** *Ich bin mit meinem Zeugnis zufrieden.*

Zug, der (die Züge): **1.** *Der Zug fährt in den Bahnhof ein.* **2.** *Er trank das Glas in einem Zug leer.* **3.** Luftstrom, leichter Wind: *Du sitzt dort am offenen Fenster im Zug.* **4.** Gesichtsausdruck: *Er hatte einen bösartigen Zug im Gesicht.*

Zu|ga|be, die (die Zugaben): etwas zusätzlich Gegebenes

Zug|brü|cke, die (die Zugbrücken): Brücke, besonders bei Burgen, die an einer Seite mit Seilen oder Ketten hochgezogen werden kann

Zü|gel, der (die Zügel): Riemen, mit dem z. B. Pferde gelenkt werden

zu|hö|ren: *Oma erzählt eine Geschichte. Wir hören zu.*

Zu|hö|rer, der (die Zuhörer): jemand, der zuhört

Zukunft, die (ohne Mehrzahl): Zeit, die noch kommt

zuletzt: am Schluss; an letzter Stelle

zuliebe: *Dir zuliebe verzichte ich auf meinen Pudding.*

zum (zu dem): *Kommst du heute mit zum Fußball?*

zum Beispiel: *Ich esse gern Nudeln, zum Beispiel Spaghetti.*

zunächst: zuerst; am Anfang

zünden: etwas zum Brennen bringen, zur Explosion bringen: *eine Rakete zünden*

Zunge, die (die Zungen): *Der Hund lässt die Zunge aus dem Maul hängen.*

Zungenbrecher, der (die Zungenbrecher): etwas, das sehr schwer auszusprechen ist: *Fischers Fritze ...*

zuordnen: einfügen; eingliedern; einsortieren

zupfen: 1. vorsichtig mit der Hand an etwas ziehen, etwas herausziehen. **2.** *die Saiten der Gitarre zupfen*

zur (zu der): *Sie ist auf dem Weg zur Schule.*

zurechtgeschnitten: ⇨ zurechtschneiden

zurechtschneiden (er schnitt zurecht, sie hat zurechtgeschnitten): etwas passend schneiden: *Sie hat den Stoff zurechtgeschnitten.*

zurück: in umgekehrter Richtung; nach hinten; rückwärts. *Familie Schulz ist erst gestern von ihrer Reise zurückgekommen.*

zusammen: alle miteinander; gemeinsam: *Zusammen erreichen wir mehr. Ich will das Puzzle zusammensetzen. Wollen wir uns später zusammensetzen?*

zusätzlich: außerdem; darüber hinaus; extra

Zusatzstoff, der (die Zusatzstoffe): Stoff, der einem Futter- oder Lebensmittel hinzugefügt wird

Zuschauer, der (die Zuschauer): Publikum; jemand, der sich z. B. eine Theateraufführung anschaut

Zustand, der (die Zustände): Beschaffenheit; Verfassung: *Das Haus ist in einem schlechten Zustand. Es ist ganz verfallen.*

Zutat, die (die Zutaten): Inhaltsstoff; Bestandteil, z. B. beim Kochrezept

zu|trau|lich: an Menschen gewöhnt; ohne Scheu

zu|ver|läs|sig: man kann sich auf etwas, jemanden verlassen: *Jakob ist sehr zuverlässig.*

zu|vor|kom|mend: höflich; hilfsbereit

zwang: ⇨ zwingen

Zwang, der (die Zwänge): Druck

zwan|zig: Zahlwort; ⇨ Merkkasten acht/Acht auf Seite 14

Zwan|zig, die (ohne Mehrzahl): Ziffer; Zahl; ⇨ Merkkasten acht/Acht auf Seite 14

zwar: 1. *Unser Auto ist zwar alt, aber es läuft.* **2.** genauer gesagt: *und zwar*

Zweck, der (die Zwecke): Absicht; Wille; Ziel

zweck|los: aussichtslos

zwei: Zahlwort; ⇨ Merkkasten acht/Acht auf Seite 14

Zwei, die (die Zweien): Ziffer; Zahl; ⇨ Merkkasten acht/Acht auf Seite 14

zwei|feln: nicht glauben können; unsicher sein

Zweig, der (die Zweige): dünner Teil eines Astes an Bäumen und Büschen

Zwerg, der (die Zwerge): **1.** kleines Wesen in Märchen und Sagen. **2.** sehr kleiner Mensch

Zwie|back, der (die Zwiebäcke, *auch* die Zwiebacke): auf beiden Seiten gebackenes Gebäck

Zwie|bel, die (die Zwiebeln): **1.** Pflanze. **2.** meist unterirdischer Teil von Pflanzen mit mehreren Schalen

Zwil|ling, der: **1.** (die Zwillinge): zwei Kinder einer Mutter, die während der gleichen Schwangerschaft herangewachsen sind. **2.** (ohne Mehrzahl): Sternbild und Tierkreiszeichen

zwin|gen (er zwang, sie hat gezwungen): drängen; jemanden zu etwas veranlassen

zwin|kern: mit den Augen blinzeln

zwi|schen: in der Mitte von; inmitten von

zwit|schern: *Vögel zwitschern*

zwölf: Zahlwort; ⇨ Merkkasten acht/Acht auf Seite 14

Zwölf, die (die Zwölfen): Ziffer; Zahl; ⇨ Merkkasten acht/Acht auf Seite 14

Zy|klop, der (die Zyklopen): einäugiger Riese in Sagen

Zy|lin|der, der (die Zylinder): **1.** geometrischer Körper. **2.** rohrförmiger Hohlkörper. **3.** hoher Herrenhut

A B C D E F G H I J K L M N O P Q R S T U V W X Y Z

Hallo!
Hier kommst du zur
Abschreibschablone.
Du musst nur noch
einmal umblättern.

Die Abschreibschablone

Mithilfe der Abschreibschablone kannst du das gesuchte Wort ganz einfach abschreiben.

- Schlage das gesuchte Wort im Wörterbuch nach.
- Wenn das Wort in der linken Spalte steht, muss das Abschreibfenster auf der linken Seite sein, wenn das Wort in der rechten Spalte steht, muss das Abschreibfenster auf der rechten Seite sein.
- Lege die Abschreibschablone so an, dass der Pfeil darauf genau mit der Mittellinie der Wörterbuchseite übereinstimmt.
- Verschiebe die Schablone so, dass das gesuchte Wort im Abschreibfenster erscheint.